COMMENT ÉCRIRE SA THÈSE

Umberto Eco

COMMENT ÉCRIRE
SA THÈSE

Traduit de l'italien par Laurent Cantagrel

Champs essais

Titre original : *Come si fa una tesi di laurea. Le materie umanistiche*
© Bompiani – RCS Libri S.p.A., Milan 1977-2015
© Flammarion, 2016, pour la traduction française
© Flammarion, 2018, pour cette édition
ISBN : 978-2-0814-2242-1

Sommaire

Introduction à l'édition italienne de 1985

1. Cette nouvelle édition de mon livre paraît huit ans après la première. Écrit à l'origine pour m'éviter de répéter constamment les mêmes conseils à mes étudiants, ce manuel a connu une diffusion assez large. Je suis reconnaissant aux collègues qui le recommandent aujourd'hui encore à leurs étudiants, mais plus encore à ces étudiants qui, ne réussissant pas à achever leur cursus, l'ont découvert par hasard et m'ont ensuite écrit pour me dire que ces pages leur avaient enfin donné la force de commencer, ou de finir, leur thèse. Je ne sais pas si j'ai bien fait de contribuer à accroître le nombre des personnes titulaires d'une *laurea*[a] dans notre pays, mais il en est ainsi, et il faut bien que j'en assume la responsabilité.

J'ai rédigé ce livre en pensant aux facultés de sciences humaines et, en particulier, à cause de ma propre expérience, aux départements de lettre et de philosophie, mais j'ai découvert ensuite qu'il a été utile à un peu tout le monde, étant donné qu'au fond, il ne parle pas tant des idées que doit contenir une thèse que de l'état d'esprit dans lequel aborder ce travail et d'une bonne méthode à suivre pour le réaliser. En ce sens, ce livre a pu être lu avec profit même par quelqu'un qui ne faisait pas, ou pas encore, d'études universitaires, voire par des élèves de lycée qui devaient préparer un travail de recherche ou un exposé.

Il a également été traduit dans des pays étrangers où les exigences pour une thèse sont différentes. Quelques ajustements ont été évidemment apportés localement, mais, dans l'ensemble, il semble que mon propos supporte d'être exporté. Je n'en suis pas surpris : les règles pour faire un bon travail de recherche sont au fond les mêmes en tout lieu et à quelque niveau de complexité que ce soit.

Quand j'écrivais ce livre, la réforme universitaire n'avait pas encore été mise en place en Italie, et je suggérais dans l'introduction qu'il pourrait servir non seulement pour la thèse de *laurea* telle qu'on l'avait conçue jusqu'alors, mais aussi pour ce qui allait devenir la thèse de doctorat. Cette prévision était juste, me semble-t-il, et je pourrais aussi bien donner aujourd'hui ces pages à lire à un étudiant qui rédige une thèse de doctorat (même si on peut espérer que quelqu'un qui arrive à ce niveau sait déjà tout ce que j'expose ici – mais on ne sait jamais).

2. Dans l'introduction à la première édition, je parlais des problèmes liés à la situation de l'université italienne qui rendaient un petit livre comme le mien utile pour des milliers et des milliers d'étudiants abandonnés à eux-mêmes. Je serais aujourd'hui très heureux si je pouvais envoyer au pilon tous les exemplaires restants

et si je n'étais pas conduit à rééditer une fois encore mon manuel. Hélas, je ne peux que répéter ce que je disais alors.

Il fut un temps où l'université était une institution destinée à l'élite. Ne la fréquentaient que des enfants de diplômés. À de rares exceptions près, ceux qui faisaient des études disposaient de tout leur temps. L'université était conçue pour être fréquentée à loisir, en consacrant un peu de temps aux études et un peu de temps aux « sains » divertissements estudiantins ou encore aux activités au sein des organismes représentatifs. Les cours consistaient en des conférences prestigieuses après lesquelles les étudiants les plus intéressés se réunissaient avec les professeurs et les assistants dans de paisibles séminaires, de dix ou quinze personnes au maximum.

Aujourd'hui encore, dans bien des universités américaines, les cours ne comptent pas plus de dix ou vingt étudiants (qui paient généreusement et ont le droit d'« utiliser » l'enseignant à volonté pour discuter avec lui). Dans une université comme celle d'Oxford, il y a un professeur, appelé *tutor*, qui s'occupe des thèses d'un groupe très restreint d'étudiants (parfois même un ou deux seulement) et qui suit leur travail au jour le jour.

Si telle était la situation italienne, il n'aurait pas été nécessaire d'écrire ce livre et de le republier chaque année – même si quelques-uns des conseils qu'il donne pourraient être utiles à un étudiant placé dans la situation « idéale » esquissée ci-dessus. Mais l'université italienne est aujourd'hui une université de masse où l'on rencontre des étudiants venus de toutes les classes sociales, de tous les genres de lycée. Certains s'inscrivent en philosophie ou en lettres classiques alors qu'ils viennent d'un institut technique où ils n'ont jamais appris le grec ancien, voire pas même le latin. Et s'il est vrai que le latin sert très peu pour toute sorte d'activités, il est très utile à qui étudie la philosophie ou les lettres.

Dans certains cours, des milliers d'étudiants sont inscrits. Le professeur en connaît peu ou prou une trentaine qui fréquentent ses cours avec plus d'assiduité et, avec l'aide de ses collaborateurs, il parvient à en faire travailler une centaine avec une certaine constance. Parmi ceux-ci, beaucoup viennent de familles aisées et cultivées, ils sont en contact avec un milieu culturel vivant, peuvent se permettre de faire des voyages pour s'instruire, fréquentent des festivals d'art et de théâtre, visitent des pays étrangers. Et puis il y a les autres. Des étudiants qui travaillent et passent leur journée dans un bureau de l'état civil d'une petite ville de dix mille habitants où il n'y a que des librairies-papeteries. Des étudiants qui, déçus par l'université, se sont tournés vers une activité politique et suivent un autre type de formation, mais qui, à un moment ou à un autre, devront se plier à l'obligation de faire une thèse. Des étudiants vraiment pauvres qui, avant de passer un examen, calculent combien coûtent les différents textes qu'ils devront lire, disant : « Voilà un examen à 30 euros », afin de choisir le moins cher. Des étudiants qui viennent parfois aux cours où ils ont du mal à trouver une place dans l'amphithéâtre archi-bondé, et aimeraient ensuite parler avec l'enseignant, mais trente personnes font déjà la queue et ils doivent prendre le train parce qu'ils ne peuvent pas se permettre de dormir à l'hôtel. Des étudiants à qui nul n'a jamais dit comment chercher un ouvrage en bibliothèque et dans quelle bibliothèque, qui ignorent souvent qu'ils pourraient trouver des livres dans la bibliothèque municipale de la ville où ils habitent et ne savent pas même comment on acquiert une carte de prêt.

C'est à ceux-ci que les conseils de ce livre sont tout particulièrement destinés – ainsi qu'aux élèves de lycée qui s'orientent vers des études universitaires et voudraient comprendre l'alchimie de la thèse.

Ce livre voudrait les convaincre de deux choses au moins :

— on peut faire une thèse de valeur même si l'on se trouve dans une situation difficile en raison d'injustices plus ou moins récentes ;

— on peut saisir l'occasion de la thèse (même si l'on a été déçu ou frustré par le reste de ses études universitaires) pour retrouver un sens positif aux études et à leur progression, entendues non pas comme une accumulation de savoir, mais comme réflexion critique sur une expérience, comme l'acquisition d'une compétence, utile pour son avenir, à identifier les problèmes, à les aborder avec méthode et à les exposer suivant certaines techniques de communication.

3. Cela dit, il est clair que ce livre n'entend pas expliquer « comment on fait une recherche scientifique », ni ne constitue une discussion théorique et critique sur la valeur des études. Il contient seulement une série de considérations sur la façon dont on parvient à

présenter à un jury de *laurea* un objet physique, pres-
crit par la loi et composé d'une certaine quantité de
pages dactylographiées dont on suppose qu'elles ont un
certain rapport avec la discipline de la *laurea*, et qui ne
plonge pas le directeur dans un état de stupeur dou-
loureuse.

Il est clair que ce livre ne pourra pas vous dire ce
qu'il faut que vous écriviez dans votre thèse. Cela, c'est
votre problème. Ce livre vous dira : (1) ce qu'on entend
par thèse de *laurea* ; (2) comment en choisir le sujet
et déterminer les différentes phases du travail ;
(3) comment mener des recherches bibliographiques ;
(4) comment organiser les matériaux que vous aurez
trouvés ; (5) comment disposer matériellement votre
travail écrit. La partie la plus précise est évidemment
la dernière, celle qui pourrait sembler la moins importante, parce que c'est la seule pour laquelle il existe des
règles assez exactes.

4. Cesare Segre a relu le manuscrit de ce livre et m'a
donné des conseils. Comme j'ai tenu compte de certains d'entre eux et que, pour d'autres, j'ai persisté dans
mes positions, il n'est nullement responsable du résultat final. Je le remercie évidemment de tout cœur.

5. Le propos qui suit concerne bien sûr les étudiants
et les professeurs des deux sexes. La langue française ne
possédant pas d'expression neutre pour désigner les deux
à la fois (les Américains utilisent de plus en plus le terme
« *person* », mais il serait ridicule de dire « la personne étudiante »), je me contente de parler d'étudiant, de

professeur, de directeur, sans que cet emploi grammatical n'implique de discrimination sexiste [1].

6. Depuis la parution du livre, il m'est arrivé des choses très étranges. Je reçois parfois des lettres d'étudiants qui m'écrivent : « Je dois faire une thèse sur tel ou tel sujet [et je vous assure que le spectre des sujets est très vaste, et certains sont vraiment dépaysants], pourriez-vous avoir la gentillesse de m'envoyer une bibliographie complète afin que je puisse avancer dans mon travail ? » Ces étudiants n'ont évidemment pas compris le sens de ce livre, ou bien ils me prennent pour un magicien. Ce livre s'efforce d'enseigner comment travailler seul, et non pas comment et où aller trouver, comme on dit, un travail déjà prémâché. En outre, me demander une bibliographie, c'est ne pas avoir compris que réaliser une bibliographie est un travail qui prend du temps, et que pour pouvoir leur fournir ne serait-ce qu'une des bibliographies qu'ils me demandent, il me faudrait travailler plusieurs mois, sinon plus. Si j'avais tout ce temps à ma disposition, je saurais en faire un meilleur usage.

7. Mais la chose la plus étrange qui m'est arrivée concerne une page précise de ce livre – laissez-moi vous la raconter. Il s'agit de la petite section IV.2.4., « L'humilité scientifique ». Vous verrez en la lisant que

---

1. On pourrait alors me demander pourquoi je ne dis pas étudiante, directrice, etc. C'est que j'ai travaillé sur des expériences et des souvenirs personnels, auxquels je m'identifiais mieux ainsi. [Les notes de bas de page sont de l'auteur. Les appels de note en lettres signalent les notes de l'éditeur ou du traducteur et renvoient en fin d'ouvrage.]

je cherchais à montrer qu'il ne faut mépriser aucune
étude portant sur votre sujet, parce que les meilleures
idées ne nous viennent pas toujours des plus grands
auteurs. Et je racontais ce qui m'était arrivé en faisant
ma propre thèse de *laurea*, quand j'avais trouvé une
idée décisive, solution d'un problème théorique épi-
neux, dans un petit livre sans aucune originalité, écrit
en 1887 par un certain abbé Vallet, que j'avais trouvé
par hasard chez un bouquiniste.

À la sortie de mon livre, Benjamino Placido en avait
écrit un compte rendu savoureux dans la *Repubblica*
(22 septembre 1977). Il y disait à peu près que j'avais
présenté ma recherche comme l'histoire du personnage
d'une fable, perdu dans les bois, et qui, à un certain
moment (comme il arrive dans les fables selon la théorie de V. Propp), rencontre un « donateur » qui lui
fournit une clef magique. Cette interprétation n'était
pas si étrange, la recherche étant en effet toujours une
aventure, mais Placido laissait entendre que, pour
raconter cette fable, j'avais inventé l'abbé Vallet.
Quand je l'ai rencontré quelque temps après, je lui ai
dit : « Tu as tort, l'abbé Vallet existe, ou plutôt il a
existé, et j'ai toujours son livre chez moi. Il y a plus de
vingt ans que je ne l'ai ouvert, mais comme j'ai une
bonne mémoire visuelle, je me souviens encore de la
page dans laquelle j'avais trouvé cette idée, et du point
d'exclamation rouge que j'avais mis en marge. Viens
chez moi, et je te montrerai ce malheureux livre du
malheureux abbé Vallet. »

Aussitôt dit, aussitôt fait – nous nous rendons chez
moi, je nous sers deux whiskies, monte sur un escabeau
pour atteindre le rayonnage élevé sur lequel, depuis

vingt ans, reposait le livre fatal. Je l'y prends, l'époussette, le rouvre avec une certaine émotion, cherche la page non moins fatale – et la trouve, avec son beau point d'exclamation en marge.

Montrant cette page à Placido, je lui lis le passage qui m'avait tellement aidé. Je le lis, le relis, et suis stupéfait : l'abbé Vallet n'avait jamais formulé l'idée que je lui avais attribuée, il n'avait jamais mis en relation (ce qui m'avait paru si brillant) la théorie de la beauté avec la théorie du jugement.

En lisant Vallet (qui parlait d'autre chose), mystérieusement stimulé par ce qu'il était en train de dire, cette idée m'était venue à l'esprit, et, entièrement plongé dans ce texte que j'étais en train de souligner, je l'ai attribuée à Vallet. Et pendant plus de vingt ans, j'avais été reconnaissant au vieil abbé pour quelque chose qu'il ne m'avait nullement donné. La clef magique, c'est moi seul qui me l'étais fabriquée.

Mais en allait-il vraiment ainsi ? Le mérite de cette idée me revient-il vraiment ? Si je n'avais pas lu Vallet, l'idée ne me serait pas venue. Sans doute n'en a-t-il pas été le père, mais, pour ainsi dire, l'obstétricien. Il ne m'a rien donné, mais il a mis mon esprit en alerte, il a stimulé ma pensée. Et n'est-ce pas ce que l'on demande (entre autres) à un maître ? De nous inciter à trouver des idées ?

En y repensant, je me suis rendu compte que bien des fois, au cours de mes lectures, j'avais attribué à d'autres des idées qu'ils m'avaient seulement induit à trouver ; et que, d'autres fois, j'avais eu la conviction qu'une idée était mienne, alors qu'en relisant bien des années plus tard un livre que j'avais lu à ce moment, je découvrais que cette idée, ou son germe, m'était venue de cet auteur. Pour un crédit (non dû) accordé à Vallet, combien de dettes avais-je oublié de payer… Je crois que le sens de cette histoire, qui ne diffère guère en cela d'autres propos dans ce livre, est que la recherche est une aventure mystérieuse et passionnante qui réserve bien des surprises. Ce n'est pas seulement l'affaire d'un simple individu : toute une culture y participe – les idées voyagent parfois d'elles-mêmes, elles émigrent, disparaissent et réapparaissent, et, comme les histoires drôles, elles s'améliorent au fur et à mesure qu'on se les raconte.

Aussi ai-je décidé de conserver ma reconnaissance pour l'abbé Vallet, justement parce qu'il avait vraiment été un donateur magique. Pour cette raison – peut-être certains lecteurs s'en sont-ils rendu compte –, je l'ai introduit comme un des personnages principaux de mon roman *Le Nom de la rose* : il est mentionné dès la deuxième ligne de l'introduction, cette fois-ci comme le vrai donateur d'un manuscrit perdu, personnage tout à fait mystérieux et magique, et comme le symbole d'une bibliothèque où les livres parlent entre eux.

Je ne sais trop quelle est la morale de cette histoire, mais je sais qu'il y en a au moins une, qui est fort belle. Je souhaite à mes lecteurs de trouver au cours de leur vie beaucoup d'abbés Vallet, et je me souhaite à moi-même de devenir l'abbé Vallet de quelqu'un.

Milan, février 1985

I. QU'EST-CE QU'UNE THÈSE ?
À QUOI SERT-ELLE ?

I.1. Pourquoi doit-on faire une thèse et qu'est-ce que c'est ?

Une thèse est un travail dactylographié, dont la longueur peut varier de cent à quatre cents pages, dans
lequel l'étudiant traite un sujet en rapport avec les
études qu'il est en train de terminer. La loi italienne
impose de faire une thèse pour obtenir la *laurea*, le
diplôme de fin d'études universitaires. Une fois qu'il a
passé tous les examens nécessaires, l'étudiant doit soutenir sa thèse devant un jury. Son directeur de thèse (le
professeur « avec qui on fait » la thèse) ainsi qu'un ou
plusieurs rapporteurs en présentent un compte rendu
et formulent quelques objections au candidat. Cela
donne lieu à une discussion à laquelle participent aussi
les autres membres de la commission. L'évaluation du
jury dépendra de ce qu'ont dit les rapporteurs, qui ont
souligné les qualités et les défauts de la thèse, et de la
capacité dont aura fait preuve l'étudiant à défendre les
idées exprimées dans son travail écrit. En tenant

compte de la moyenne générale des notes obtenues aux
examens, le jury attribue à la thèse une note qui peut
aller de soixante-six à cent dix points, éventuellement
accompagnée des félicitations du jury et de l'autorisation de publier le texte. Telle est du moins la procédure
suivie dans presque toutes les facultés italiennes de
sciences humaines.

Mais en décrivant les caractéristiques « externes » de
la thèse et le rituel dans lequel elle s'inscrit, nous
n'avons pas encore dit grand-chose sur ce qu'elle est
– ni répondu à cette question : pourquoi l'université
italienne exige-t-elle que l'on fasse une thèse pour achever ses études ?

Vous savez sans doute que ce n'est pas le cas dans la
plupart des universités étrangères. Certaines d'entre
elles délivrent différents diplômes de fin d'études que
l'on peut obtenir sans thèse ; dans d'autres universités,
il existe un premier niveau de diplôme, correspondant
en gros à la *laurea* italienne, ne conférant pas le titre
de « docteur » et qui est simplement le résultat de
l'ensemble des examens ou d'un travail écrit d'ambition
plus modeste[a] ; d'autres encore distinguent plusieurs
niveaux de doctorat exigeant des travaux écrits de complexité variable… Mais en général, la thèse authentique
est réservée hors d'Italie à une espèce de « super-
laurea », le *doctorat*, auquel s'attaquent seulement ceux
qui veulent approfondir, voire se spécialiser dans la
recherche universitaire. Ce type de thèse porte des
noms divers, mais nous le désignerons désormais par
une abréviation anglo-saxonne d'usage presque international, le PhD. Au sens propre, elle signifie docteur en
philosophie (*Philosophy Doctor*), mais désigne en fait

tout doctorat de sciences humaines, celui d'un sociologue comme celui d'un professeur de grec ancien.
Dans les autres disciplines, on utilise des sigles différents comme MD pour un docteur en médecine
(*Medicine doctor*). À côté du PhD, le diplôme le plus
proche de notre *laurea* est la maîtrise. Sous ses différentes formes, celle-ci ouvre à l'exercice d'une profession, tandis que l'obtention d'un PhD conduit presque
toujours à une carrière de type universitaire.

Dans les universités accordant des PhD, la thèse est
presque toujours une thèse de doctorat. Elle constitue
un travail *original* de recherche apportant la preuve que
le candidat est un chercheur capable de faire progresser
la discipline à laquelle il se consacre. Et de fait, sauf
exception, on ne la fait pas à vingt-deux ans, comme
notre thèse de *laurea*, mais à un âge plus avancé, parfois
même à quarante ou cinquante ans. Pourquoi si tard ?
Parce qu'il s'agit précisément d'une recherche *originale*,
pour laquelle il faut bien sûr savoir ce que d'autres
chercheurs ont déjà dit sur le sujet traité, mais aussi et
surtout « découvrir » quelque chose que les autres n'ont
pas encore dit. Quand on parle de « découverte » en
sciences humaines, on ne pense pas à des inventions
révolutionnaires comme la découverte de la scission de
l'atome, de la théorie de la relativité ou d'une thérapie
capable de guérir le cancer. Il peut s'agir de découvertes
modestes : une nouvelle manière de lire et de comprendre un texte classique, l'attribution à un auteur
d'un manuscrit qui jette une lumière nouvelle sur sa
biographie, ou encore la réévaluation d'études précédentes dans une nouvelle perspective permettant de
développer et de systématiser des idées qui restaient

dispersées dans divers autres textes – tout cela peut être considéré comme un résultat « scientifique ». Quoi qu'il en soit, le chercheur doit produire un travail qu'en théorie, les autres chercheurs de ce domaine ne pourront pas se permettre d'ignorer, parce qu'il expose quelque chose de nouveau (voir II.6.1.).

Est-ce qu'il en va de même pour la thèse « à l'italienne » ? Pas nécessairement. Étant donné qu'on la réalise presque toujours entre vingt-deux et vingt-quatre ans, alors qu'on a encore des examens universitaires à passer, elle ne saurait être l'aboutissement d'un travail long et réfléchi, la preuve d'une maturation accomplie. S'il peut arriver qu'il y ait des thèses de *laurea*, faites par des étudiants particulièrement doués, qui soient presque des thèses de PhD, la plupart d'entre elles n'atteignent pas ce niveau. L'université ne l'exige d'ailleurs pas : il peut y avoir de bonnes thèses de *laurea* qui ne sont pas des thèses de recherche mais de *bilan de la recherche*.

Dans une thèse de bilan de la recherche, l'étudiant démontre simplement qu'il a lu dans un esprit critique la plupart des études publiées sur un sujet donné et qu'il a été capable d'en présenter un bilan clair, cherchant à mettre en relation les différents points de vue pour parvenir à une vue d'ensemble intelligente. Ce type de travail peut constituer une source d'information utile même à un spécialiste du domaine concerné, qui ne s'était jamais intéressé de manière approfondie à ce problème précis.

Voici donc une première alternative : *on peut faire ou bien une thèse de bilan de la recherche, ou bien une thèse de recherche* ; ou bien une thèse de « maîtrise », ou bien une thèse de « PhD ». Une thèse de recherche est toujours plus longue, plus laborieuse et plus prenante ; une thèse de bilan peut également être longue et laborieuse (certaines ont demandé des années de travail), mais, en général, elle peut être réalisée en moins de temps et en prenant moins de risques. Il n'est pas dit non plus que celui qui fait une thèse de bilan se ferme ainsi la voie d'une carrière universitaire : établir un bilan de la recherche peut constituer une preuve de sérieux de la part d'un jeune chercheur qui, avant de commencer une recherche qui lui soit propre, veut clarifier certaines de ses idées en se documentant soigneusement sur son sujet. À l'inverse, il y a des thèses qui se prétendent thèses de recherche et qui sont en fait des travaux bâclés : ces mauvaises thèses irritent ceux qui les lisent et ne sont d'aucun profit pour ceux qui les écrivent.

Le choix entre thèse de bilan de la recherche et thèse de recherche est donc lié à la maturité et à la capacité de travail du candidat. Malheureusement, il est aussi souvent lié à des facteurs économiques : il est évident qu'un étudiant qui travaille pour gagner sa vie a moins de temps, d'argent et d'énergie à consacrer à de longues recherches, qui impliquent souvent l'acquisition de livres coûteux, des voyages auprès de centres de recherches ou de bibliothèques étrangères, et autres choses de ce genre.

Ce livre ne pourra malheureusement pas donner de conseils d'ordre financier. Jusqu'à il y a peu, la recherche universitaire était dans le monde entier le privilège des étudiants riches. Et on ne peut pas dire qu'aujourd'hui l'existence de bourses d'études ou de

voyage, permettant de faire des séjours dans des universités étrangères, ait vraiment résolu la question pour
tous. On peut imaginer une société plus juste dans
laquelle étudier serait un travail payé par l'État, qui
rémunérerait ceux qui ont une vocation pour la
recherche, et où il ne serait pas nécessaire d'avoir un
« bout de papier » pour passer devant les autres, trouver
un poste ou obtenir une promotion. Mais l'université
italienne et la société dont elle est issue étant pour
l'instant ce qu'elles sont, nous pouvons seulement sou-
haiter que les étudiants de toutes les classes puissent la
fréquenter sans avoir à subir de sacrifices trop éprou-
vants, et exposer maintenant les différentes manières
dont on peut faire une bonne thèse en tenant compte
du temps et de l'énergie dont disposent les étudiants
ainsi que de leurs aspirations personnelles.

I.2. À qui ce livre s'adresse-t-il ?

Dans ces conditions, il nous faut supposer qu'il y a
beaucoup d'étudiants *obligés* de faire une thèse pour
pouvoir terminer leurs études en vitesse et obtenir le
diplôme pour lequel ils se sont inscrits à l'université.
Certains d'entre eux ont peut-être déjà quarante ans.
Ils vont nous demander des indications sur le moyen
de faire une thèse *en un mois*, afin d'obtenir une note
quelconque et de quitter l'université. Disons-le très
clairement : ce livre *n'est pas fait pour eux*. Si telles sont
leurs exigences, s'ils sont victimes d'une législation
absurde qui les contraint à obtenir un diplôme pour
résoudre de douloureuses questions économiques, ils

auront plus vite fait de choisir entre deux options :
(1) investir une somme raisonnable pour faire rédiger
leur thèse par quelqu'un d'autre ; (2) recopier une thèse
déjà réalisée quelques années auparavant dans une autre
université (en prenant garde de ne pas recopier une
thèse déjà publiée, même en langue étrangère, parce
que si l'enseignant est un tant soit peu informé, il en
connaîtra l'existence). En recopiant à Milan une thèse
faite à Catane, on a des chances raisonnables de s'en
sortir, à condition bien sûr de s'informer auparavant
pour savoir si le directeur de thèse, avant d'enseigner à
Milan, n'avait pas enseigné à Catane – même recopier
une thèse exige un travail de recherche intelligent.

Les deux conseils que nous venons de donner sont
évidemment *illégaux*. Ils reviennent à dire : « Si tu te
présentes blessé aux urgences et que le médecin ne veut
pas t'ausculter immédiatement, mets-lui le couteau sur
la gorge. » Ce sont là des actes de désespoir. Nous donnons ces conseils à titre provocateur, pour mettre en
évidence le fait que ce livre ne prétend pas résoudre les
graves problèmes d'ordre économique et social dont
sont parfois victimes les étudiants.

Ce livre s'adresse donc à ceux qui, sans être million-
naires ni avoir à leur disposition dix ans pour faire une
thèse après avoir voyagé dans le monde entier, peuvent
consacrer quelques heures par jour à leur recherche et
veulent rédiger une thèse qui leur procure une certaine
satisfaction intellectuelle et leur serve après la fin de
leurs études. À des étudiants qui, dans les limites,
même modestes, de leur engagement, entendent faire
un travail *sérieux*. On peut faire de manière sérieuse
même une collection d'autocollants de footballeurs, à

condition d'en déterminer le sujet, les limites historiques et les critères de classement. Si l'on décide de ne pas remonter au-delà de 1960, il faut alors rassembler tous les autocollants entre 1960 et aujourd'hui. Il y aura toujours une différence entre cette collection et le musée du Louvre, mais il est préférable de faire une collection sérieuse d'autocollants de footballeurs de 1960 à 1970 plutôt qu'un musée pas sérieux. Ce critère est également valable pour une thèse.

I.3. En quoi une thèse est-elle utile au-delà des études ?

Il y a deux raisons pour lesquelles écrire une thèse peut vous servir après la fin de vos études. La première est que votre thèse peut être le début d'un travail de recherche plus vaste que vous poursuivrez au cours des années suivantes, si vous en avez les moyens et l'envie. Mais il existe une autre raison qui fait que, par exemple, le directeur d'un office de tourisme local sera aidé dans l'exercice de son métier par le fait d'avoir réalisé une thèse sur *De* Fermo et Lucia *aux* Fiancés *de Manzoni*[a]. Faire une thèse signifie en effet : (1) identifier un sujet précis ; (2) rassembler des documents sur ce sujet ; (3) organiser ces documents ; (4) réexaminer le sujet à la lumière des documents rassemblés ; (5) donner une forme systématique aux réflexions précédentes ; (6) faire en sorte que le lecteur comprenne ce que vous voulez dire et, le cas échéant, puisse remonter aux documents pour réexaminer le sujet à son tour.

Faire une thèse signifie donc apprendre à organiser des données et ses propres idées : c'est une expérience de travail méthodique pour construire un « objet » qui, en principe, serve aussi aux autres. *Ce qui importe est donc moins le sujet de la thèse que l'expérience de travail qu'elle implique.* Celui qui a su s'informer correctement sur les deux rédactions du roman de Manzoni saura ensuite réunir méthodiquement des données qui lui serviront pour l'office de tourisme. L'auteur de ces lignes a maintenant publié une dizaine de livres sur des sujets divers, mais s'il a réussi à faire les neuf derniers, c'est essentiellement parce qu'il a mis à profit l'expérience du premier, qui était une version remaniée de sa thèse de *laurea*. Sans ce premier travail, il n'aurait pas appris à faire les autres. Et, en bien comme en mal, les autres continuent à porter les traces de la façon dont a été fait le premier. Au fil du temps, on devient sans doute plus chevronné, on connaît plus de choses, mais la manière de travailler sur ce que l'on sait dépend toujours de la manière dont on a recherché au début ce que l'on ne savait pas.

À la limite, faire une thèse est comme entraîner sa mémoire. On conservera une bonne mémoire à un âge avancé si on l'a exercée quand on était jeune. Peu importe qu'on l'ait exercée en apprenant par cœur la composition de toutes les équipes de Ligue 1, les poésies de Carducci ou la liste des empereurs romains, d'Auguste à Romulus Augustule. Bien sûr, puisqu'on entraîne sa mémoire, autant apprendre des choses qui nous intéressent ou nous sont utiles : mais apprendre des choses inutiles peut aussi constituer une bonne gymnastique. Donc, même s'il vaut mieux faire une thèse sur un sujet qui nous plaît, c'est quelque chose de secondaire par rapport à la méthode de travail et à l'expérience qu'elle constitue.

D'ailleurs, pour quelqu'un qui travaille avec sérieux, aucun sujet n'est entièrement inintéressant : on peut tirer des conclusions utiles même d'un sujet apparemment éloigné ou périphérique. Marx n'a pas fait sa thèse en économie politique mais sur deux philosophes grecs, Épicure et Démocrite. Et ce ne fut pas un accident de parcours : s'il a été capable de penser les problèmes de l'histoire et de l'économie avec l'énergie théorique qu'on lui connaît, c'est peut-être justement parce qu'il avait appris à penser sur ces philosophes de l'Antiquité. Le grand nombre d'étudiants qui commencent par une thèse très ambitieuse sur Marx pour finir par travailler dans les services du personnel de grandes entreprises capitalistes nous oblige à revoir l'idée qu'on se fait de l'utilité, de l'actualité et des implications politiques des sujets de thèse.

I.4. Quatre règles évidentes

Il y a deux types de situations à éviter : celles dans lesquelles le candidat fait sa thèse sur un sujet que lui a imposé l'enseignant (voir la section II.7. : « Comment éviter de se faire exploiter par son directeur de thèse ») et celles dans lesquelles l'étudiant, n'éprouvant aucun intérêt pour sa thèse, est prêt à faire n'importe quoi du moment qu'il s'en débarrasse le plus vite possible. Nous nous occuperons ici seulement des cas dans lesquels on suppose que l'étudiant est motivé par un certain intérêt et que l'enseignant est disposé à comprendre ses exigences.

Dans des cas de ce genre, il y a quatre règles pour le choix du sujet :

1) *Que le sujet corresponde aux intérêts du candidat* (qu'il soit lié au type d'examens qu'il a passés, à ses lectures, à son univers politique, culturel ou religieux) ;

2) *Que les sources dont il a besoin soient accessibles,* c'est-à-dire à la portée matérielle du candidat ;

3) *Que les sources dont il a besoin soient utilisables,* c'est-à-dire à la portée culturelle du candidat ;

4) *Que le cadre méthodologique de la recherche soit à la portée méthodologique du candidat.*

Formulées ainsi, ces quatre règles semblent banales. On pourrait les résumer ainsi : « Faites une thèse que vous soyez capable de faire. » C'est exactement le cas, et on a vu des thèses interrompues de façon dramatique justement parce que le problème initial n'avait pas été posé dans des termes aussi évidents [1].

Les chapitres qui suivent tenteront de fournir quelques conseils afin que la thèse soit une thèse que l'on sache et que l'on puisse faire.

---

1. Nous pourrions ajouter une cinquième règle : que le professeur soit la bonne personne. Il y a en effet des candidats qui, pour des raisons de sympathie ou de paresse, veulent faire avec l'enseignant de la discipline A une thèse qui, en réalité, relève de la discipline B. L'enseignant accepte (pour des raisons de sympathie, par vanité ou par distraction), et n'est ensuite pas en mesure de diriger la thèse.

II. Le choix du sujet

II.1. Thèse monographique ou thèse panoramique ?

La première tentation de l'étudiant est de faire une thèse qui parle de beaucoup de choses. La première impulsion d'un étudiant en lettres sera de faire une thèse intitulée : *La Littérature aujourd'hui*. Obligé de restreindre son sujet, il aimerait prendre : *La Littérature italienne de l'après-guerre aux années 1960*. Ce sont là des thèses à haut risque, des sujets qui suffisent à donner des palpitations à des universitaires bien plus aguerris. Pour un étudiant d'une vingtaine d'années, elles représentent des défis impossibles. Ou bien il rédigera une plate énumération de noms et d'opinions reçues, ou bien il donnera à son texte une forme originale qui le fera accuser à coup sûr d'oublis impardonnables. Un grand critique contemporain, Gianfranco Contini, a publié en 1957 une *Letteratura italiana Ottocento-Novecento* (« Littérature italienne – XIXᵉ-XXᵉ siècle », Sansoni Accademia). S'il s'était agi d'une thèse, il aurait été recalé, même si son livre compte

472 pages. On aurait en effet imputé à de l'ignorance ou à de la négligence le fait qu'il omette de citer quelques noms généralement considérés comme très importants, ou qu'il consacre des chapitres entiers à des écrivains dits « mineurs » et de brèves notes de bas de page à des auteurs dits « de premier plan ». Mais bien sûr, comme Contini est un universitaire dont les connaissances historiques et le sens critique sont bien connus, les lecteurs ont compris que ces exclusions et ces disproportions étaient intentionnelles : du point de vue critique, l'absence d'un nom peut s'avérer bien plus éloquente qu'une page entière de démontage en règle. Mais si un étudiant de vingt-deux ans se permet une plaisanterie de ce genre, qui nous dit que son silence est une preuve de malice et que ses omissions remplacent des pages critiques publiées ailleurs – ou qu'il *serait capable* d'écrire ?

Dans des thèses comme celles-ci, l'étudiant accuse ensuite généralement les membres du jury de ne pas l'avoir compris, mais ils *ne pouvaient pas* le comprendre : une thèse trop panoramique constitue toujours un péché d'orgueil. Cela ne veut pas dire que l'orgueil intellectuel soit à proscrire *a priori* dans une thèse. On peut même y affirmer que Dante fut un mauvais poète : mais il faut le dire après avoir présenté au moins trois cents pages d'analyses serrées des textes de Dante. Ce type de démonstrations ne peut pas prendre place dans une thèse panoramique. C'est pourquoi il serait bon que l'étudiant choisisse un titre de thèse plus modeste que *La Littérature italienne de l'après-guerre aux années 1960*. Disons-le d'emblée : le titre idéal serait non pas *Les Romans de Beppe Fenoglio*,

mais *Les Différentes Versions du roman* Le Printemps du
guerrier *de Beppe Fenoglio*. Un titre ennuyeux ? Peut-
être, mais un défi plus intéressant.

Et surtout, à y bien réfléchir, un choix habile. En
écrivant une thèse panoramique portant sur toute la
littérature italienne pendant une quarantaine d'années,
l'étudiant s'expose à toutes sortes de critiques. Son
directeur ou un simple membre du jury ne pourra pas
résister à la tentation de montrer qu'il connaît un écrivain mineur que l'étudiant n'a pas cité. Il suffit que
chaque membre du jury, en parcourant l'index, relève
trois oublis pour que l'étudiant devienne la cible d'une
rafale de reproches et que sa thèse donne l'impression
de n'être guère plus qu'une liste d'écrivains disparus.
Mais s'il a travaillé sérieusement sur un sujet très précis,
il se retrouve en situation de contrôler un matériau
inconnu à la plupart de ses juges. Je ne suis pas en
train de suggérer un « truc de pacotille » : c'est peut-
être un « truc », mais il n'est pas de pacotille, parce
qu'il exige un travail intense. Son résultat est que l'étudiant se présente comme un « expert » devant une
assemblée qui l'est moins que lui, et comme il a fait
l'effort de devenir expert, il est juste qu'il jouisse des
avantages de sa situation.

Entre les deux cas extrêmes d'une thèse panoramique couvrant quarante ans de littérature et d'une
thèse rigoureusement monographique sur les variantes
d'un texte bref, il y a beaucoup d'intermédiaires. On
peut imaginer des sujets comme *La Néo-avant-garde
littéraire des années 1960*, ou *L'Image du Piémont chez
Pavese et Fenoglio*, ou encore *Parentés et différences entre*

trois écrivains « fantastiques » : Savinio, Buzzati et Landolfi.

Si l'on aborde les « sciences dures », on trouve, dans un petit livre dont le thème est analogue au nôtre, le conseil suivant, applicable à tous les sujets :

> *La Géologie*, par exemple, constitue un sujet trop vaste. *La Vulcanologie*, branche de la géologie, est encore un sujet trop étendu. *Les Volcans du Mexique* pourrait constituer un bon exercice, mais qui resterait un peu superficiel. Une restriction supplémentaire donnerait lieu à une étude de plus grande qualité : *L'Histoire du Popocatepetl* (qu'un des conquistadores de Cortés gravit probablement en 1519 et qui connut une violente éruption en 1702). Un sujet plus limité, concernant un espace de temps moins large, serait : *La Naissance et la mort apparente du Paricutin* (du 20 février 1943 au 4 mars 1952) [1].

Dans ce cas, je conseillerais de choisir ce dernier sujet. À condition toutefois que le candidat dise alors vraiment tout ce qu'il y a à dire sur ce malheureux volcan.

Il y a quelque temps, un étudiant est venu me trouver dans l'intention de faire une thèse sur *Le Symbole dans la pensée contemporaine*. Un sujet impossible. Pour ma part, du moins, j'ignore ce qu'il faut entendre par « symbole » : il s'agit en effet d'un terme qui change de sens en fonction des auteurs et qui peut prendre des significations diamétralement opposées chez deux auteurs différents. Par « symbole », par exemple, les logiciens formels ou les mathématiciens désignent des

---

1. C. W. Cooper et E. . Robins, *The Term Paper. A Manual and Model*, Stanford, Stanford University Press, 4ᵉ éd., 1967, p. 3.

expressions dénuées de sens qui occupent une place bien définie, avec une fonction bien précise, dans un calcul formel (comme les a et les b ou les x et les y des formules algébriques), tandis que certains auteurs entendent par ce terme une forme pleine de significations ambiguës, comme les images récurrentes des rêves, qui peuvent renvoyer à un arbre, à un organe sexuel, au désir de croissance et ainsi de suite. Comment faire alors pour écrire une thèse répondant à ce titre ? Il conviendrait d'analyser toutes les acceptions du terme « symbole » dans la culture contemporaine, d'en faire un inventaire qui mette en lumière leurs affinités et leurs différences, de voir si, en deçà de ces distinctions, on peut dégager un concept unitaire fondamental commun à tous les auteurs et toutes les théories, et si les différences ne rendent pas toutefois incompatibles entre elles les théories en question. Aucun philosophe, linguiste ou psychanalyste contemporain n'est encore parvenu à réaliser un travail de ce genre de façon satisfaisante. Comment un étudiant pourrait-il y arriver, lui qui en est à ses premières armes et qui, même s'il est précoce, n'a derrière lui guère plus de six ou sept ans de lectures adultes ? Il pourrait à la rigueur réussir à produire un discours partial intelligent, mais on se retrouverait alors dans la situation de l'histoire de la littérature italienne de Contini. Ou bien il pourrait proposer une théorie personnelle du symbole, négligeant ce qu'en ont dit les autres auteurs – mais nous verrons dans la section II.2. à quel point ce choix est discutable. J'ai un peu discuté avec l'étudiant en question. Il aurait pu faire une thèse sur le symbole chez Freud et Jung, laissant de côté toutes les autres acceptions du terme pour confronter seulement les significations qu'il prend chez ces deux auteurs. Mais il est apparu qu'il ne connaissait pas l'allemand (nous reviendrons sur le problème de la connaissance des langues dans la section II.5.). Nous nous sommes alors arrêtés sur le sujet : *Le Concept de symbole chez Pierce*, pour lequel le candidat avait seulement besoin de connaître l'anglais. Bien sûr, au cours de la thèse, il lui faudrait mettre en lumière la façon dont cette conception diffère de celle de beaucoup d'autres, parmi lesquelles celles de Freud et Jung, mais la référence à ces auteurs de langue allemande jouerait un rôle secondaire. Nul ne lui aurait reproché de ne pas avoir travaillé sur les textes originaux des autres auteurs cités, parce que sa thèse exigeait du candidat uniquement qu'il lise intégralement et dans le texte original l'auteur mentionné dans son titre. La référence à d'autres penseurs aurait seulement servi à clarifier le sens que le terme prend chez Pierce, à mieux circonscrire ses idées, à pouvoir dire : « Quiconque donne au terme de "symbole" telle autre signification ne le conçoit pas dans le sens de Pierce. »

Voilà comment éviter une thèse panoramique à l'excès sans donner à penser que l'on ignore l'état de la question.

Il faut par ailleurs dire clairement que le terme « monographique » peut avoir une acception plus vaste que celle que nous lui avons donnée ici. Une monographie est un travail qui aborde un seul sujet et qui, comme tel, s'oppose à une « histoire de », à un manuel, à une encyclopédie. On peut ainsi considérer comme une monographie même une thèse portant sur

Le Thème du « monde à l'envers » chez les écrivains médiévaux. On y aborde sans doute de nombreux écrivains, mais seulement du point de vue d'un thème particulier (à savoir l'hypothèse imaginaire, présentée à titre d'exemple, de paradoxe ou de fable, que les poissons volent, les oiseaux nagent, et ainsi de suite). Bien réalisée, ce serait une excellente monographie. Mais pour ce faire, il convient de prendre en considération tous les écrivains qui ont traité ce sujet, en particulier les auteurs mineurs, ceux dont nul ne se souvient. Ce serait donc une thèse à la fois monographique et panoramique, ce qui est très difficile à réaliser et exige un nombre infini de lectures. Le mieux serait d'en restreindre le champ : *Le Thème du « monde à l'envers » chez les poètes de l'époque carolingienne.* Le domaine ainsi délimité, on sait qu'il faut maîtriser et ce que l'on peut se permettre de négliger.

Il est évidemment plus excitant de faire une thèse panoramique, surtout parce qu'il semble ennuyeux de devoir s'occuper toujours du même auteur pendant un ou deux ans, voire plus. Mais n'oubliez pas que faire une thèse rigoureusement monographique ne signifie nullement perdre de vue le contexte panoramique. Faire une thèse sur les récits de Fenoglio implique de connaître le contexte du réalisme italien, de lire Pavese ou Vittorini, et d'aller prendre des éléments de comparaison chez les prosateurs américains que Fenoglio lisait et traduisait. Ce n'est qu'en insérant l'auteur dans son contexte qu'on peut le comprendre et l'analyser. Mais utiliser le panorama pour dégager le contexte dans lequel s'inscrit un auteur est une chose, faire un tableau panoramique en est une autre : peindre le portrait d'un

gentilhomme sur fond de paysage fluvial est une chose,
peindre des champs, des vallées et des fleuves en est
une autre. La technique est différente, ainsi que, pour
utiliser le vocabulaire de la photographie, la profondeur
de champ. Si l'on s'intéresse à un auteur particulier, le
panorama peut rester un peu flou, incomplet ou indi-
rectement représenté.

En conclusion, il faut garder à l'esprit ce principe
fondamental : *plus on restreint le champ, mieux on travaille et plus on s'avance sur un terrain solide*. Une thèse
monographique est préférable à une thèse panoramique. Il vaut mieux que la thèse ressemble à un
essai plutôt qu'à une histoire ou à une encyclopédie.

II.2. Thèse historique ou thèse théorique ?

Cette alternative ne concerne que certaines disciplines. Dans des matières comme l'histoire des mathématiques, la philologie romane ou l'histoire de la
littérature allemande, une thèse ne saurait être qu'historique. Et dans des matières comme la composition
architecturale, la physique des réacteurs nucléaires ou
l'anatomie comparée, on fait en général des thèses
théoriques ou expérimentales. Mais il y a d'autres disciplines, comme la philosophie théorique, la sociologie,
l'anthropologie culturelle, l'esthétique, la philosophie
du droit, la pédagogie ou le droit international, dans
lesquelles les deux types de thèses sont envisageables.

Dans une thèse théorique, on aborde un problème
abstrait qui peut avoir déjà été l'objet d'autres
réflexions : la nature de la volonté humaine, le concept

de liberté, la notion de rôle social, l'existence de Dieu, le code génétique. Cette liste de thèmes prête aussitôt à sourire parce qu'elle évoque ces démarches que Gramsci appelait de « brefs aperçus sur l'univers ». De grands penseurs se sont pourtant occupés de ces sujets. Mais, à quelques exceptions près, ils l'ont fait au terme d'un travail de réflexion de plusieurs décennies.

Entre les mains d'un étudiant dont l'expérience scientifique est nécessairement limitée, ces sujets peuvent conduire à deux solutions. La première, qui est encore la moins inquiétante, consiste à réaliser une thèse qualifiée dans la section précédente de « panoramique ». L'étudiant analyse le concept de rôle social, mais tel qu'il est utilisé par certains auteurs. À ce propos, les observations faites précédemment restent valables. La deuxième solution est plus alarmante parce que le candidat estime qu'il est en mesure de résoudre, dans le cadre d'un nombre restreint de pages, le problème de Dieu et de la définition de la liberté. Mon expérience me fait dire que les étudiants qui ont choisi des sujets de ce genre ont presque toujours réalisé des thèses très brèves, mal structurées, plus proches d'un poème lyrique que d'une étude scientifique. Et quand on objecte au candidat que son discours est trop subjectif, général, informel, dépourvu de support historique et de citations, il répond généralement qu'on ne l'a pas compris, que sa thèse est bien plus intelligente que tant d'autres exercices de banale compilation. Il se peut qu'il ait raison, mais, une fois encore, l'expérience enseigne qu'en général, cette réponse vient d'un candidat aux idées confuses, sans humilité scientifique ni talent pour la communication. Je dirai dans la section IV.2.4. ce que j'entends par humilité scientifique (qui n'est pas une vertu pour les faibles, mais au contraire, une vertu des personnes orgueilleuses). On ne peut évidemment pas exclure que le candidat soit un génie, qui a tout compris à vingt-deux ans, et je fais cette hypothèse sans la moindre ironie. Mais c'est un fait que, quand apparaît sur la surface de la Terre un génie de cette sorte, l'humanité met beaucoup de temps à s'apercevoir de sa présence, et son œuvre a besoin d'être lue et digérée pendant un certain nombre d'années avant que l'on en comprenne la grandeur. Comment peut-on supposer qu'un jury, qui n'a pas que cette thèse à examiner mais aussi de nombreuses autres, puisse comprendre d'emblée la grandeur de ce coureur solitaire ?

Faisons pourtant l'hypothèse que l'étudiant ait conscience d'avoir compris un problème important : comme rien ne naît de rien, il aura élaboré ses propres réflexions sous l'influence de quelque autre auteur. Qu'il transforme alors sa thèse théorique en thèse historique, c'est-à-dire que, au lieu de traiter le problème de l'être, la notion de liberté ou le concept d'action sociale, il développe plutôt des sujets comme : *Le Problème de l'être dans les premiers écrits d'Heidegger*, *La Notion de liberté chez Kant* ou *Le Concept d'action sociale chez Parsons*. S'il a des idées originales, elles ressortiront aussi bien dans la confrontation avec les idées de l'auteur analysé : on peut dire beaucoup de choses nouvelles sur la liberté en étudiant la façon dont quelqu'un en a parlé. Et s'il y tient vraiment, ce qui devait être sa thèse théorique pourra devenir le chapitre conclusif de sa thèse historique. Ainsi tout le monde pourra contrôler ce qu'il dit parce qu'il aura présenté ses idées en référence à un penseur antérieur. Il est difficile de progresser dans le vide et de ne partir de rien. Il faut trouver un point d'appui, surtout pour des problèmes aussi vagues que la notion d'être ou de liberté. Même pour un génie, et surtout si l'on est un génie, il n'y a jamais rien d'humiliant à partir de ce qu'a dit un autre auteur. Ce qui ne signifie pas faire de lui un fétiche, l'adorer, ne jurer que par ses paroles : on peut même partir de son œuvre pour en démontrer les erreurs et les limites. Mais on a un point d'appui. Les auteurs du Moyen Âge, qui avaient un respect exagéré pour les Anciens, par rapport à qui ils estimaient n'être que des « nains », disaient qu'en s'appuyant sur eux, ils devenaient « des nains sur les épaules des géants » et voyaient ainsi plus loin que leurs prédécesseurs.

Toutes ces remarques ne sont pas valables pour les disciplines appliquées et expérimentales. Pour une thèse de psychologie, l'alternative n'est pas entre *Le Problème de la perception chez Piaget* et *Le Problème de la perception* (même si un imprudent pourrait avoir l'intention de s'attaquer à un sujet d'une généralité aussi dangereuse). L'alternative à la thèse historique est plutôt la thèse expérimentale : *La Perception des couleurs chez un groupe d'enfants handicapés*. Ici, le propos est différent parce qu'on a le droit d'aborder une question de manière expérimentale dès lors que l'on possède une méthode d'enquête et que l'on peut travailler dans des conditions de laboratoire, en disposant de toute l'assistance requise. Mais un bon chercheur expérimental ne commence pas à contrôler les réactions de ses sujets

sans avoir au moins passé en revue au préalable les
études analogues déjà réalisées. Il risquerait sinon
d'enfoncer des portes ouvertes en voulant démontrer
quelque chose qui a déjà été largement démontré, ou
appliquer des méthodes dont on a révélé l'insuffisance
(une nouvelle mise à l'épreuve d'une méthode qui n'a
pas encore donné de résultats satisfaisants peut
d'ailleurs constituer en soi un sujet de recherche). On
ne saurait donc réaliser une thèse de caractère expérimental en restant chez soi, ni en inventer la méthode.
Ici aussi, il faut partir du principe que, si on est un
nain intelligent, il vaut mieux se jucher sur les épaules
de quelque géant, même de taille modeste, voire d'un
autre nain. Il sera toujours temps de procéder tout seul
par la suite.

II.3. Sujet ancien ou sujet contemporain ?

En abordant cette question, on paraît vouloir raviver
la vieille querelle des Anciens et des Modernes… Dans
bien des disciplines, la question ne se pose pas du tout
– même si une thèse d'histoire de la littérature latine
pourrait aussi bien porter sur Horace que sur la situation des études horatiennes au cours des deux dernières
décennies. Inversement, il est logique que si l'on fait
une thèse en histoire de la littérature italienne contemporaine, il n'y a pas d'alternative.

Il n'est pourtant pas rare qu'un étudiant préfère travailler sur des auteurs comme Cesare Pavese, Giorgio
Bassani ou Edoardo Sanguineti plutôt que de suivre
le conseil de son professeur de littérature italienne et

d'étudier un pétrarquiste du XVIᵉ siècle ou un poète arcadien. Ce choix vient souvent d'une vocation authentique qu'il est difficile de contrarier. Mais il naît aussi parfois de la conviction erronée qu'un auteur contemporain est plus facile et plus amusant à étudier.

Disons-le d'emblée : *un auteur contemporain est toujours plus difficile*. Il est vrai qu'en général, la bibliographie le concernant est plus réduite, que les textes sont aisés à trouver et que la première étape du travail peut consister à lire un bon roman au bord de la mer, au lieu d'être enfermé dans une bibliothèque. Mais si l'on se contente de répéter ce qu'ont dit d'autres critiques, on aura fait une thèse bâclée (ce que l'on peut faire encore plus facilement sur un pétrarquiste du XVIᵉ siècle). Si l'on veut dire quelque chose de nouveau, on dispose au moins, à propos de l'auteur ancien, de grilles d'interprétation solides sur lesquelles s'appuyer, tandis qu'à propos de l'auteur moderne, les opinions sont encore vagues et discordantes, notre regard critique est faussé par le manque de perspective, ce qui rend le travail extrêmement difficile.

Il est certain qu'une thèse sur un auteur ancien impose des lectures plus ardues, des recherches bibliographiques plus vigilantes (encore que les références soient moins dispersées et qu'il existe déjà des répertoires bibliographiques complets) : mais si l'on considère la thèse comme l'occasion d'apprendre à mener une recherche, les problèmes que pose un auteur ancien sont plus formateurs.

Et si l'étudiant se sent décidément porté vers la critique contemporaine, sa thèse peut être la dernière occasion pour lui d'aborder la littérature du passé, afin

d'exercer son goût et ses capacités de lecture – une
opportunité qu'il ne serait pas mauvais de saisir au vol.
Bien des grands écrivains contemporains, même
d'avant-garde, n'ont pas écrit de thèse sur Eugenio
Montale ou Ezra Pound, mais sur Dante ou Ugo
Foscolo.

Il n'existe évidemment pas de règle précise à ce
sujet : un bon chercheur peut mener une analyse historique ou stylistique sur un auteur contemporain avec
autant de pénétration et de précision philologiques que
sur un auteur du passé. En outre, le problème varie
d'une discipline à l'autre. En philosophie, une thèse sur
Husserl pose peut-être plus de problèmes qu'une thèse
sur Descartes, et les relations entre « facilité » et « lisibi-
lité » sont différentes : il est plus facile de lire Pascal
que Carnap. C'est pourquoi le seul conseil que j'oserais
vraiment donner est le suivant : *travaillez sur un auteur
contemporain comme s'il s'agissait d'un auteur ancien et
sur un auteur ancien comme s'il était contemporain*. Vous
y prendrez plus de plaisir et vous ferez un travail plus
sérieux.

II.4. Combien de temps faut-il pour faire une thèse ?

Pour le dire d'entrée de jeu : *pas plus de trois ans et
pas moins de six mois. Pas plus de trois ans* parce que si,
en trois ans de travail, l'étudiant n'est pas parvenu à
circonscrire son sujet et à rassembler la documentation
nécessaire, cela veut dire qu'il se trouve dans l'une des
situations suivantes :

1) il s'est trompé en choisissant un sujet de thèse qui dépasse ses forces ;

2) il fait partie de ces personnes toujours insatisfaites, qui voudraient tout dire, et continuera à travailler à sa thèse pendant vingt ans, alors qu'un universitaire habile doit savoir se fixer des limites, même modestes, et produire quelque chose de définitif dans le cadre ainsi défini ;

3) la névrose de la thèse a commencé : on l'abandonne, on la reprend, on s'y sent irréalisé, on entre dans un état de dispersion, on utilise la thèse comme alibi pour bien des lâchetés, on ne la soutiendra jamais.

Pas moins de six mois, parce que même si l'on veut ne faire que l'équivalent d'un bon essai de revue, d'une soixantaine de feuillets tout au plus, six mois ne sont pas de trop pour élaborer la problématique, effectuer les recherches bibliographiques, mettre en fiches les documents et rédiger le texte. Un chercheur plus expérimenté mettra bien sûr moins de temps à écrire un essai : mais il a derrière lui des années et des années de lectures, de fiches, de notes, alors que l'étudiant doit partir de zéro.

Les six mois ou les trois ans dont il est ici question ne se rapportent pas à la durée de la rédaction finale, qui peut ne prendre qu'un mois, voire quinze jours, en fonction de la méthode employée, mais à la période qui va de la naissance de l'idée primitive de la thèse à la remise du texte définitif. Un étudiant peut donc ne travailler effectivement à sa thèse que pendant un an, mais en mettant à profit des idées et des lectures que,

même sans savoir où il allait en venir, il avait accumu-
lées pendant les deux années précédentes.

L'idéal est à mon avis de *choisir le sujet de thèse* (et le
directeur) *vers la fin de la deuxième année d'université*[a].
À ce stade, on s'est déjà familiarisé avec les différentes
disciplines, on en connaît le sujet et les difficultés, même
s'il s'agit de matières dans lesquelles on n'a pas encore
passé d'examen. Un choix aussi précoce n'est ni compro-
mettant ni irrémédiable. L'étudiant a une bonne année
devant lui pour comprendre éventuellement qu'il s'est
trompé et changer de sujet, de directeur voire de discipline. Remarquez bien qu'avoir passé un an sur une thèse
de littérature grecque avant de s'apercevoir qu'on préfère
travailler en histoire contemporaine n'est pas du temps
entièrement perdu : l'étudiant aura au moins appris
comment élaborer une bibliographie préliminaire,
comment prendre des notes sur un texte, comment
structurer une table des matières. Souvenez-vous de ce
qu'on a dit dans la section I.3. : une thèse sert avant tout
à apprendre à organiser ses idées, indépendamment de
son sujet.

En choisissant donc la thèse vers la fin de la
deuxième année, l'étudiant dispose de plusieurs étés à
consacrer à la recherche et, s'il le peut, à des voyages
d'études. Il pourra alors choisir les sujets de ses examens *en les orientant en fonction de la thèse*. Bien sûr,
s'il fait une thèse de psychologie expérimentale, il est
difficile d'orienter en fonction d'elle un examen de littérature latine ; mais dans beaucoup d'autres matières
à caractère philosophique et sociologique, on peut se
mettre d'accord avec les enseignants pour choisir certains textes, en remplaçant éventuellement les textes

prévus au programme, afin de faire coïncider l'objet de cet examen avec le champ de sa thèse – dans la mesure où il est possible de le faire sans contorsions dialectiques ni astuces puériles. Un enseignant intelligent préfère toujours que l'étudiant prépare un examen en étant « motivé » et intéressé, plutôt qu'il ne le passe contraint et forcé, après l'avoir préparé sans passion, seulement pour franchir un obstacle incontournable.

Choisir la thèse à la fin de la deuxième année signifie que l'on a jusqu'au mois d'octobre de la quatrième année pour la soutenir dans les délais idéaux, en ayant eu à sa disposition deux années complètes. Rien n'empêche bien sûr de choisir son sujet de thèse avant. Rien n'empêche non plus de le choisir après, si l'on accepte de finir ses études plus tard que prévu. Mais il est absolument déconseillé de le choisir trop tard.

Il y a une autre raison à cela : si l'on veut faire une bonne thèse, il faut, dans la mesure du possible, la discuter pas à pas avec son directeur. Ce n'est pas seulement pour amadouer le professeur mais parce qu'écrire une thèse, comme écrire un livre, est un exercice de communication qui suppose l'existence d'un public : or le directeur de thèse est le seul public compétent dont dispose l'étudiant au cours de son travail. Une thèse écrite au dernier moment oblige le directeur à en parcourir rapidement quelques chapitres, voire le texte entier déjà rédigé sous sa forme définitive. S'il en prend ainsi connaissance et qu'il est insatisfait des résultats, il attaquera le candidat au moment de la soutenance, avec toutes les conséquences désagréables que cela comporte – désagréables pour le directeur également, qui ne devrait jamais autoriser la soutenance d'une thèse

dont il est insatisfait : c'est un échec pour lui aussi. S'il
s'aperçoit à temps que le candidat ne parvient pas à
maîtriser son sujet, il doit le lui dire, lui conseiller d'en
choisir un autre ou d'attendre encore un peu. Si, après
avoir reçu ces conseils, le candidat considère que le
directeur a tort ou bien que sa priorité est de finir sa
thèse au plus vite, il affrontera tout autant les aléas
d'une discussion orageuse, mais il le fera au moins en
connaissance de cause.

On peut conclure de ces remarques que la thèse faite
en six mois, même si on la considère comme le
moindre mal, est loin de représenter une solution opti-
male – à moins que, comme on l'a dit, le sujet choisi
dans les six derniers mois ne permette de mettre à
profit l'expérience accumulée au cours des années précédentes. Il peut néanmoins arriver qu'un étudiant soit
dans la nécessité de tout réaliser en six mois. Il s'agit
alors de trouver un sujet qui puisse être traité de
manière décente et sérieuse dans ce laps de temps. Je
ne voudrais pas que tout ce discours soit compris dans
un sens trop « commercial », comme si nous étions en
train de vendre des « thèses de six mois » et des « thèses
de six ans », à des prix différents, pour satisfaire tous
les types de clients. Mais il est certain qu'on peut aussi
réaliser une bonne thèse en six mois. Les éléments
requis pour ce faire sont les suivants :

1) le sujet doit être clairement circonscrit ;

2) le sujet doit être si possible contemporain, pour
ne pas avoir à explorer une bibliographie qui remonte
aux Grecs. Ou alors ce doit être un sujet marginal, sur
lequel on a très peu écrit ;

3) les documents en tous genres doivent être disponibles dans un périmètre restreint et facilement consultables.

Prenons quelques exemples. En choisissant comme sujet *L'Église de Santa Maria del Castello à Alexandrie*, je peux espérer trouver tout ce dont j'ai besoin pour reconstituer l'histoire du bâtiment et de ses restaurations dans la bibliothèque municipale d'Alexandrie et dans les archives communales. Je dis « je peux espérer » parce que je fais une hypothèse en me mettant dans la situation d'un étudiant qui cherche à faire une thèse en six mois. Mais je devrai me renseigner avant de commencer ce projet pour vérifier la validité de mon hypothèse – et être un étudiant qui habite la province d'Alexandrie : si j'habite à Caltanissetta, mon idée était très mauvaise. Par ailleurs, si certains documents sont disponibles, mais qu'il s'agit de manuscrits médiévaux jamais publiés, il me faudra avoir des connaissances en paléographie, c'est-à-dire posséder une technique de lecture et de déchiffrement des manuscrits. Et voilà qu'un sujet qui paraissait si facile se révèle difficile. Mais si je constate que tout a déjà été publié, au moins à partir du XIXe siècle, je me retrouve en terrain sûr.

Prenons un autre exemple. Raffaele La Capria est un écrivain contemporain qui n'a écrit que trois romans et un volume d'essais, tous publiés chez le même éditeur, Bompiani. Imaginons une thèse intitulée : *La Réception de Raffaele La Capria dans la critique italienne contemporaine*. Comme, de nos jours, les éditeurs ont généralement dans leurs archives des dossiers de presse contenant les articles et les essais critiques qui sont parus sur les auteurs qu'ils publient, en passant plusieurs jours au siège de la maison d'édition à Milan, je peux espérer mettre en fiches la quasi-totalité des textes qui m'intéressent. De plus, l'auteur étant encore en vie, je peux lui écrire ou aller l'interviewer, ce qui me fournira des indications bibliographiques supplémentaires et très probablement des photocopies de textes qui m'intéressent. Certains essais critiques me renverront certainement à d'autres auteurs auxquels on compare ou on oppose La Capria. Le champ s'étendra ainsi quelque peu, mais de manière raisonnable. D'ailleurs, si j'ai choisi La Capria, c'est parce que je m'intéressais déjà à la littérature italienne contemporaine, sans quoi mon choix aurait été fait de façon opportuniste, à froid, et de manière inconsidérée.

Voici une autre thèse réalisable en six mois : *L'Interprétation de la Deuxième Guerre mondiale dans les manuels d'histoire pour le collège des cinq dernières années*. Il n'est peut-être pas très facile de repérer tous les manuels d'histoire en circulation, mais il n'existe pas un nombre infini de maisons d'édition scolaires. Une fois les textes acquis ou photocopiés, on peut constater que le traitement de ce sujet occupe peu de pages et réaliser un bon travail de comparaison en peu de temps. Pour juger la façon dont un livre parle de la Deuxième Guerre mondiale, il faut évidemment comparer le traitement de ce sujet particulier au cadre historique général présenté par ce même livre, après avoir choisi au préalable comme paramètre une demi-douzaine d'histoires de la Deuxième Guerre mondiale faisant autorité. Il faut donc élargir un peu le champ de l'étude. Si on éliminait ces formes de contrôle critique, la thèse pourrait être faite non en six mois, mais en une semaine : ce ne serait plus une thèse mais un article de journal, éventuellement subtil et brillant, mais qui ne donnerait aucune idée de la capacité du candidat à effectuer des recherches.

Et si on veut faire une thèse en six mois, mais en n'y travaillant qu'une heure par jour, alors il est inutile de continuer à en discuter. Relisez les conseils donnés dans la section I.2. : recopiez une thèse quelconque et finissez-en.

II.5. Est-il nécessaire de connaître une langue étrangère ?

Cette section ne concerne pas ceux qui préparent une thèse dans une langue ou une littérature étrangère. On peut en effet espérer que ceux-là connaissent la langue *sur laquelle* ils font leur thèse. On pourrait même envisager qu'un étudiant qui fait une thèse sur un auteur étranger l'écrive dans la langue de cet auteur, comme c'est le cas, à juste titre, dans bien des universités étrangères.

Mais posons-nous le problème de quelqu'un qui fait une thèse de philosophie, de sociologie, de jurisprudence, de sciences politiques, d'histoire, de sciences naturelles. Même si la thèse porte sur la littérature italienne, sur Dante ou sur la Renaissance, on se trouve toujours, à un moment ou à un autre, dans la nécessité de lire un livre écrit dans une langue étrangère, certains spécialistes célèbres de Dante et de la Renaissance ayant

écrit en anglais ou en allemand. Ces cas sont généralement une bonne occasion pour commencer à
apprendre une langue que l'on ne connaît pas : motivé
par le sujet, au prix de quelques efforts, l'étudiant commence peu à peu à comprendre ce qu'il lit. Il n'appren-
dra peut-être pas ainsi à parler cette langue, mais à la
lire, ce qui est mieux que rien.

S'il existe, sur un sujet donné, *un seul* livre en allemand et que l'on ne connaît pas l'allemand, on peut
aussi résoudre le problème en demandant à quelqu'un
d'autre de nous résumer les chapitres que l'on considère
comme les plus importants : l'étudiant aura ensuite la
pudeur de ne pas se référer trop souvent à cet ouvrage,
mais il pourra légitimement l'insérer dans sa bibliographie parce qu'il aura une idée de son contenu.

Cela étant, ces problèmes sont secondaires. Le principe essentiel est le suivant : *il faut choisir un sujet de
thèse qui n'implique pas la connaissance de langues que
l'on ne connaît pas ou que l'on n'est pas disposé à
apprendre*. Il peut évidemment arriver que l'on choisisse
un sujet de thèse sans avoir conscience des risques auxquels on s'expose. Pour l'instant, essayons d'examiner
quelques aspects dont il faut absolument tenir compte :

1) *On ne peut faire une thèse sur un auteur étranger
si on ne lit pas cet auteur dans le texte original*. Cela
semble une évidence s'il s'agit d'un poète, mais nombreux sont ceux qui croient que ce n'est pas indispensable pour faire une thèse sur Kant, Freud ou Adam
Smith. C'est au contraire tout à fait nécessaire, pour
trois raisons : d'abord parce qu'il arrive que les œuvres
de cet auteur ne soient pas *toutes* traduites, or ignorer

un de ses écrits, même mineur, peut parfois compromettre l'interprétation de sa pensée ou de sa formation intellectuelle ; deuxièmement, la majeure partie des études critiques portant sur un auteur donné est généralement dans la langue dans laquelle il a écrit, et si l'auteur est traduit, c'est moins souvent le cas pour ses interprètes ; enfin, les traductions ne rendent pas toujours justice à la pensée d'un auteur, alors que faire une thèse implique justement de redécouvrir la pensée originale là où elle a été faussée par des traductions ou des vulgarisations en tous genres. Faire une thèse veut dire aller au-delà des formules reçues de manuels scolaires, du type : « Foscolo est un classique, Leopardi un romantique », ou bien : « Platon est un idéaliste, Aristote un réaliste », ou encore : « Pascal défend la cause du cœur, Descartes celle de la raison ».

2) *On ne peut pas faire une thèse sur un sujet sur lequel les études les plus importantes ont été écrites dans une langue que l'on ne connaît pas.* Un étudiant qui connaîtrait parfaitement l'allemand mais ignorerait le français ne pourrait pas, aujourd'hui, faire une thèse sur Nietzsche, qui a pourtant écrit en allemand : au cours des dix dernières années en effet, certaines des réinterprétations les plus intéressantes de Nietzsche ont été écrites en français. La même chose vaut pour Freud : il serait difficile de relire les œuvres du maître viennois sans tenir compte de ce qu'en ont dit les « révisionnistes » freudiens américains ou les structuralistes français.

3) *On ne peut pas faire une thèse sur un auteur ou sur un sujet en ne lisant que les œuvres écrites dans les*

langues que l'on connaît. Qui me dit qu'une étude critique fondamentale pour mon sujet n'a pas été écrite dans une langue que je ne connais pas ? Ce genre de considérations peut évidemment conduire à la névrose, et il convient de faire preuve de bon sens. Il existe des règles de correction scientifique selon lesquelles il est permis à un étudiant en littérature anglaise de signaler qu'il connaît l'existence d'une étude écrite en japonais mais qu'il ne l'a pas lue. Ce « permis d'ignorer » s'étend en général aux langues non occidentales et aux langues slaves, de sorte que l'on rencontre des études très sérieuses sur Marx ignorant ce qui a été écrit sur lui en russe. Mais, dans ce cas, un chercheur sérieux peut toujours savoir de manière synthétique ce que contiennent ces ouvrages (et montrer qu'il le sait) grâce à des comptes rendus ou à des abstracts. Les revues scientifiques soviétiques, bulgares, tchécoslovaques, israéliennes, etc., ont pour habitude de fournir des résumés en anglais ou en français des articles qu'elles publient. Voilà pourquoi, même si l'on travaille sur un auteur français, il peut être acceptable de ne pas connaître le russe, mais il est indispensable de lire au moins l'anglais, pour contourner l'obstacle.

Quoi qu'il en soit, avant d'établir le sujet d'une thèse, il faut avoir la prudence de jeter un premier coup d'œil à la bibliographie existant à ce propos pour s'assurer qu'elle ne présente pas de difficultés linguistiques majeures. Certains cas sont bien connus : il est impensable de faire une thèse de philologie grecque sans connaître l'allemand, parce que quantité d'études fondamentales dans ce domaine sont dans cette langue.

La thèse peut en tout cas servir à acquérir des notions terminologiques générales dans toutes les langues occidentales : même si on ne lit pas le russe, il convient en effet d'être au moins en mesure de reconnaître les caractères cyrilliques et de comprendre si un livre cité parle d'art ou de science. Lire le cyrillique s'apprend en une soirée, et pour savoir que *iskusstvo* signifie art et *nauka*, science, il suffit d'avoir comparé quelques titres. Il ne faut pas se laisser impressionner : la thèse est une occasion unique de faire quelques exercices qui vous serviront toute la vie.

Toutes ces remarques ne tiennent pas compte du fait que le mieux, si on veut aborder une bibliographie étrangère, est d'aller passer quelque temps dans le pays en question : mais c'est une solution onéreuse et on cherche ici à donner des conseils valables aussi pour les étudiants qui n'ont pas cette possibilité.

Faisons une dernière hypothèse, la plus conciliante. Imaginons qu'un étudiant s'intéresse au problème de la perception visuelle appliqué au domaine artistique. Cet étudiant *ne connaît pas les langues étrangères et n'a pas le temps de les apprendre* (ou bien il a des blocages psychologiques : il y a des personnes qui apprennent le suédois en une semaine et d'autres qui n'arrivent pas à parler à peu près correctement le français au bout de dix ans de cours). Qui plus est, pour des raisons financières, il lui faut faire sa thèse en six mois. Mais même s'il doit finir ses études le plus vite possible pour pouvoir commencer à travailler, il est vivement intéressé par son sujet et aimerait le reprendre par la suite pour l'approfondir plus à loisir. Il nous faut penser aussi à lui.

Cet étudiant pourra choisir un thème comme : *Les Problèmes de la perception visuelle dans leurs rapports avec les arts plastiques chez quelques auteurs contemporains*. Il est bon d'esquisser avant tout un tableau de la problématique psychologique, et pour cela, il existe une série d'ouvrages traduits en italien, depuis *Eye and Brain* de Gregory jusqu'aux principaux textes de la théorie de la forme et de l'analyse transactionnelle. On peut ensuite concentrer la thématique sur trois auteurs, mettons Rudolf Arnheim pour la théorie de la Gestalt, Ernst Gombrich pour l'approche sémiologique-informationnelle, Erwin Panofsky pour ses essais sur la perspective d'un point de vue iconologique. Ces trois auteurs abordent, au fond, selon des points de vue différents, la question des rapports entre ce qui relève de la nature et de la culture dans la perception des images. Pour les situer dans un contexte plus large, l'étudiant pourra s'aider de quelques ouvrages utiles, comme ceux de Gillo Dorfles. Une fois tracées ces trois perspectives, il pourra aussi essayer de relire les données problématiques acquises en les appliquant à une œuvre d'art particulière ou en réévaluant une interprétation classique (par exemple la façon dont Roberto Longhi analyse Piero della Francesca) à laquelle il intégrerait les données plus « contemporaines » qu'il a recueillies. Le produit final sera peu original, il restera à mi-chemin entre la thèse panoramique et la thèse monographique, mais il aura été possible de le réaliser en s'appuyant sur des traductions italiennes. On ne reprochera pas à l'étudiant de ne pas avoir lu *tout* Panofsky, même ce qui n'existe qu'en allemand ou en anglais, parce qu'il ne s'agit pas d'une thèse *sur* Panofsky mais sur un problème pour lequel le recours à Panofsky intervient seulement pour éclairer certains aspects ou comme référence pour traiter quelques questions.

Comme on l'a déjà dit dans la section II.1., ce type de thèses n'est pas le plus recommandable parce qu'on risque d'être incomplet et trop général : rappelons qu'il s'agit d'un exemple de « thèse de six mois » pour un étudiant soucieux de rassembler de manière urgente des données préliminaires sur un problème qui lui tient à cœur. C'est une solution de repli, mais elle peut au moins conduire à un résultat décent.

Dans tous les cas, si l'on ne connaît pas les langues étrangères et qu'on ne peut pas profiter de cette occasion précieuse pour commencer à les apprendre, la solution la plus raisonnable est de faire thèse sur un sujet spécifiquement italien, pour lequel il soit possible de faire l'économie des renvois à des œuvres étrangères ou de recourir seulement aux textes déjà traduits. Ainsi, pour faire une thèse sur *Les Modèles du roman historique dans les œuvres narratives de Garibaldi*, il faudrait avoir quelques notions de base sur Walter Scott et les origines du roman historique (en plus de la polémique qui s'est déroulée à ce sujet en Italie au XIXe siècle). Mais pour ce faire, on peut trouver des ouvrages à consulter en italien et on peut lire en traduction au moins les œuvres principales de Scott, notamment en empruntant en bibliothèque les traductions de ses romans publiées au XIXe siècle. On aurait moins de problèmes encore avec un sujet comme : *L'Influence de Francesco Domenico Guerrazzi dans la culture italienne du Risorgimento*. Il faut évidemment se garder de tout optimisme *a priori* et toujours commencer par consulter attentivement les bibliographies pour voir si des auteurs étrangers ont abordé ce sujet.

II.6. Thèse « scientifique » ou thèse politique ?

Après les révoltes étudiantes de 1968 s'est répandue l'opinion qu'on ne devait pas faire de thèse sur des sujets « culturels » ou érudits, mais des thèses liées à des intérêts sociaux et politiques immédiats. En posant la question ainsi, le titre de cette section est provocateur et trompeur, parce qu'il donne à penser qu'une thèse « politique » n'est pas « scientifique ». À l'université, on parle souvent de science, de scientificité, de recherche scientifique, de valeur scientifique d'un travail, et ces expressions peuvent donner lieu à des malentendus involontaires, ou à des mystifications, ou à des soupçons illégitimes de momification de la culture.

II.6.1. *Qu'est-ce que la scientificité ?*
Pour certains, la science s'identifie aux sciences naturelles ou aux études reposant sur une base quantitative : une recherche n'est pas scientifique si elle ne procède pas au moyen de formules et de diagrammes. À ce compte, une recherche sur la morale chez Aristote ne serait pas scientifique, et pas davantage une recherche sur la conscience de classe et les révoltes paysannes pendant la Réforme luthérienne. Ce n'est évidemment pas le sens que l'on donne au terme « scientifique » à l'université. Cherchons donc à définir à quel titre un travail peut être dit scientifique au sens large.

Le modèle peut très bien être celui des sciences naturelles telles qu'elles se sont développées depuis le début de l'ère moderne. Une recherche est scientifique si elle répond aux critères suivants :

1) La recherche porte sur *un objet précis, défini de telle manière qu'il soit identifiable aussi par les autres.* Le terme « objet » n'a pas nécessairement une signification physique. La racine carrée est un objet, même si personne ne l'a jamais vue. La classe sociale est un objet de recherche, même si l'on pourrait objecter qu'on ne peut connaître que des individus ou des moyennes statistiques, jamais des classes réelles et authentiques. En ce sens, la classe de tous les nombres entiers supérieurs à 3 725, dont un mathématicien peut très bien s'occuper, n'a pas non plus de réalité physique. Définir l'objet signifie alors définir les conditions auxquelles nous pouvons en parler sur la base de quelques règles que nous posons ou que d'autres ont posées avant nous. En fixant les règles en fonction desquelles on pourra identifier un nombre entier supérieur à 3 725, nous fixons les conditions permettant de déterminer notre objet.

Des problèmes peuvent évidemment surgir si nous devons parler, par exemple, d'un être fabuleux comme le centaure, dont on admet d'ordinaire qu'il n'existe pas. Nous avons alors trois possibilités. Nous pouvons d'abord décider de parler des centaures tels qu'on les rencontre dans la mythologie classique : notre objet deviendra ainsi publiquement reconnaissable parce que nous avons affaire à des *textes* (verbaux ou visibles) dans lesquels il est question de centaures. Il s'agira alors de dire quelles caractéristiques doit avoir un être dont parle la mythologie pour que l'on puisse l'identifier comme un centaure. Deuxièmement, nous pouvons décider de mener une enquête hypothétique sur les caractéristiques que *devrait* avoir une créature vivant dans un monde possible (qui n'est pas le monde réel) pour être appelée un centaure. Nous devrons alors définir les conditions d'existence de ce monde possible en indiquant que toutes nos remarques se placeront dans le cadre de cette hypothèse. Si nous restons rigoureusement fidèles à notre hypothèse de départ, nous pouvons prétendre parler d'un « objet » ayant quelque titre à être objet d'enquête scientifique. Troisièmement, nous pouvons affirmer que nous sommes en possession de preuves suffisantes pour démontrer que les centaures existent véritablement. Dans ce cas, pour constituer un objet de discussion solide, nous devrons présenter des preuves (squelettes, restes d'os, empreintes sur des coulées de lave, photographies aux rayons infrarouges dans les forêts de la Grèce ou tout ce qu'on voudra) afin que nos lecteurs puissent admettre qu'il existe bien quelque chose dont on peut parler, indépendamment du fait que notre hypothèse soit juste ou non.

Évidemment, c'est là un exemple paradoxal et je ne crois pas que personne veuille faire une thèse sur les centaures, surtout en choisissant la troisième voie, mais il m'importait de montrer que l'on peut toujours construire un objet de recherche publiquement reconnaissable sous certaines conditions. Et si c'est vrai pour des centaures, on pourra en dire autant de notions comme le comportement moral, les désirs, les valeurs ou l'idée de progrès historique.

2) La recherche doit dire sur ce sujet *des choses qui n'ont pas déjà été dites*, ou bien revoir dans une optique différente les choses qui ont déjà été dites. Un travail mathématiquement exact qui servirait à démontrer le théorème de Pythagore avec des méthodes tradition-nelles ne serait pas un travail scientifique parce qu'il n'ajouterait rien à nos connaissances. Ce serait tout au plus un bon travail de vulgarisation, tout comme un manuel qui enseignerait comment construire une niche pour chiens en utilisant du bois, des clous, un rabot, une scie et un marteau. Comme on l'a dit dans la sec-tion I.1., même une thèse *de bilan de la recherche* peut être scientifiquement utile parce que son auteur a ras-semblé et présenté de façon systématique les opinions déjà exprimées par d'autres sur un même sujet. Pour la même raison, un manuel d'instructions pour faire soi-même une niche pour chiens n'est pas un travail scien-tifique, tandis qu'un ouvrage qui compare et discute toutes les méthodes connues pour construire une niche pour chiens peut déjà avoir quelque modeste préten-tion à la scientificité.

Gardez bien une chose à l'esprit : un ouvrage dres-sant un bilan n'a d'utilité scientifique que s'il n'existe encore rien de semblable dans ce domaine. S'il existe déjà une thèse comparative sur les systèmes de construction des niches pour chiens, en faire une autre similaire est une perte de temps (ou un plagiat).

3) La recherche *doit être utile aux autres*. Un article qui expose une nouvelle découverte sur le comporte-ment des particules élémentaires est utile. Un article qui raconte comment a été découverte une lettre inédite de Leopardi et la retranscrit intégralement est

utile. Un travail est scientifique si (les exigences formulées aux points 1 et 2 étant satisfaites) il ajoute à ce que
la communauté savait déjà quelque chose dont tous les
travaux ultérieurs sur le même sujet devront tenir
compte, au moins en théorie. L'importance scientifique
est évidemment proportionnelle au caractère plus ou
moins indispensable de ce qu'aura apporté la contribution. Certains apports doivent impérativement être pris
en considération par les autres chercheurs sous peine
de ne rien dire de bon. Et il y en a d'autres dont ils
feraient bien de tenir compte, mais dont l'oubli n'a
rien de dramatique. On a publié récemment des lettres
que James Joyce avait écrites à sa femme sur des problèmes sexuels brûlants. Il est certain que quelqu'un
qui étudiera demain la genèse du personnage de Molly
Bloom dans l'*Ulysse* de Joyce pourra être aidé par le fait
de savoir que, dans sa vie privée, Joyce attribuait à sa
femme une sexualité aussi vive et épanouie que celle de
Molly – il s'agit donc d'une contribution scientifique
utile. Cela étant, il y a d'admirables interprétations
d'*Ulysse* qui analysent le personnage de Molly de
manière pertinente sans tirer parti de ces informations
– il s'agit donc d'un apport qui n'est pas indispensable.
Par contre, quand on a publié *Stephen le héros*, la première version du *Portrait de l'artiste en jeune homme*
de Joyce, tout le monde s'est accordé à dire qu'il était
fondamental d'en tenir compte pour comprendre le
développement de l'écrivain irlandais. Il s'agissait d'un
apport scientifique indispensable.

Cela dit, on ironise souvent à propos de ces philo-
logues allemands extrêmement rigoureux qui
découvrent parfois un de ces documents que l'on

appelle des « notes de blanchisseuse » : ce sont des textes de valeur infime dans lesquels l'auteur avait par exemple noté les courses à faire ce jour-là. Des informations de ce genre sont parfois utiles parce qu'elles peuvent jeter un jour nouveau, plus humain, sur un artiste que l'on imaginait coupé du monde, ou parce qu'elles révèlent qu'il vivait alors dans une grande pauvreté. Mais elles n'ajoutent parfois vraiment rien à ce que l'on savait déjà, ce sont de petites curiosités biographiques sans aucune valeur scientifique, même s'il y a des personnes qui se font une réputation de chercheurs infatigables en publiant de pareilles inepties. Ce qui ne veut pas dire qu'il faille décourager ceux qui s'amusent à faire de telles recherches, mais on ne peut pas vraiment parler d'un progrès des connaissances humaines. Sans doute serait-il bien plus utile, sinon du point de vue scientifique, du moins du point de vue pédagogique, d'écrire un bon petit livre de vulgarisation qui raconte la vie de cet écrivain et résume ses œuvres.

4) Le travail de recherche *doit apporter des éléments permettant de confirmer ou d'infirmer les hypothèses qu'il expose*, et ce faisant, rendre possible la poursuite éventuelle de cette recherche par d'autres. C'est une exigence fondamentale. Si je veux démontrer qu'il existe des centaures dans le Péloponnèse, je dois faire quatre choses précises : (a) produire des preuves (au moins, comme on l'a dit, un os de la queue) ; (b) dire comment j'ai procédé pour trouver cette preuve ; (c) dire comment on devrait procéder pour en trouver d'autres ; (d) dire si possible quel type d'os (ou d'autre pièce à conviction) il suffirait de découvrir pour réduire

à néant mon hypothèse. De cette manière, non seulement j'ai apporté des preuves pour étayer mon hypothèse, mais j'ai fait en sorte que d'autres puissent
continuer le travail de recherche, que ce soit pour
confirmer mes idées ou pour les remettre en question.

La même chose vaut pour n'importe quel sujet. Supposons que je fasse une thèse pour démontrer que dans
un mouvement extraparlementaire de 1969 que l'on
considère d'habitude comme politiquement homogène
s'opposaient en fait deux factions, l'une léniniste et
l'autre trotskiste. Je devrai produire des documents
(tracts, comptes rendus de réunions, articles, etc.) pour
démontrer que j'ai raison ; je devrai dire comment j'ai
procédé pour trouver ces documents, de façon à ce que
d'autres puissent poursuivre les recherches en ce sens ;
et je devrai dire en fonction de quels critères j'ai attribué ces documents à tel ou tel membre du groupe (je
devrai aussi expliquer en fonction de quels critères je
juge que certaines personnes sont des membres du
groupe : carte d'adhérent, participation aux réunions,
soupçon de la police ?). Si le groupe a été dissous
en 1970, je devrai dire si je considère comme expression de ce groupe seulement les documents théoriques
produits par ses membres jusqu'à cette date, ou bien si
je tiens également compte de textes rédigés par
d'anciens membres du groupe après sa dissolution, en
partant du principe que ce sont des idées qu'ils avaient
déjà, peut-être en sourdine, pendant la période d'activité du groupe. En procédant ainsi, je donne aux autres
la possibilité de faire de nouvelles recherches, même si
c'est pour montrer que mes relevés étaient erronés,
parce que, par exemple, on ne peut pas considérer

comme membre du groupe telle personne qui en faisait partie d'après la police mais qui n'avait jamais été reconnue tel par les autres membres, du moins à en juger d'après les témoignages dont on dispose. J'ai donc présenté une hypothèse, des preuves et des procédés de vérification et de réfutation.

J'ai choisi exprès des sujets très divers pour démontrer que les exigences de scientificité peuvent s'appliquer à n'importe quel type d'enquête. Ils nous ramènent à l'opposition artificielle entre thèse « scientifique » et thèse « politique ». De fait, *on peut faire une thèse politique en respectant toutes les règles de scientificité requises.* Une thèse analysant une expérience personnelle de création de médias audiovisuels indépendants dans une communauté ouvrière sera scientifique dans la mesure où elle fournira un témoignage public et contrôlable de cette expérience et permettra à quelqu'un de la refaire, ou bien pour obtenir les mêmes résultats, ou bien pour découvrir que les miens étaient fortuits ou dus à d'autres facteurs que je n'avais pas pris en considération.

Un des avantages d'une procédure scientifique est qu'elle ne fait jamais perdre de temps aux autres : même le fait de suivre une hypothèse scientifique formulée par quelqu'un d'autre pour découvrir ensuite qu'elle est erronée est un travail utile, entrepris sous l'impulsion d'une proposition antérieure. Si ma thèse sert à stimuler quelqu'un pour faire d'autres expériences d'information indépendante en milieu ouvrier, même si mes présupposés étaient naïfs, j'aurai fait œuvre utile.

En ce sens, on voit qu'il n'y a pas d'opposition entre thèse scientifique et thèse politique. D'un côté, tout travail scientifique qui contribue à l'accroissement des connaissances a toujours une valeur politique positive (toute action qui cherche à faire obstacle au développement du savoir a une valeur politique négative), mais, de l'autre, toute entreprise politique ayant des chances de succès doit avoir un fondement scientifique sérieux. Et comme vous l'avez vu, on peut faire une thèse « scientifique » même sans utiliser de logarithmes ni d'éprouvettes.

II.6.2. *Sujets historico-théoriques ou expériences « à chaud » ?*

Parvenus à ce stade, reformulons notre problème initial de la façon suivante : est-il plus utile de faire une thèse d'érudition ou une thèse liée à des expériences pratiques, à des engagements sociaux immédiats ? En d'autres termes, est-il plus utile de faire une thèse qui parle d'auteurs célèbres ou de textes anciens, ou une thèse impliquant une intervention directe dans le monde contemporain, qu'elle soit d'ordre théorique (par exemple : le concept d'exploitation dans l'idéologie néo-capitaliste) ou d'ordre pratique (par exemple : recherche sur les bidonvilles de la périphérie de Rome) ?

En elle-même, la question est oiseuse. Chacun fait ce qui lui plaît, et si un étudiant a passé quatre ans à étudier la philologie romane, personne ne peut exiger de lui qu'il s'intéresse aux bidonvilles, de même qu'il serait absurde d'attendre de quelqu'un qui a passé quatre ans avec Danilo Dolci[a] un acte d'« humilité universitaire » consistant à faire une thèse sur les rois de France.

Mais supposons que la question soit posée par un étudiant en crise qui se demande à quoi servent les études universitaires et en particulier l'expérience de la thèse. Supposons que cet étudiant ait des intérêts politiques et sociaux très prononcés et qu'il craigne de trahir sa vocation en se consacrant à un sujet « livresque ». S'il est déjà engagé dans une expérience sociopolitique lui permettant d'envisager d'en tirer des conclusions, il aura raison de se demander comment traiter scientifiquement son expérience. Mais s'il ne s'est pas encore engagé dans une expérience de ce genre, alors il me semble que sa question exprime seulement une inquiétude noble mais naïve. Nous avons déjà dit que l'expérience de recherche qu'impose une thèse sera toujours utile pour tout travail futur (qu'il soit professionnel ou politique), non pas tant à cause du sujet choisi que pour l'entraînement qu'elle impose, l'école de rigueur, la capacité d'organisation du matériau qu'elle exige.

Paradoxalement, nous pouvons donc dire qu'un étudiant ayant des intérêts politiques ne les trahira pas en faisant une thèse sur la récurrence des pronoms démonstratifs dans les écrits d'un botaniste du XVIIIe siècle. Ou sur la théorie de l'impetus dans la science pré-galiléenne. Ou sur les géométries non euclidiennes. Ou sur les débuts du droit ecclésiastique. Ou sur la secte mystique des hésychastes. Ou sur la médecine arabe médiévale. Ou sur l'article du Code pénal concernant le truquage des offres dans les ventes

publiques. On peut cultiver des intérêts politiques syn-
dicaux, par exemple, en faisant une bonne thèse historique sur les mouvements ouvriers du XIXᵉ siècle. On
peut comprendre les besoins contemporains des classes
inférieures en moyens d'information indépendants en
étudiant les modes de production, le style et la diffusion des xylographies populaires de la Renaissance.
Pour être un peu provocateur, je conseillerais même à
un étudiant qui ne s'est jusqu'alors consacré qu'à des
activités politiques et sociales de choisir un de ces sujets
de thèse, plutôt que de faire le récit d'une de ses
propres expériences : le travail de thèse sera pour lui la
dernière occasion d'acquérir des connaissances historiques, théoriques, techniques, d'apprendre des
méthodes de documentation ainsi que de réfléchir avec
plus de distance sur les présupposés théoriques ou historiques de son propre engagement politique.

Évidemment, il ne s'agit là que de mon opinion personnelle. Pour rendre justice à une opinion différente,
je vais me placer au point de vue d'un étudiant plongé
dans une activité politique et désireux d'orienter sa
thèse en fonction de son travail politique et ses expériences politiques en fonction de la rédaction de sa
thèse. C'est tout à fait possible, et on peut faire un
excellent travail : mais il faut préciser plusieurs choses
avec la plus grande clarté et la plus grande fermeté,
précisément pour défendre le caractère respectable
d'une entreprise de ce genre.

Il arrive parfois que l'étudiant bâcle une centaine de
pages en recueillant des tracts, des comptes rendus de
discussions, des rapports d'activité, des statistiques
éventuellement empruntées à quelque travail antérieur,

et qu'il présente son travail comme une thèse « politique ». Et il arrive parfois que le jury de thèse, par paresse, démagogie ou incompétence, considère qu'il s'agit d'un bon travail. Mais c'est en fait une mauvaise farce, non seulement du point de vue des critères universitaires, mais aussi pour des raisons politiques. Il y a une manière sérieuse et une manière irresponsable de faire de la politique. Un politicien qui décide un plan de développement sans avoir suffisamment d'informations sur la situation sociale n'est qu'un plaisantin, quand il n'est pas un criminel. De même, c'est rendre un mauvais service à son propre parti politique que de faire une thèse politique qui ne satisfasse pas aux exigences de scientificité.

Nous avons déjà dit en II.6.1. quelles sont ces exigences et qu'elles sont essentielles même pour une intervention politique sérieuse. Il m'est arrivé de voir un étudiant, qui passait un examen sur les problèmes de la communication de masse, affirmer qu'il avait réalisé une « enquête » sur le public de la télévision parmi les travailleurs d'une certaine région. En réalité, il avait interrogé, magnétophone en main, une douzaine de travailleurs le temps de deux voyages en train. Il est clair que cette transcription d'opinions ne constituait pas une enquête. Non seulement parce qu'il n'avait pas satisfait aux exigences de vérifiabilité de toute enquête digne de ce nom, mais aussi parce que les résultats auxquels il avait abouti étaient des choses que l'on pouvait parfaitement deviner sans avoir besoin d'interroger qui que ce soit. Pour donner un seul exemple, on peut prévoir sans bouger de chez soi que, sur douze personnes interrogées, plus de la moitié diront qu'elles préfèrent suivre un match de football en direct. Présenter une pseudo-enquête de trente pages conduisant à ce beau résultat est une farce. Et l'étudiant se fait des illusions s'il croit avoir recueilli des données « objectives » alors qu'il n'a fait que confirmer de façon approximative ses propres opinions.

Le risque d'être superficiel concerne plus particulièrement les thèses à caractère politique, pour deux raisons : (a) pour une thèse historique ou philologique, il existe des méthodes traditionnelles de recherche auxquelles l'étudiant ne peut se soustraire, alors que pour des travaux sur des phénomènes sociaux en constante évolution, on est souvent obligé d'inventer sa méthode (c'est pourquoi une bonne thèse politique est souvent plus difficile à réaliser et comporte plus de risques qu'une thèse historique) ; (b) la méthodologie des recherches sociales « à l'américaine » a conduit à fétichiser les méthodes statistiques et quantitatives, qui produisent des masses de données mais ne servent guère à comprendre les phénomènes réels. En conséquence, beaucoup de jeunes politisés manifestent une certaine méfiance envers cette sociologie, qui est tout au plus une « sociométrie », l'accusant d'être simplement au service du système dont elle constitue la couverture idéologique. Mais en réaction contre ce type de recherches, ils ont parfois tendance à ne plus faire de recherche du tout, transformant leur thèse en une succession de tracts, d'appels ou d'affirmations purement théoriques.

Comment échapper à ce risque ? De bien des manières : en prenant connaissance de recherches « sérieuses » sur des sujets analogues ; en ne se jetant pas sur un travail de recherche sociale sans avoir au moins participé aux activités d'un groupe déjà expérimenté ; en maîtrisant quelques méthodes de recueil et d'analyse de données ; en ne prétendant pas faire en quelques semaines des travaux d'enquêtes généralement longs et coûteux… Mais comme les problèmes varient en fonction des domaines, des sujets et de la préparation de l'étudiant, on ne peut pas donner de conseils généraux. Je me contenterai de développer un exemple. Je choisirai un sujet « très nouveau », pour lequel il ne semble pas exister de précédents dans la recherche, un sujet d'une actualité brûlante, aux retombées politiques, idéologiques et pratiques incontestables – et que beaucoup de professeurs plus traditionalistes qualifieraient de « purement journalistique » : le phénomène des radios libres.

II.6.3. *Comment transformer un sujet d'actualité en sujet scientifique*

Dans les grandes villes italiennes sont apparues des dizaines et des dizaines de radios libres, à raison de deux, trois voire quatre dans les centres urbains d'une centaine de milliers d'habitants – il en naît partout. Elles sont de nature politique ou commerciale. Elles ont des problèmes légaux, mais la législation est ambiguë et en train d'évoluer : entre le moment où j'écris (ou celui où l'on rédige la thèse) et celui où ce livre paraîtra (ou celui de la soutenance), la situation aura déjà changé. Il me faudra donc, avant toute chose, définir exactement les limites géographiques et temporelles de mon enquête. Elle pourra concerner seulement *Les Radios libres de 1975 à 1976*, mais devra alors être exhaustive. Je peux décider de m'intéresser seulement aux radios milanaises, mais alors à *toutes* les radios milanaises. Sans quoi mon enquête sera incomplète parce que j'aurai peut-être oublié la radio la plus significative du point de vue de ses programmes, son taux d'écoute, la composition culturelle de son équipe ou bien sa situation géographique (périphérie, quartier, centre-ville).

Si je choisis de travailler sur un échantillon national de trente radios, je devrai fixer des critères pour choisir mon échantillon. S'il y a, à l'échelon national, trois radios commerciales pour cinq radios politiques (ou une d'extrême droite pour cinq de gauche), mon échantillon de trente radios ne devra pas comprendre vingt-neuf radios politiques, ou de gauche (ou de droite), parce qu'alors l'image que je donnerai du phénomène sera à la mesure de mes désirs ou de mes craintes, et ne correspondra pas à un état de fait.

Je pourrais aussi bien décider de renoncer à mener une enquête sur les radios libres telles qu'elles sont, et proposer un projet de radio libre idéale (nous retrouvons le cas de la thèse sur l'existence des centaures dans un monde possible). Dans ce cas, le projet doit d'une part être cohérent et réaliste (je ne peux pas présupposer l'existence d'appareils techniques qui n'existent pas ou qui ne sont pas accessibles à un petit groupe privé) et d'autre part tenir compte des grandes tendances du phénomène réel. C'est pourquoi, même dans ce cas de figure, il est indispensable de faire une enquête préliminaire sur les radios libres telles qu'elles existent.

Je devrai ensuite exposer les critères que j'ai retenus pour définir une « radio libre », c'est-à-dire ce qui permet d'identifier l'objet de ma recherche. Est-ce que j'entends par radio libre seulement une radio de gauche ? Ou bien une radio faite par un petit groupe dans une situation semi-légale sur le territoire national ? Ou bien toute radio indépendante du monopole d'État, même s'il s'agit d'une chaîne très bien organisée aux objectifs purement commerciaux ? Ou bien dois-je tenir compte du critère territorial et considérer comme radios libres uniquement les radios dont le siège est à Saint-Marin ou à Monte-Carlo ? Quel que soit mon choix, je dois formuler clairement mes critères et expliquer pourquoi j'exclus certains phénomènes de mon champ d'investigation. Mes critères doivent évidemment être raisonnables et définis sans équivoque : je peux décider de considérer comme radios libres seulement celles qui expriment des idées d'extrême gauche, mais à condition de tenir compte du fait que d'ordinaire, le terme désigne aussi d'autres radios. Et je dois éviter d'induire mes lecteurs en erreur en leur faisant croire ou bien que je parle aussi de ces dernières, ou bien qu'elles n'existent pas. En pareil cas, je devrai préciser que je conteste l'appellation de « radio libre » appliquée aux radios que je ne veux pas étudier (mais cette exclusion devra être justifiée) ou bien choisir pour les radios dont je m'occupe un autre terme, moins général.

Parvenu à ce stade, il me faudra décrire la structure d'une radio libre sous différents aspects : organisationnel, économique, juridique. Si certaines d'entre elles emploient des professionnels à temps plein et d'autres des militants à temps partiel, je devrai élaborer une typologie d'organisations. Je devrai voir si tous ces

types ont des caractéristiques communes qui permet-
traient de définir un modèle abstrait de radio indépendante, ou si le terme de « radio libre » recouvre une série
hétérogène d'expériences très différentes. Et l'on voit
bien que la rigueur scientifique de cette analyse est également utile d'un point de vue pratique, car si je voulais
créer une radio libre, j'aurais besoin de savoir quelles
sont les meilleures conditions pour qu'elle fonctionne.

Pour établir une typologie fiable, je pourrais élaborer
un tableau qui mette en relation les stations de radio que
j'étudie avec différentes caractéristiques. En colonne, les
radios avec leurs caractéristiques respectives ; en ligne, la
fréquence statistique d'une caractéristique donnée.
Voici, à titre d'orientation, un exemple de tableau, de
dimensions très restreintes, comprenant seulement
quatre critères – la présence de professionnels, la répartition des temps de musique et de paroles, la présence ou
l'absence de publicité et la caractérisation idéologique –,
appliqués à sept radios imaginaires.

Tableau 1

	Radio Beta	Radio Gamma	Radio Delta	Radio Aurore	Radio Centre	Radio Pop	Radio Canal 100
Professionnels	–	+	–	–	–	–	–
Primauté de la musique	+	+	–	+	+	+	+
Présence de publicité	+	+	–	–	+	+	+
Caractérisation idéologique explicite	+	–	+	+	–	+	–

Ce tableau me dit par exemple que Radio Pop est
faite par un groupe non professionnel, à l'idéologie

explicitement marquée, qui diffuse plus de musique que de paroles et accepte la publicité. Il me dit aussi que la présence de publicité ou l'abondance de musique ne sont pas nécessairement en opposition avec la caractérisation idéologique, puisque l'on trouve au moins deux radios qui réunissent ces trois caractéristiques alors qu'il n'y en a qu'une pour laquelle la caractérisation idéologique va de pair avec la primauté du temps de parole. Par ailleurs, parmi celles qui sont dépourvues de caractérisation idéologique, il n'y en a *aucune* où la publicité soit absente et où la parole prime sur la musique. Et ainsi de suite. Ce tableau est purement hypothétique et ne prend en compte que peu de critères et peu de radios : il ne permet donc pas de tirer des conclusions statistiques fiables. Il s'agissait seulement d'une suggestion.

Comment obtient-on les informations nécessaires à cette enquête ? Il y a trois sources : les informations officielles, les déclarations des responsables et les comptes rendus d'écoute.

Les informations officielles. Ce sont toujours les plus sûres, mais il en existe fort peu pour les radios libres. Les stations de radio ont en général été enregistrées auprès des autorités de sécurité publique. L'acte constitutif de la société auprès d'un notaire, ou quelque chose de ce genre, doit exister quelque part, mais il n'est pas sûr qu'on puisse le consulter. Si la réglementation devient un jour plus précise, on pourra trouver d'autres informations, mais pour le moment, il n'y a rien de plus. Rappelez-vous toutefois que le nom de la radio, sa fréquence et ses heures de diffusion font partie des informations officielles. Une thèse qui indiquerait ne serait-ce que ces trois éléments pour toutes les radios libres constituerait déjà une contribution utile.

Les déclarations des responsables. On peut interroger les responsables de toutes les radios étudiées. Leurs réponses constituent des données objectives, à condition qu'il soit clair qu'il s'agit de *ce qu'ils ont dit* et que les interviews aient été faites suivant des critères homogènes. Il faudra élaborer un questionnaire de façon que tous répondent aux sujets retenus comme importants et que leur refus de répondre à certaines questions soit enregistré. Il n'est pas dit que le questionnaire doive se limiter sèchement à l'essentiel et être composé de questions auxquelles on répond par oui ou non. Si chaque responsable formule une déclaration programmatique, la transcription de toutes ces déclarations pourra constituer un document utile. Entendons-nous bien sur la notion de « données objectives » dans un cas de ce genre. Si le directeur d'une radio vous dit : « Nous n'avons aucun objectif politique et nous ne recevons aucun financement extérieur », cela ne signifie pas qu'il dise la vérité ; mais le fait qu'il présente publiquement sa station de radio de cette manière constitue une *donnée objective*. On pourra tout au plus démentir cette déclaration par une analyse critique des contenus diffusés par cette radio. Ce qui nous conduit à la troisième source d'informations.

Les comptes rendus d'écoute. C'est l'aspect de la thèse qui vous permet de montrer que vous faites un travail sérieux et non un travail de dilettante. Pour connaître l'activité d'une radio libre, il faut l'avoir écoutée pendant quelques jours, disons une semaine, heure par heure, élaborant une sorte de « grille de programme » exposant ce qu'elle diffuse et quand, quelle est la durée des émissions, les quantités respectives de musique et de paroles, s'il y a des débats, sur quels sujets ils portent et qui y participe, et ainsi de suite. Vous ne pourrez pas présenter tout le contenu des programmes de la semaine dans votre thèse, mais vous pourrez en donner des exemples significatifs (des commentaires de chansons, des répliques pendant un débat, des façons de donner une information) qui fassent ressortir le profil artistique, linguistique et idéologique de la radio en question. Il existe des modèles de comptes rendus d'écoute de radio et de télévision, élaborés il y a quelques années par l'ARCI de Bologne, où des auditeurs ont chronométré la durée des informations, mesuré la fréquence d'emploi de certains termes, etc.

Une fois cette enquête réalisée pour différentes radios, vous pourrez effectuer des comparaisons, portant par exemple sur la façon dont une même chanson ou une même information d'actualité a été présentée par plusieurs radios. Vous pourriez aussi comparer les programmes de la radio d'État avec ceux des radios indépendantes pour relever les proportions respectives entre musique et paroles, émissions et publicité, émissions d'informations et émissions de divertissement, musique classique et musique de variété, musique italienne et musique étrangère, musique légère traditionnelle et musique légère « pour les jeunes », etc. Une écoute systématique, magnétophone et crayon en main, vous permettra de dégager nombre de caractéristiques qui ne ressortaient sans doute pas des entretiens avec les responsables.

Parfois, la simple confrontation des différents annonceurs publicitaires (proportions de restaurants, cinémas, maisons d'édition, etc.) peut vous renseigner sur les sources de financement, d'ordinaire cachées, d'une station de radio. À condition de ne pas procéder par impressions ou inductions inconsidérées, comme : « Si cette radio a diffusé à midi de la musique pop et une publicité de la Pan Am, cela signifie que c'est une radio pro-américaine », parce qu'il faut aussi tenir compte de ce qui a été diffusé à une heure, à deux heures, à trois heures, et le lundi, le mardi, le mercredi.

Si vous étudiez un grand nombre de radios, vous n'avez que deux solutions : ou bien les écouter toutes en même temps, pendant une semaine, en constituant un groupe d'écoute avec un auditeur muni d'un magnétophone par radio (c'est la solution la plus sérieuse parce que vous pourrez comparer les différentes radios pendant la même période), ou bien en écouter une par semaine. Mais dans ce dernier cas, vous devrez travailler sans interruption, de manière à les écouter l'une après l'autre sans que la période d'écoute devienne hétérogène et couvre une durée de six mois ou d'un an. Dans ce domaine en effet, les changements sont rapides et fréquents et cela n'aurait pas grand sens de comparer les programmes de Radio Beta au mois de janvier avec ceux de Radio Aurora au mois d'août, parce qu'entre-temps, il peut être arrivé beaucoup de choses à Radio Beta.

En admettant que tout ce travail ait été bien réalisé, savez-vous ce qui vous reste à faire ? Quantité de choses. En voici quelques-unes :

— Établir des taux d'écoute : il n'existe pas de données officielles à ce propos et on ne peut pas se fier aux déclarations des différents responsables. La seule solution consiste à effectuer un sondage selon la méthode des appels téléphoniques aléatoires (« Quelle radio êtes-vous en train d'écouter en ce moment ? »). C'est la méthode pratiquée par la RAI, mais elle demande une organisation spécifique assez coûteuse. Il vaut mieux renoncer à cette enquête plutôt que de se fier à des impressions personnelles, comme d'être convaincu que « la plupart des gens écoutent Radio Delta » parce que cinq de vos amis vous ont dit qu'ils l'écoutaient. Le problème des taux d'écoute montre bien que l'on peut traiter scientifiquement même un phénomène aussi contemporain et actuel, mais aussi à quel point cela est difficile : il est plus aisé de faire une thèse d'histoire romaine.

— Recueillir dans la presse les articles sur les radios libres et les jugements éventuels sur les différentes stations que vous étudiez.

— Rassembler et commenter les lois concernant les radios libres et expliquer comment les différentes stations les contournent ou les respectent, et quels problèmes en résultent.

— Réunir des documents sur les positions des différents partis politiques à ce sujet.

— Tenter d'établir des tableaux comparatifs des recettes publicitaires. Les responsables des radios ne vous les indiqueront sans doute pas, ou vous mentiront. Mais si Radio Delta diffuse une publicité pour le restaurant Ai Pini, il ne devrait pas être difficile d'obtenir le renseignement qui vous intéresse en vous adressant au propriétaire du restaurant Ai Pini.

— Choisir un événement à titre d'échantillon et étudier comment il est traité par deux ou trois radios, voire plus (les élections politiques de juin 1976 auraient fourni un parfait exemple).

— Analyser le style linguistique des présentateurs de différentes radios (la façon dont ils imitent les présentateurs de la RAI ou les DJ américains, l'utilisation de la terminologie de certains groupes politiques, les expressions dialectales, etc.).

— Analyser la façon dont certaines émissions de la RAI ont été influencées par celles des radios libres en ce qui concerne la conception des programmes, les habitudes linguistiques, etc.

— Rassembler de façon systématique les opinions des juristes, des leaders politiques, etc. sur les radios libres que vous étudiez. Notez bien : avec trois opinions, on ne fait qu'un article de journal, il en faut une centaine pour constituer une enquête.

— Établir une bibliographie la plus complète possible sur le sujet, depuis les livres et les articles concernant des expériences analogues dans d'autres pays jusqu'aux articles des journaux de province les plus lointains ou des petites revues italiennes.

Il est clair que vous ne devez pas effectuer *toutes* ces choses. *Une seule* d'entre elles, bien réalisée et de façon exhaustive, peut suffire à constituer un sujet de thèse. Il n'est pas dit non plus que ce soit les seules choses à faire. J'ai seulement énuméré quelques exemples pour montrer comment, même sur un sujet aussi peu « érudit » et aussi dépourvu de littérature critique, on peut faire un travail scientifique, utile aux autres, s'insérant dans une recherche plus vaste, indispensable à quiconque voudra approfondir le sujet et exempt d'impressions subjectives, d'observations arbitraires ou d'extrapolations inconsidérées.

On peut donc conclure que l'alternative « thèse scientifique ou thèse politique » est une fausse question. Il est aussi scientifique de faire une thèse sur la doctrine des Idées chez Platon que sur la politique de Lotta Continua [b] de 1974 à 1976. Si vous voulez faire un travail sérieux, réfléchissez à deux fois avant de choisir le second sujet, parce qu'il est sans aucun doute plus difficile que le premier et qu'il exige une plus grande maturité scientifique – ne serait-ce que parce que vous n'aurez aucune bibliothèque sur laquelle vous appuyer : vous aurez plutôt une bibliothèque à construire.

On peut donc faire de manière scientifique une thèse que d'aucuns définiraient, eu égard à son sujet, comme purement « journalistique » – de même qu'on peut réaliser de manière purement journalistique une thèse qui, à en juger d'après son titre, aurait toute raison de paraître scientifique.

II.7. Comment éviter de se faire exploiter par son directeur de thèse

L'étudiant choisit souvent son sujet de thèse en fonction de ses propres centres d'intérêt, mais il arrive aussi qu'il opte pour un sujet qui lui a été suggéré par son directeur de thèse. En proposant un sujet, les professeurs peuvent obéir à deux logiques différentes : indiquer un sujet qu'ils connaissent très bien et sur lequel ils pourront facilement diriger l'étudiant, ou bien indiquer un sujet qu'ils ne connaissent pas suffisamment et sur lequel ils voudraient en savoir plus.

Contrairement aux apparences, ce second critère est plus honnête et plus généreux. L'enseignant considère qu'en accompagnant cette thèse, s'il veut évaluer correctement le candidat et l'aider pendant son travail, il sera lui-même conduit à élargir son horizon et devra s'intéresser à quelque chose de nouveau. Quand l'enseignant propose cette deuxième voie, c'est généralement qu'il a confiance dans le candidat. Aussi lui dit-il souvent explicitement que le sujet est nouveau pour lui et que cela l'intéresse de l'approfondir. Certains professeurs refusent même de donner des sujets de thèse trop rebattus, même si la situation actuelle de l'université de masse contribue à modérer la rigueur de beaucoup d'enseignants et à les inciter à une plus grande indulgence envers les souhaits des étudiants.

Mais il y a des cas particuliers dans lesquels un professeur est en train de mener un travail de recherche de grande ampleur pour lequel il a besoin d'une très grande quantité de données. Il décide alors d'utiliser ses étudiants en thèse comme les membres d'une équipe de travail. Pendant un certain nombre d'années, il va donc donner aux thèses qu'il dirige une orientation spécifique. S'il s'agit d'un économiste qui s'intéresse à la situation de l'industrie pendant une période déterminée, il donnera des sujets de thèse concernant des secteurs industriels particuliers, dans le but d'établir un tableau complet de la question. Ce critère est non seulement légitime mais aussi utile du point de vue scientifique : le travail de thèse contribue alors à une recherche plus vaste conduite dans l'intérêt collectif. Et la chose est également utile d'un point de vue pédagogique, parce que le candidat pourra bénéficier des conseils d'un enseignant très bien informé sur la question, et utiliser comme matériau pour esquisser le contexte et réaliser des comparaisons les thèses déjà effectuées par d'autres étudiants sur des sujets connexes et limitrophes. S'il fait ensuite un bon travail, il peut espérer que ses résultats seront publiés, au moins en partie, peut-être dans le cadre d'un ouvrage collectif.

Mais cette situation peut présenter d'éventuels inconvénients :

1. Entièrement pris par son propre sujet, le professeur peut imposer au candidat un sujet qui ne l'intéresse pas. L'étudiant devient ainsi une sorte de valet qui se fatigue à rassembler des matériaux que d'autres interpréteront ensuite. Comme sa thèse aura été modeste, il pourra arriver que l'enseignant l'utilise en partie, quand il mettra en forme sa recherche définitive, puisant dans le matériau rassemblé mais sans citer l'étudiant, ne serait-ce que parce qu'il est difficile de lui attribuer des idées précises.

2. L'enseignant est malhonnête : il fait travailler ses étudiants sur son sujet, leur fait soutenir une thèse, après quoi il utilise leur travail sans scrupule comme si c'était le sien. Sa malhonnêteté peut parfois être *presque* de bonne foi : il a suivi une thèse avec passion, il a suggéré de nombreuses idées, et, au bout d'un certain temps, il ne distingue plus les idées qu'il avait suggérées de celles qu'a apportées l'étudiant, de même qu'après une discussion collective passionnée sur un certain sujet, nous ne sommes plus en mesure de séparer nos idées de départ de celles que nous avons reçues des autres.

Comment éviter ces inconvénients ? Avant de choisir un directeur de thèse, l'étudiant doit s'informer à son sujet auprès de ses amis, prendre contact avec quelques-uns de ses anciens étudiants en thèse, se faire une idée de son honnêteté. Il peut lire certains de ses livres et voir s'il cite souvent ses collaborateurs. Le reste est une question de sentiments plus intuitifs, d'estime et de confiance.

Il ne faut d'ailleurs pas tomber dans l'attitude névrotique inverse consistant à se considérer plagié dès que quelqu'un aborde un sujet analogue à celui de sa propre thèse. Supposons que vous ayez fait une thèse sur les rapports entre le darwinisme et les théories de Lamarck, vous aurez alors remarqué, en consultant les études critiques, que beaucoup d'autres universitaires ont déjà traité ce sujet et que beaucoup d'idées sont communes à tous les chercheurs. Vous ne vous prendrez donc pas pour des génies volés si, quelque temps après, votre enseignant, un de ses assistants ou un de vos camarades se penche sur le même sujet.

Quand on parle de plagiat, on entend différentes choses : l'utilisation de données expérimentales qui ne pouvaient être rassemblées qu'en faisant cette expérience particulière ; l'appropriation de la transcription de manuscrits rares qui n'avaient jamais été publiés avant votre travail ; l'utilisation de données statistiques que personne n'avait recueillies avant vous ; l'utilisation de traductions que vous avez réalisées de textes qui n'avaient jamais été traduits auparavant, ou qui avaient été traduits différemment. En outre, il n'y a plagiat que si la source n'est pas mentionnée explicitement : une fois que la thèse a été rendue publique, tout le monde a le droit de la citer.

Dans tous les cas, et sans développer de syndromes paranoïdes, avant d'accepter un sujet de thèse, réfléchissez pour comprendre si vous vous insérez dans un projet collectif ou non, et si cela en vaut la peine.

III. La recherche du matériau

III.1. Le repérage des sources

III.1.1. *Quelles sont les sources d'un travail scientifique ?*

Dans une thèse, on étudie un *objet* en se servant d'*instruments* spécifiques. L'objet est souvent un livre et les instruments, d'autres livres. C'est le cas d'une thèse portant sur *La Pensée économique d'Adam Smith* : son objet est les œuvres d'Adam Smith, les instruments dont on se sert sont des livres sur Adam Smith. Dans ce cas, nous dirons que les écrits d'Adam Smith constituent les *sources primaires* de la thèse et les livres sur Adam Smith, les *études critiques*. Si le sujet avait été *Les Sources de la pensée économique d'Adam Smith*, les sources primaires auraient été les livres ou les écrits dont Smith s'est inspiré. Bien sûr, un auteur peut aussi avoir été inspiré par des événements historiques (par exemple par des débats qui ont eu lieu à son époque à propos de certains phénomènes), mais ces événements ne nous sont accessibles que sous forme de matériau écrit, c'est-à-dire sous forme de textes.

Dans d'autres cas, la thèse aura pour objet un phénomène réel : une thèse peut porter sur les mouvements migratoires internes dans l'Italie d'aujourd'hui,
sur le comportement d'un groupe d'enfants handicapés, sur les opinions du public à propos d'une émission
de télévision actuelle. Dans des cas de ce genre, les
sources n'existent pas encore sous forme de textes
écrits : il vous reviendra de les constituer comme telles
et de les insérer dans votre thèse à titre de documents,
qu'il s'agisse de données statistiques, de transcriptions
d'entretiens, de photographies ou même de documents
audiovisuels. En ce qui concerne les études critiques, la
situation n'est pas très différente du cas précédent : à
défaut de livres et d'articles de revues, vous aurez affaire
à des articles de journaux ou à des documents de
divers genres.

Il faut avoir bien présente à l'esprit la distinction
entre sources primaires et études critiques. Il arrive souvent que ces dernières citent des extraits de vos sources,
mais il s'agit alors – comme nous le verrons dans la
section suivante – de *sources de seconde main*. Un travail
de recherche mené de façon pressée et désorganisée
peut aisément conduire à confondre les idées contenues
dans les sources avec celles qui sont formulées dans les
études critiques. Si, écrivant une thèse sur *La Pensée
économique d'Adam Smith*, je m'aperçois, au fur et à
mesure que progresse mon travail, que je passe la plus
grande partie de mon temps à discuter les interprétations qu'un certain penseur donne de Smith, négligeant
la lecture directe de mon auteur, je devrai prendre une
décision : ou bien revenir au texte original, ou bien
changer de sujet et traiter *Les Interprétations de Smith*

dans la pensée libérale anglaise contemporaine. Cela ne
me dispensera pas de savoir ce qu'a écrit Smith, mais
ce qui m'intéressera alors en premier lieu sera de discuter non pas tant ses idées que celles d'autres auteurs
qui se sont inspirés de sa pensée. Il est néanmoins évident que si je veux critiquer ces interprètes de manière
approfondie, je devrai confronter leurs interprétations
avec les textes originaux.

On peut aussi imaginer un cas dans lequel la pensée
originale m'intéresse fort peu. Supposons que je commence une thèse sur la pensée zen dans la tradition
japonaise. Il faudra évidemment que je comprenne le
japonais, pas question de me fier aux rares traductions
occidentales dont on dispose. Mais supposons qu'en
examinant les études critiques sur le sujet, je me passionne soudain pour l'utilisation qu'a faite du zen un
mouvement américain d'avant-garde littéraire et artistique dans les années 1950. Il est clair que je n'aurai
plus vraiment besoin de savoir avec une parfaite exactitude théorique et philologique quel est le sens de la
pensée zen, mais plutôt d'étudier de quelle manière des
idées orientales originelles sont devenues les éléments
d'une idéologie artistique occidentale. Le sujet de ma
thèse deviendra donc *L'Utilisation des principes zen dans
la « Renaissance de San Francisco » dans les années 1950*
et les sources primaires, sur lesquelles je devrai travailler, seront les textes de Kerouac, Ginsberg, Ferlinghetti et autres. En ce qui concerne le zen proprement
dit, je pourrai me contenter de quelques ouvrages de
référence et de quelques bonnes traductions. À condition toutefois que je n'entende pas démontrer que les
auteurs californiens ont mal compris le zen original

– auquel cas je devrai impérativement me reporter aux textes japonais. Mais si je tiens pour acquis qu'ils se sont librement inspirés de traductions anglaises, je serai libre d'étudier ce qu'ils ont fait du zen, sans me préoccuper outre mesure de ce qu'est l'authentique pensée du zen.

Tout cela vous montre qu'il est très important de définir d'emblée le véritable objet de la thèse, afin de poser correctement d'entrée de jeu la question du repérage des sources. Dans la section III.2.4., je vous montrerai comment on peut, sans presque rien connaître au préalable, découvrir tous les matériaux nécessaires à un bon travail dans une bibliothèque, même de taille très modeste. Mais il s'agit d'un cas limite. D'habitude, on choisit plutôt un sujet pour lequel on sait qu'on pourra accéder aux sources. Il faut donc savoir : (1) où on peut les trouver, (2) si elles sont facilement accessibles et (3) si on est capable de s'en servir.

Il serait en effet très imprudent de ma part de me lancer dans une thèse sur certains manuscrits de James Joyce sans savoir qu'ils se trouvent à l'université de Buffalo, ou en sachant pertinemment que je ne pourrais jamais m'y rendre pour les y consulter. Ou d'accepter avec enthousiasme de travailler sur un fonds privé de documents appartenant à une famille des environs dont je découvrirai ensuite qu'elle les conserve jalousement et ne les montre qu'à des chercheurs très renommés. Ou encore de vouloir travailler sur des documents médiévaux certes faciles d'accès, mais sans avoir jamais appris à lire les manuscrits anciens.

Mais sans aller chercher des exemples aussi sophistiqués, je pourrais envisager de faire ma thèse sur un auteur sans savoir que ses textes originaux sont très rares, ce qui m'obligera à voyager comme un fou de bibliothèque en bibliothèque et de pays en pays. Ou bien partir de l'idée qu'il me sera facile d'obtenir des microfilms de toutes ses œuvres, oubliant que mon institut universitaire ne dispose pas d'appareil permettant de lire les microfilms, ou que la conjonctivite dont je souffre me rend incapable de supporter ce genre de travail. Même pour un fanatique de cinéma, il y aurait peu de sens à vouloir faire une thèse sur une œuvre mineure d'un cinéaste des années 1920 dont il n'existe qu'une seule copie aux Archives cinématographiques de Washington.

Une fois les sources localisées, les mêmes questions surgissent à propos des études critiques. Je pourrais choisir d'écrire ma thèse sur un auteur mineur du XVIIIe siècle parce que la bibliothèque municipale de la ville où j'habite possède, par hasard, l'édition originale de ses œuvres, pour apprendre ensuite que les meilleurs travaux critiques sur cet auteur ne s'y trouvent pas et sont très onéreux à acquérir. On ne peut pas éviter ces problèmes en décidant de ne travailler que sur les matériaux qu'on a à portée de main, parce qu'il est nécessaire de lire au moins les études critiques les plus influentes, et qu'il faut aborder les sources *directement* (voir la section suivante). Plutôt que de commettre des oublis impardonnables, il vaut mieux choisir un autre sujet de thèse en suivant les critères exposés au chapitre II.

À titre d'exemples, voici quelques thèses à la soutenance desquelles j'ai assisté récemment. Leurs auteurs avaient soigneusement défini leur domaine de

recherche, ils avaient très précisément repéré leurs
sources, qui leur étaient toutes facilement accessibles,
et avaient été en mesure de les analyser. La première
thèse portait sur *L'Expérience cléricale modérée dans
l'administration communale de Modène (1889-1910)*.
L'étudiant, ou son professeur, avait délimité avec beaucoup de précision le domaine de la recherche. L'étudiant était de Modène, il travaillait donc sur place. La
bibliographie était divisée en une partie générale et une
partie sur Modène. Je suppose que, pour cette dernière,
l'étudiant avait pu travailler dans les bibliothèques
municipales alors que, pour la première, il avait sans
doute dû se rendre dans d'autres villes. Pour ce qui est
des sources primaires, elles étaient réparties en sources
d'archives et sources *journalistiques*. L'étudiant avait lu
et consulté tous les journaux de l'époque.

La deuxième thèse portait sur *La Politique scolaire
du Parti communiste italien depuis la formation du centre
gauche en 1963 jusqu'à la contestation étudiante de Mai
68*. Ici aussi, vous voyez que le sujet a été défini avec
exactitude, voire avec prudence : après Mai 68, il serait
devenu difficile à maîtriser du fait de la prolifération
des documents. Les sources de la thèse étaient la presse
officielle du PCI, les dossiers parlementaires, les
archives du Parti et la presse généraliste. J'imagine que,
pour cette dernière, même en faisant des recherches
précises, bien des choses auront échappé à son attention, mais il s'agissait là seulement de sources secondaires où puiser des opinions et des critiques. Du reste,
pour définir la politique scolaire du PCI, il suffisait de
s'appuyer sur les déclarations officielles. Remarquez que
les choses auraient été bien différentes s'il s'était agi de

la politique scolaire de la Démocratie chrétienne (DC), c'est-à-dire d'un parti au gouvernement. On aurait alors eu d'un côté les déclarations officielles, et de l'autre les actions effectives du gouvernement, qui peuvent éventuellement contredire les premières. Le travail de recherche aurait pris des proportions dramatiques. Et si la période retenue était allée au-delà de 1968, il aurait fallu compter parmi les sources non-officielles toutes les publications des groupes extra-parlementaires qui s'étaient mis à proliférer à partir de cette année-là. Le travail de recherche aurait été beaucoup plus ardu. Enfin, je suppose que l'étudiant avait eu la possibilité de travailler à Rome, ou de se faire envoyer les photocopies de tous les documents dont il avait besoin.

La troisième était une thèse d'histoire médiévale qu'un profane aurait jugée bien plus difficile. Elle portait sur l'histoire du patrimoine de l'abbaye de San Zeno, à Vérone, pendant le Moyen Âge tardif. Le cœur du travail consistait en la transcription, jamais réalisée jusqu'alors, de quelques feuillets du registre de l'abbaye de San Zeno datant du XIIIe siècle. Il fallait naturellement que l'étudiant ait des notions de paléographie, c'est-à-dire qu'il sache comment on lit les vieux manuscrits et en fonction de quels critères on les transcrit. Une fois en possession de cette technique, il s'agissait seulement d'exécuter ce travail de manière sérieuse et de commenter le résultat de la transcription. On trouvait cependant en fin de volume une bibliographie d'une trentaine de titres, signe que l'objet spécifique de la thèse avait été replacé dans son contexte historique en tenant compte des travaux précédents. Je suppose que l'étudiant était de Vérone et qu'il avait choisi un sujet qu'il pouvait traiter sans avoir à voyager.

La quatrième thèse avait pour titre *Expériences de théâtre en prose dans le Trentin*. L'étudiant, qui vivait dans cette région, savait que ces expériences avaient été en nombre limité. Il les a reconstruites en consultant les archives des journaux, les archives municipales et des statistiques sur la fréquentation du public. Le cas de la cinquième thèse, *Aspects de la politique culturelle à Budrio : l'exemple de la bibliothèque municipale*, était assez semblable. Ce sont deux exemples de thèses dont les sources sont aisées à maîtriser et qui sont très utiles parce qu'elles fournissent une documentation statistique et sociologique dont on pourra tirer parti pour des recherches ultérieures.

Une sixième thèse donne l'exemple différent d'un travail de recherche exigeant plus de temps et de moyens. Elle montre en même temps que l'on peut traiter avec une grande rigueur scientifique un sujet qui semblait de prime abord ne pouvoir donner lieu qu'à un honnête travail de compilation. Le titre en était : *La Problématique de l'acteur dans l'œuvre d'Adolphe Appia*. Appia[a] est un auteur très connu, qui a été beaucoup étudié par les historiens et les théoriciens du théâtre et sur lequel il semble qu'il n'y ait plus rien d'original à dire. Mais l'étudiant s'est livré à un travail de bénédictin dans les archives suisses, il a parcouru nombre de bibliothèques, il n'a négligé aucun des lieux où Appia avait travaillé et il est parvenu à constituer une bibliographie des écrits d'Appia comportant même des articles mineurs que personne n'avait jamais lus, ainsi que des textes sur Appia, de sorte que cette bibliographie va permettre d'étudier désormais le sujet dans toute son ampleur et avec une précision sans précédent. À cet égard, son rapporteur jugeait que sa thèse représentait un apport définitif à la recherche. Cet étudiant est donc allé au-delà d'un travail de compilation et a révélé des sources jusqu'alors inconnues.

III.1.2. *Sources de première main et sources de seconde main*

Quand on travaille sur des livres, une source de première main est soit une édition originale, soit une édition critique de l'œuvre étudiée.

Une traduction n'est pas une source : c'est une prothèse, comme un dentier ou des lunettes, un moyen me permettant d'accéder dans une certaine mesure à quelque chose qui se trouve hors de ma portée.

Une anthologie n'est pas une source : c'est une fricassée de sources, qui peut m'aider pour une première approche de mon sujet. Mais faire une thèse sur un auteur signifie s'efforcer de voir dans ses œuvres quelque chose que les autres n'y ont pas vu, or une anthologie ne me présente que ce que quelqu'un d'autre y a déjà vu.

Les comptes rendus faits par d'autres auteurs, même s'ils comprennent de longues citations, ne constituent pas une source : ce sont tout au plus des sources de seconde main.

Une source de seconde main peut se présenter de plusieurs façons. Pour une thèse sur les discours parlementaires de Palmiro Togliatti[b], les discours publiés

par *L'Unità* constituent une source de seconde main.
Nul ne saurait dire si la rédaction du journal n'a pas
opéré des coupes dans le texte ou commis des erreurs
lors de leur transcription. Les documents de première
main seront les dossiers du Parlement. Et si je découvre
un texte écrit directement par Togliatti, j'aurai une
source de toute première main. Pour étudier la déclaration d'indépendance des États-Unis, la seule source de
première main est le document authentique. Mais je
peux également considérer comme telle une bonne photocopie, de même que le texte établi de façon critique
par un historien d'un sérieux incontestable (« incontestable » signifie ici que cette édition n'a encore jamais
été mise en cause par des études critiques). Les
concepts de « première main » et de « seconde main »
dépendent donc de la perspective donnée à la thèse. S'il
s'agit de discuter les éditions critiques de la déclaration
d'indépendance, alors il me faut remonter aux textes
originaux. S'il s'agit d'en discuter la signification politique, une bonne édition critique fera l'affaire. Si je
veux faire une thèse sur *Les Structures narratives des*
Fiancés *de Manzoni*, n'importe quelle édition sérieuse
des œuvres de Manzoni devrait me suffire. Mais si je
veux étudier l'évolution linguistique du roman de la
première à la dernière édition (disons : *La Langue des*
Fiancés *de Manzoni de Milan à Florence*), il me faudra
recourir à de bonnes éditions critiques de ses différentes rédactions.

Dans les limites fixées par l'objet de ma recherche, les
sources doivent toujours être *de première main*. Il est
absolument hors de question de citer l'auteur que
j'étudie d'après une citation faite par quelqu'un d'autre.

En théorie, un travail scientifique sérieux ne devrait *jamais* citer à partir d'une citation, même s'il ne s'agit pas de l'auteur dont on s'occupe directement. Il y a cependant des exceptions raisonnables, surtout pour une thèse de *laurea*[c]. Si votre sujet de thèse est, par exemple, *Le Problème du caractère transcendantal du Beau dans la* Somme théologique *de saint Thomas d'Aquin*, votre source primaire sera la *Somme théologique* de saint Thomas : disons que l'édition Marietti, disponible aujourd'hui dans le commerce, devrait vous suffire, sauf si vous soupçonnez qu'elle trahit l'original, auquel cas vous devrez consulter d'autres éditions (mais votre thèse prendra alors un caractère philologique, au lieu d'être une thèse de philosophie et d'esthétique). Vous découvrirez ensuite que Thomas d'Aquin aborde aussi le problème du caractère transcendantal du Beau dans son commentaire du *De divinis nominibus* (Les noms divins) du Pseudo-Denys l'Aréopagite : malgré le titre restrictif de votre thèse, il vous faudra consulter aussi ce texte directement. Et vous finirez par réaliser que Thomas avait hérité cette question de toute une tradition théologique antérieure et que la tâche consistant à retrouver toutes ses sources occuperait une vie entière d'érudit. Fort heureusement, ce travail existe déjà, il a été réalisé par Dom Henry Pouillon qui, dans un de ses volumineux ouvrages, cite de très longs passages de tous les auteurs qui ont commenté le Pseudo-Denys, mettant en lumière les rapports, les dérivations et les contradictions entre eux. Dans les limites de votre thèse, vous pourrez évidemment utiliser les matériaux rassemblés par Pouillon chaque fois que vous voudrez faire référence à Alexandre de Hales ou à Hilduin de

Saint-Denis. Si vous vous apercevez que le texte
d'Alexandre de Hales prend une importance capitale
dans le développement de votre propos, alors vous irez
le consulter directement dans l'édition de Quaracchi,
mais s'il s'agit de renvoyer à quelques brèves citations,
il vous suffira de déclarer que vous les avez tirées de
l'ouvrage de Pouillon. Personne ne vous reprochera
d'avoir agi à la légère, parce que Pouillon est un universitaire sérieux et que le texte que vous avez repris chez
lui ne constituait pas l'objet direct de votre thèse.

Quoi qu'il en soit, ne citez jamais une source de
seconde main en faisant semblant d'avoir lu l'original.
Et pas seulement pour des raisons d'éthique profession-
nelle : imaginez que quelqu'un vous demande
comment vous avez fait pour lire directement tel
manuscrit dont on sait qu'il a été détruit en 1944 !

Cela étant, ne vous laissez pas envahir par la névrose
de la source de première main. Tout le monde sait que
Napoléon est mort le 5 mai 1821, et on le sait généralement grâce à des livres d'histoire écrits en se référant
à d'autres livres d'histoire. Si quelqu'un voulait étudier
précisément la datation de la mort de Napoléon, il
devrait aller consulter les documents d'époque. Mais si
vous voulez parler de l'influence de la mort de Napoléon
sur la psychologie des jeunes libéraux européens, vous
pouvez vous fier à la date donnée par un livre d'histoire
quelconque. L'important, quand on a recours (explicitement) à une source de seconde main, est d'aller vérifier dans d'autres livres si la citation donnée ou
l'indication d'un fait ou d'une opinion sont confirmées
par différents auteurs. Dans le cas contraire, soyez
méfiant : ou bien vous évitez de mentionner ce fait,

ou bien vous allez le contrôler sur des documents originaux.

Ainsi, puisque nous avons pris comme exemple la pensée esthétique de saint Thomas d'Aquin, je peux vous dire que plusieurs thèses contemporaines qui abordent ce problème partent de l'idée que Thomas d'Aquin a dit : « *Pulchrum est id quod visum placet* » (« Est beau ce qui plaît quand on le voit »). Ayant fait ma thèse de *laurea* sur ce sujet, je suis allé consulter les textes originaux et me suis rendu compte que Thomas d'Aquin *n'avait jamais dit cela*. Il avait écrit : « *Pulchra dicuntur quae visa placent* » (« Sont dites belles les choses qui plaisent quand on les voit »), et je ne vais pas commencer à vous expliquer en quoi les deux formulations, la première à caractère métaphysique, la deuxième plus factuelle, peuvent conduire à des interprétations très différentes. Que s'était-il produit ? La première formule avait été avancée, il y a bien des années, par le philosophe Jacques Maritain, qui pensait résumer ainsi de manière fidèle la pensée de saint Thomas d'Aquin. Depuis lors, d'autres interprètes s'étaient référés à cette formule (d'une source de seconde main) sans se soucier de remonter au texte original.

Le même problème se pose pour les références bibliographiques. Tenu de terminer rapidement sa thèse, un étudiant pourrait vouloir inclure dans sa bibliographie des ouvrages qu'il n'a pas lus, voire en parler dans ses notes de bas de page (ou, pire encore, dans son texte) en se fiant à des informations recueillies ailleurs. Faisant une thèse sur le baroque, vous pourriez avoir lu l'article de Luciano Anceschi, « Bacone tra

Rinascimento e Barocco » (Bacon entre Renaissance et baroque), qui se trouve dans le volume *Da Bacone a Kant* (De Bacon à Kant), Bologne, Mulino, 1972. Vous le citez dans votre thèse et, pour faire bonne impression, comme vous avez trouvé en note la mention d'un autre texte, vous ajoutez : « Pour d'autres observations pertinentes et stimulantes sur ce même sujet, voyez, du même auteur, "L'estetica di Bacone" (L'esthétique de Bacon), dans le volume *L'Estetica dell'empirismo inglese* (L'Esthétique de l'empirisme anglais), Bologne, Alfa, 1959. » Vous ferez piètre figure quand quelqu'un vous fera remarquer qu'il s'agit du même essai, dont la première édition, treize ans auparavant, avait paru dans un volume universitaire à faible tirage.

Tout ce qu'on a dit sur les sources primaires reste valable même si votre thèse ne porte pas sur une série de textes mais sur un phénomène contemporain réel. Si je veux étudier les réactions des paysans de Romagne aux informations télévisées, ma source primaire sera l'enquête que j'aurai réalisée *sur le terrain*, en interrogeant dans les règles un échantillon crédible et suffisant de paysans. Ou bien, à la rigueur, une enquête analogue qui vient d'être publiée par une source fiable. Mais ce serait procéder de façon évidemment incorrecte que de me contenter de citer les données d'un travail de recherche réalisé il y a dix ans, ne serait-ce que parce qu'entre-temps, les paysans aussi bien que les journaux télévisés ont changé. Le cas serait différent si je travaillais sur *Les Études sur les rapports entre le public et la télévision dans les années 1960*.

III.2. Les recherches bibliographiques

III.2.1. *Comment utiliser une bibliothèque*

Comment fait-on une recherche préliminaire en bibliothèque ? Si l'on dispose déjà d'une bibliographie bien établie, on va évidemment consulter le catalogue par auteurs pour voir quels ouvrages possède la bibliothèque en question. Le cas échéant, on va ensuite chercher les titres manquants dans une autre bibliothèque, et ainsi de suite. Mais cette méthode suppose qu'on ait déjà fait une bibliographie (et qu'on ait accès à plusieurs bibliothèques, à Rome ou éventuellement à Londres). Ce cas ne concerne évidemment pas les lecteurs de ce livre, ni, d'ailleurs, la plupart des universitaires de profession. Un chercheur va parfois en bibliothèque pour chercher un livre dont il connaît déjà l'existence, mais, souvent, il ne s'y rend pas *avec* une bibliographie mais *pour établir* une bibliographie. Cela signifie chercher des livres ou des articles dont on ne connaît pas encore l'existence. Le bon chercheur est celui qui est capable d'entrer dans une bibliothèque sans avoir la moindre idée sur un sujet et d'en sortir en en sachant un peu plus.

Les catalogues. – Une bibliothèque offre plusieurs moyens pour nous aider à chercher ce que nous ignorons encore. Le premier est bien sûr le *catalogue par matières*. Le catalogue alphabétique par auteurs sert au lecteur qui sait déjà ce qu'il veut. Pour celui qui ne le sait pas encore, le catalogue par matières expose tout ce qu'une bibliothèque a dans ses rayonnages à propos, par exemple, de la chute de l'Empire romain d'Occident.

Encore faut-il savoir comment l'interroger. Il est certain
qu'on ne va pas trouver d'entrée « Chute de l'Empire
romain » à la lettre C (sauf s'il s'agit d'une bibliothèque
au classement très sophistiqué). Il faudra chercher à
« Empire romain », puis à « Rome » et à « Histoire
(romaine) ». Et si l'on dispose de quelques informations
préliminaires, de quelques souvenirs d'école, on aura
peut-être l'idée de chercher à « Romulus Augustulus »
ou « Augustulus (Romulus) », « Oreste », « Odoacre »,
« Barbares » et « Romano-barbares (royaumes) ». Mais
les problèmes ne s'arrêtent pas là. Dans beaucoup de
bibliothèques, il y a deux catalogues par auteurs et deux
par matières : l'ancien catalogue, qui s'arrête à une certaine date, et le nouveau, que l'on est peut-être en train
de compléter et qui, un jour, comprendra aussi
l'ancien, mais pas pour l'instant [a]. Et n'allez pas croire
que vous trouverez la chute de l'Empire romain dans
l'ancien catalogue parce qu'elle s'est produite il y a très
longtemps : si un livre sur le sujet vient de paraître il
y a deux ans à peine, il aura été enregistré dans le
nouveau catalogue seulement. Dans certaines bibliothèques, il existe aussi des catalogues séparés, concernant des fonds particuliers. Dans d'autres, il peut se
produire que les matières et les auteurs soient réunis
dans le même catalogue. Dans d'autres encore, il y a
des catalogues séparés pour les livres et pour les revues
(divisés en matières et auteurs). On peut même tomber
sur une bibliothèque dans laquelle les livres sont au
rez-de-chaussée et les revues au premier étage. Bref, il
est nécessaire de prendre connaissance du fonctionne-
ment de la bibliothèque dans laquelle on travaille avant
de commencer vos recherches.

Il faut aussi faire preuve d'intuition. Si l'ancien catalogue est vraiment très ancien et que j'y cherche l'entrée « Sparte », il sera bon que je jette aussi un œil à « Lacédémone », car un bibliothécaire zélé aura peut-être cru bon de créer cette entrée pour y classer les ouvrages très anciens. Notez bien que le catalogue par auteurs est toujours plus fiable que celui par matières, dont la réalisation dépend en partie de l'interprétation du bibliothécaire. Si la bibliothèque possède un livre de Giuseppe Rossi, nul doute qu'on le trouvera dans le catalogue par auteurs à « Rossi, Giuseppe ». Mais si celui-ci a écrit un article sur « Le rôle d'Odoacre dans la chute de l'Empire romain d'Occident et l'apparition des royaumes romano-barbares », le bibliothécaire peut l'avoir enregistré dans le catalogue par matières à l'entrée « Histoire (romaine) » ou « Odoacre », alors que vous n'avez cherché qu'à « Empire romain d'Occident ».

Mais il se peut que les catalogues ne me fournissent pas les informations dont j'ai besoin. Il me faudra alors partir d'un niveau plus élémentaire. Dans toutes les bibliothèques, il y a une section ou une salle dite « d'ouvrages en accès libre » qui rassemble les encyclopédies, les histoires générales, les répertoires bibliographiques. Pour commencer une thèse sur l'Empire romain d'Occident, je peux aller y consulter des ouvrages d'histoire romaine en accès libre, élaborer une bibliographie de base à partir de ces ouvrages de référence et poursuivre en allant chercher les livres mentionnés dans le catalogue par auteurs.

Les répertoires bibliographiques. – Ce sont les moyens les plus fiables pour qui a déjà des idées claires sur son

sujet. Dans certaines disciplines, il existe des manuels
bien connus dans lesquels on trouve toutes les informations bibliographiques nécessaires. Dans d'autres, on
publie des répertoires continuellement mis à jour, voire
des revues consacrées uniquement à la bibliographie de
la discipline. Dans d'autres encore, il existe des revues
dont chaque numéro contient une annexe informant
sur les parutions les plus récentes. La consultation des
répertoires bibliographiques – à condition qu'ils soient
à jour – est essentielle pour compléter la recherche dans
les catalogues. Une bibliothèque peut en effet être très
bien fournie en ce qui concerne les ouvrages plus
anciens, mais ne posséder que fort peu de publications
récentes. Ou bien elle peut disposer d'histoires ou de
manuels de la discipline en question datés, disons,
de 1960, dans lesquels vous trouverez d'excellentes
indications bibliographiques, mais sans que vous puissiez savoir si quelque chose d'intéressant a paru depuis
lors (et la bibliothèque possède peut-être ces ouvrages
récents, mais elle les a classés sous une rubrique à
laquelle vous n'avez pas pensé). Un répertoire bibliographique vous fournit exactement ce genre d'informations sur les dernières publications en la matière.

La façon la plus pratique de connaître l'existence de
répertoires bibliographiques est de demander à son
directeur de thèse. On peut aussi s'adresser au bibliothécaire (ou à la personne du bureau d'information des
lecteurs), qui vous indiquera probablement la salle ou
l'étagère où sont placés ces répertoires en consultation
libre. Il est difficile de donner ici des conseils supplémentaires parce que, comme on l'a dit, les problèmes
varient beaucoup d'une discipline à l'autre.

Le bibliothécaire. – Surmontez votre timidité : le bibliothécaire vous donnera souvent des conseils fiables qui vous feront gagner beaucoup de temps. Souvenez-vous qu'un directeur de bibliothèque, surtout si elle est petite (et sauf les cas de directeurs névrotiques ou surchargés de travail), sera toujours heureux de pouvoir vous convaincre de deux choses : la qualité de sa mémoire et de son érudition, et la richesse de sa bibliothèque. Plus celle-ci est excentrée et moins elle est fréquentée, plus son directeur se morfond de la voir ainsi méconnue. Un lecteur qui lui demande des conseils fait de lui un homme heureux.

Cela étant, même si vous pouvez compter sur l'aide du bibliothécaire, ne vous fiez pas aveuglément à lui. Écoutez ses conseils, mais menez d'autres recherches pour votre compte. Le bibliothécaire n'est pas un expert universel, il ignore quelle perspective particulière vous voulez donner à votre travail. Il jugera peut-être fondamental un ouvrage qui vous servira très peu, et n'attachera aucune importance à un autre livre qui vous sera très utile. Il n'existe pas de hiérarchie prédéterminée des livres en fonction de leur utilité et de leur importance. Une idée formulée presque par erreur dans un passage d'un livre par ailleurs inutile (et généralement jugé sans intérêt) peut jouer un rôle décisif pour votre travail – il vous faudra découvrir par vous-même ce passage, avec votre flair (et un peu de chance), sans attendre qu'on vienne vous le présenter sur un plateau d'argent.

Consultation interbibliothèques, catalogues numérisés et prêts d'autres bibliothèques. – De nombreuses bibliothèques publient des répertoires mis à jour de leurs acquisitions : cela permet de consulter, dans certaines bibliothèques et pour certaines disciplines, des catalogues qui vous informent sur ce que l'on peut trouver dans d'autres bibliothèques, italiennes et étrangères. Là aussi, il est bon de s'informer auprès du bibliothécaire. Certaines bibliothèques spécialisées sont en outre mises en réseau informatique avec des mémoires centrales et peuvent vous dire en quelques secondes dans quelles bibliothèques se trouve un livre donné. En donnant à l'ordinateur le titre du livre que vous cherchez, vous obtenez très vite à l'écran la fiche de ce livre. La recherche peut être faite par nom d'auteur, titre de livre, sujet, collection, éditeur, année de publication, etc. Il est rare de trouver de tels instruments dans une bibliothèque italienne normale, mais demandez toujours, parce qu'on ne sait jamais [b].

Une fois que vous avez repéré le livre dans une autre bibliothèque, italienne ou étrangère, sachez qu'une bibliothèque a d'ordinaire un *service de prêt interbibliothèques*, national ou international. Obtenir ce que vous souhaitez peut prendre un peu de temps, mais s'il s'agit de livres très difficiles à trouver, cela vaut la peine d'essayer. La bibliothèque à laquelle on adresse la demande peut aussi refuser de prêter le livre en question (certaines ne prêtent que des exemplaires en double). Là aussi, il faut voir au cas par cas comment accéder aux documents, et demander conseil à votre directeur. Quoi qu'il en soit, souvenez-vous que les moyens dont on a besoin existent souvent, mais qu'ils ne fonctionnent que si nous faisons appel à eux.

Souvenez-vous en outre que beaucoup de bibliothèques tiennent une liste de leurs acquisitions récentes, c'est-à-dire des ouvrages qu'elles ont achetés il y a peu et qui n'ont pas encore été catalogués. Enfin n'oubliez pas que, si vous êtes en train de faire un travail sérieux qui intéresse votre directeur de recherche, vous pouvez persuader votre institut universitaire de *faire l'acquisition* de certains textes importants que vous ne pouvez vous procurer autrement.

III.2.2. *Comment aborder la bibliographie.*
Le fichier bibliographique

Pour réaliser une bibliographie de départ, il faut consulter de nombreux livres. Or de nombreuses bibliothèques ne les prêtent qu'un par un ou deux par deux ; le personnel se met à grommeler si vous en demandez d'autres aussitôt après et vous fait perdre beaucoup de temps entre un volume et l'autre. Aussi, lors des premières séances de travail, ne cherchez pas à lire aussitôt les livres que vous trouverez, mais à constituer une bibliographie de départ sur votre sujet. La consultation préliminaire des catalogues vous permet d'obtenir une liste de titres parmi lesquels vous ferez vos premières demandes de prêt. Mais cette liste constituée à l'aide des catalogues ne vous dit rien sur le contenu des livres et ne vous aide pas à savoir par lequel commencer. C'est pourquoi la recherche dans les catalogues doit être accompagnée par une consultation préliminaire des ouvrages présents dans la salle des livres en accès libre. Quand vous y trouvez un chapitre concernant votre sujet accompagné d'une bibliographie, vous pouvez le parcourir rapidement (vous y reviendrez plus tard), mais allez tout de suite à la

bibliographie et recopiez-la *entièrement*. La lecture de
ce chapitre et de sa bibliographie, éventuellement com-
mentée, vous donnera une idée des livres que l'auteur
considère comme fondamentaux parmi ceux qu'il a
listés. Vous pourrez commencer par commander ceux-
là. En outre, si vous consultez plusieurs ouvrages en
accès libre, vous pouvez faire un contrôle croisé des
bibliographies afin de relever quels sont les ouvrages
cités par tous et d'établir une première hiérarchie.
Celle-ci pourra éventuellement être modifiée lors de
votre travail ultérieur, mais en attendant, elle constitue
un bon point de départ.

Vous objecterez qu'il est plutôt laborieux de recopier
in extenso les bibliographies d'une dizaine d'ouvrages
de référence : avec cette méthode, on en vient vite à
réunir plusieurs centaines de livres, même si le contrôle
croisé permet d'éliminer les doubles (ce qui est chose
aisée si vous avez disposé soigneusement la première
bibliographie par ordre alphabétique). Mais toute
bibliothèque qui se respecte possède désormais une
photocopieuse dont l'utilisation est très bon marché.
Dans un ouvrage de référence, sauf cas exceptionnels,
une bibliographie spécialisée ne compte que quelques
pages. Pour deux ou trois euros, vous pourrez photocopier une série de bibliographies que vous mettrez en
ordre chez vous tout à loisir. Ne retournez en bibliothèque qu'une fois cette bibliographie au point, afin de
voir ce que vous pouvez vraiment y trouver. Il vous
sera alors utile d'avoir pour chaque livre une fiche sur
laquelle vous pourrez indiquer le sigle de la bibliothèque et la cote attribuée au livre (une fiche pourra

contenir plusieurs sigles et plusieurs cotes, ce qui signifiera que le livre est disponible dans plusieurs bibliothèques ; quant aux fiches sans aucun sigle, ce sera un
problème).

Pour constituer une bibliographie, je serais tenté de
noter tous les titres que je trouve sur un petit cahier.
Après quoi, en consultant le catalogue par auteurs pour
voir si ces livres sont disponibles sur place, je pourrai
inscrire la cote à côté du titre. Mais si j'ai noté beaucoup de titres (et lors d'un premier survol d'un sujet,
on arrive facilement à une centaine – quitte à décider
ensuite d'en négliger un grand nombre), je finirai par
ne plus les retrouver. Aussi le système le plus pratique
est-il celui d'une petite *boîte à fiches*. Dès que je repère
un livre, je lui consacre une fiche exprès. Au fur et à
mesure que je découvre dans quelle bibliothèque on
peut trouver ce livre, j'ajoute la cote sur la fiche. On
peut acheter des boîtes à fiches de petit format peu
chères en papeterie, ou encore les fabriquer soi-même.
Cent ou deux cents fiches occupent peu de place et
on peut les emporter avec soi chaque fois qu'on va en
bibliothèque. Au bout du compte, votre *fichier bibliographique* vous donnera une image claire de ce que
vous avez déjà trouvé et de ce qui vous reste à repérer
en bibliothèque. Comme il sera entièrement classé par
ordre alphabétique, les livres qu'il contient seront
faciles à retrouver. Vous pouvez organiser vos fiches de
façon qu'elles aient en haut à droite la cote en bibliothèque, en haut à gauche un symbole conventionnel
qui indique si le livre vous intéresse à titre de référence
générale, de source pour un chapitre particulier, et ainsi
de suite.

Si vous n'avez pas la patience de constituer un fichier, vous pouvez évidemment vous servir d'un petit cahier. Mais cette méthode comporte des inconvénients manifestes : si vous notez sur la première page les auteurs dont le nom commence par A, sur la deuxième ceux dont le nom commence par B, etc., vous arriverez rapidement au bout de la première page et ne saurez plus où mettre un article de Federico Azzimonti ou de Gian Saverio Abbati. Mieux vaut alors se servir d'un carnet d'adresses. Abbati n'y sera sans doute pas placé avant Azzimonti si vous l'avez trouvé après celui-ci, mais ils seront tous deux dans les quatre pages réservées au A. La méthode du fichier reste néanmoins la meilleure. Votre fichier pourra vous servir pour un autre travail de recherche entrepris après la thèse (à condition de le compléter) et vous pourrez le prêter à quelqu'un travaillant sur des sujets similaires.

Dans le chapitre IV, nous parlerons d'autres types de fichiers comme le *fichier de lecture*, le *fichier d'idées*, le *fichier de citations* (et nous verrons aussi dans quels cas cette prolifération de fiches est nécessaire). Contentons-nous ici d'indiquer quelques-unes des différences entre le fichier bibliographique et le fichier de lecture.

Le *fichier de lecture* est consacré aux livres ou aux articles que vous avez effectivement lus : sur ses fiches, vous noterez des résumés, des jugements, des citations, bref, tout ce qui pourra vous être utile pour parler de ce livre lors de la rédaction de la thèse (alors que vous ne l'aurez sans doute plus à portée de main) et pour mettre au point la *bibliographie finale*. Ce n'est pas un fichier que vous devez emporter partout avec vous, aussi pourra-t-il être composé non de fiches mais de grandes feuilles, même si le format des fiches reste le plus maniable.

Le *fichier bibliographique* doit, quant à lui, enregistrer *tous les livres que vous aurez à chercher*, et pas seulement ceux que vous avez trouvés et lus. On peut avoir un fichier bibliographique de dix mille titres et un fichier de lecture de dix titres – même si cette situation donne l'impression d'une thèse trop bien commencée et mal achevée. Emportez votre fichier bibliographique chaque fois que vous irez en bibliothèque. Ses fiches ne contiennent que les références essentielles d'un livre et son emplacement dans les bibliothèques que vous aurez explorées. Vous pourrez tout au plus ajouter sur la fiche quelques autres remarques comme « très important d'après tel auteur » ou « à trouver absolument » ou encore « Untel dit que c'est un livre sans intérêt », ou même « à acheter ». Mais cela suffit. Un livre lu peut donner lieu à plusieurs fiches de lecture, mais il ne correspondra jamais qu'à une seule fiche bibliographique.

Prenez le temps de réaliser votre fichier bibliographique avec soin et de façon lisible. Il est déconseillé d'y griffonner un titre, peut-être erroné, en caractères sténographiques. Quand il est bien fait, un tel fichier peut être conservé et complété lors de travaux ultérieurs de recherche, on peut le prêter (voire le vendre). Et surtout, *votre fichier bibliographique initial* (une fois que vous aurez noté sur ses fiches quels livres vous avez trouvés et lus et pour quels livres vous avez rédigé des fiches de lecture) *pourra constituer la base de la rédaction de votre bibliographie finale*.

C'est pour cette raison que je vais insérer dans la section suivante les instructions à suivre pour noter correctement les titres, c'est-à-dire les *normes pour les références bibliographiques*. Ces normes valent pour :

1) les fiches bibliographiques ;

2) les fiches de lecture ;

3) les références aux livres dans les notes de bas de page ;

4) la rédaction de la bibliographie finale.

On les retrouvera donc dans les chapitres consacrés à ces différentes phases du travail. *Mais elles auront été fixées ici une fois pour toutes.* Ce sont des normes très importantes et vous devez avoir la patience de vous familiariser avec elles. Vous verrez que ce sont surtout des normes *fonctionnelles* qui doivent vous permettre, ainsi qu'à vos lecteurs, d'identifier le livre dont il est question. Mais ce sont aussi des normes que l'on pourrait appeler d'*étiquette universitaire* : l'auteur qui les respecte montre qu'il est familier de sa discipline, les transgresser trahit le *parvenu* scientifique et cela peut parfois jeter une ombre de discrédit sur un travail par ailleurs bien fait. Ce qui ne signifie pas que ces normes d'étiquettes soient dépourvues d'importance réelle ou qu'elles ne soient que des tracasseries formalistes. On rencontre des phénomènes analogues dans des domaines aussi variés que le sport, les collections de timbres, le billard ou la vie politique : si quelqu'un utilise à tort certaines « expressions-clefs », on le regarde avec méfiance, comme quelqu'un qui vient de l'extérieur, qui n'est « pas des nôtres ». Il faut respecter les règles de la compagnie dans laquelle on veut entrer : à Rome, fais comme les Romains, ou encore, comme dit le proverbe italien : « Qui ne pisse en compagnie, ou il vole ou il épie. » D'ailleurs, pour transgresser des règles ou s'y opposer, il faut d'abord *les connaître* et en démontrer les incohérences éventuelles ou la fonction purement répressive. Mais avant de dire qu'il n'est pas nécessaire de mettre le titre d'un livre en italique, il faut *savoir* qu'on le met en italique et *pourquoi*.

III.2.3. *Les références bibliographiques*

Les livres. – Voici un exemple de référence bibliographique erronée :

Wilson, J., « Philosophy and religion », Oxford, 1961.

Cette référence est erronée pour les raisons suivantes :

1) Elle ne donne que l'initiale du prénom de l'auteur. L'initiale ne suffit pas, d'abord parce que les lecteurs veulent connaître le prénom et le nom d'une personne ; ensuite parce qu'il peut y avoir deux auteurs ayant le même nom de famille et la même initiale. Si je lis que l'auteur du livre *Clavis universalis* est P. Rossi, je ne peux savoir s'il s'agit du philosophe Paolo Rossi de l'université de Florence ou du philosophe Pietro Rossi de l'université de Turin. Et qui est ce J. Cohen mentionné ailleurs ? Le critique et esthéticien français Jean Cohen ou le philosophe anglais Jonathan Cohen ?

2) Quelle que soit la façon dont on écrit le titre d'un livre, il ne faut jamais le mettre entre guillemets :

c'est un usage presque universel de réserver les guillemets aux titres de revues ou d'articles de revues. Par
ailleurs, dans le titre en question, il vaudrait mieux
mettre une majuscule au mot *Religion*, parce que, dans
les titres anglo-saxons, on met des majuscules aux
noms, adjectifs, verbes et adverbes, mais pas aux
articles, particules et prépositions (sauf s'il s'agit du dernier mot du titre, comme pour *The Logical Use of If*).

3) Il est odieux de dire *où* un livre a été publié sans
préciser *par qui*. Supposez que vous tombiez sur un
livre qui vous semble important au point de vouloir
l'acheter, et qui est indiqué : « Milan, 1975 ». Chez
quel éditeur ? Mondadori, Rizzoli, Rusconi, Bompiani,
Feltrinelli, Vallardi ? Comment un libraire pourra-t-il
vous aider ? Et s'il est écrit : « Paris, 1976 », à qui allez-
vous vous adresser ? Et si un livre a été publié à
Cambridge, comment savoir de quel Cambridge il
s'agit, de la ville anglaise ou de la ville américaine ? On
peut se contenter du nom de la ville uniquement s'il
s'agit de livres anciens (« Amsterdam, 1678 »), que l'on
ne peut trouver qu'en bibliothèque ou chez quelques
bouquinistes spécialisés. Il y a beaucoup d'auteurs
importants qui ne mentionnent que la ville où a paru un
livre : à moins qu'il ne s'agisse d'articles d'encyclopédie,
auxquels on impose des critères de brièveté pour des
raisons de place, ces auteurs sont des snobs qui
méprisent leur public.

4) Quoi qu'il en soit, dans notre exemple, la mention « Oxford » est erronée. Ce livre n'a *pas* été publié
à Oxford. Il a été édité, comme on le lit sur la couverture, par Oxford University Press, mais cette maison

d'édition a son siège à Londres, New York et Toronto. Qui plus est, il a été imprimé à Glasgow. Mais on indique toujours *le lieu d'édition, non le lieu d'impression* (sauf pour les livres très anciens pour lesquels les deux lieux sont confondus : les éditeurs étaient alors également imprimeurs et libraires). J'ai lu dans une thèse une référence à un livre qui indiquait « Farigliano, Bompiani », parce qu'il se trouve que ce livre avait été imprimé à Farigliano (comme on l'apprenait en lisant l'achevé d'imprimer sur la toute dernière page). En commettant ce genre d'impairs, on donne l'impression de ne jamais avoir ouvert de livre de sa vie. Pour être sûr de vous, ne cherchez pas les données éditoriales sur la couverture du livre, mais sur la page où se trouve le copyright. C'est là que sont indiqués le véritable lieu d'édition ainsi que la date et le numéro de l'édition. Si vous vous en tenez à la couverture, vous pouvez commettre des erreurs pathétiques, comme croire que les livres de Yale University Press, Harvard University Press ou Cornell University Press sont publiés à Yale, Harvard et Cornell – ignorant que ce ne sont pas des noms de lieux, mais les noms *propres* de ces universités privées célèbres situées à New Haven, Cambridge (Massachusetts) et Ithaca. Ce serait comme si un étranger, voyant qu'un livre a été édité par l'Università Cattolica (l'université catholique de Milan), indiquait qu'il a été publié dans la petite ville balnéaire de Cattolica, sur la côte adriatique. Dernier conseil : il est bon de toujours mentionner la ville d'édition *en français* – donc Milan et non Milano, Londres et non London.

5) Pour ce qui est de la date donnée dans notre exemple, elle est correcte – une fois n'est pas coutume.

Mais la date indiquée sur la couverture n'est pas toujours la véritable date du livre : ce peut être celle de la dernière édition. Reportez-vous à la page du copyright pour connaître la date de la première édition (et vous découvrirez peut-être que la première édition est parue chez un autre éditeur). La différence est parfois très importante. Supposons que vous trouviez une référence comme celle-ci :

Searle, J., *Speech Acts*, Cambridge, 1974.

Sans parler de ses autres inexactitudes, cette référence ne donne pas la date de la première édition, que le copyright nous dit être 1969. Au cas où, dans votre thèse, il vous importe d'établir si Searle a parlé des « actes de langage » avant ou après d'autres auteurs, la date de la première édition est essentielle. Qui plus est, si vous lisez attentivement la préface de son livre, vous découvrirez que sa thèse fondamentale a été présentée comme thèse de PhD à Oxford en 1959 (donc dix ans avant la publication du livre) et qu'entre-temps, plusieurs parties de son livre sont parues dans différentes revues philosophiques. Certes, nul ne songerait à indiquer en référence :

Flaubert, Gustave, *Madame Bovary*, Niort, 2016.

pour la seule raison qu'il a en main une édition récente publiée à Niort. Or, si vous travaillez sur un auteur, ce qui vaut pour Flaubert vaut aussi pour Searle : vous ne pouvez en aucun cas vous permettre de diffuser des idées fausses sur son œuvre. Et si, en étudiant Flaubert, Searle ou Wilson, vous avez travaillé sur une édition postérieure, revue et augmentée, il vous faudra spécifier aussi bien la date de la première édition que celle de l'édition que vous avez utilisée.

À présent que nous avons vu comment il *ne faut pas* donner la référence d'un livre, voici cinq façons d'enregistrer correctement les deux livres dont nous avons parlé. Il y a bien sûr d'autres méthodes, qui sont toutes valables dès lors qu'elles permettent de : (a) distinguer les livres des articles ou des chapitres de livres ; (b) reconnaître sans équivoque le nom de l'auteur et le titre ; (c) identifier le lieu de publication, l'éditeur et l'édition ; (d) estimer éventuellement le volume ou l'épaisseur du livre. Aussi les cinq exemples que nous allons donner sont-ils tous corrects dans une certaine mesure, même si, comme nous le dirons, nous préférons le premier pour différentes raisons :

1. Searle, John R., *Speech Acts. An Essay in the Philosophy of Language,* 1re éd., Cambridge, Cambridge University Press, 1969 (5e éd., 1974), VIII-204 p.

Wilson, John, *Philosophy and Religion. The Logic of Religious Belief,* Londres, Oxford University Press, 1961, VIII-120 p.

2. Searle, John R., *Speech Acts* (Cambridge : Cambridge, 1969).

Wilson, John, *Philosophy and Religion* (Londres : Oxford, 1961).

3. *Searle, John R.*, Speech Acts, Cambridge, Cambridge University Press, 1re éd., 1969 (5e éd., 1974), VIII-204 p.

Wilson, John, Philosophy and Religion, Londres, Oxford University Press, 1961, VIII-120 p.

4. Searle, John R., Speech Acts. Cambridge, Cambridge University Press, 1969.

Wilson, John, Philosophy and Religion. Londres, Oxford University Press, 1961.

5. SEARLE, John R.
1969 *Speech Acts. An Essay in the Philosophy of Language*, Cambridge, Cambridge University Press (5ᵉ éd., 1974), VIII-204 p.

WILSON, John
1961 *Philosophy and Religion. The Logic of Religious Belief*, Londres, Oxford University Press, VIII-120 p.

Il y a aussi des solutions mixtes : dans l'exemple 1, le nom de l'auteur pourrait être en majuscules comme dans l'exemple 5 ; dans l'exemple 4, on peut mentionner aussi le sous-titre, comme dans les exemples 1 et 5. Et, comme on le verra, il existe des systèmes plus complexes dans lesquels on indique aussi le nom de la collection.

Quoi qu'il en soit, évaluons ces cinq exemples, tous plus ou moins corrects. Négligeons pour l'instant le dernier exemple : il s'agit d'un cas de bibliographie spécialisée (système de référence auteur-année) dont nous parlerons plus loin, à propos des notes et de la bibliographie finale. Le deuxième exemple est typiquement américain et plus utilisé dans les notes de bas de page que dans les bibliographies de fin d'ouvrage. Le troisième, typiquement allemand, est désormais plutôt rare et ne présente, selon moi, aucun avantage. Je trouve le quatrième, très courant aux États-Unis, particulièrement antipathique parce qu'il ne permet pas de distinguer aussitôt le titre de l'ouvrage. Le premier exemple nous dit tout ce qui peut nous servir et nous signale clairement qu'il s'agit d'un livre et quelle est son épaisseur.

Les revues. – La commodité de ce système apparaîtra aussitôt si l'on considère ces trois façons différentes de mentionner un article de revue :

Anceschi, Luciano, « Orizzonte della poesia » (Horizon de la poésie), *Il Verri* 1 (NS), février 1962 : 6-21.

Anceschi, Luciano, « Orizzonte della poesia », *Il Verri* 1 (NS), p. 6-21.

Anceschi, Luciano, *Orizzonte della poesia,* in « Il Verri », février 1962, p. 6-21.

Il y aurait d'autres systèmes encore, mais venons-en tout de suite au premier et au troisième exemple. Le premier met l'article entre guillemets et le nom de la revue en italique, le troisième met l'article en italique et la revue entre guillemets. *Pourquoi le premier est-il préférable ?* Parce qu'il permet de comprendre d'un coup d'œil que « Orizzonte della poesia » n'est pas un livre, mais un texte bref. Les articles de revue font ainsi partie de la même catégorie (nous y reviendrons) que les chapitres de livre et les actes de colloques. Le deuxième exemple est une variante du premier, mais il élimine la référence à la date de publication de l'article que donne le premier, c'est donc un mauvais exemple. Il aurait été mieux de mentionner au moins : *Il Verri* 1, 1962. Vous remarquerez l'indication « (NS) », qui signifie « Nouvelle Série ». C'est très important parce que *Il Verri* a d'abord eu une première série comportant un autre numéro 1, qui date de 1956. Si je devais faire référence à ce premier numéro de ce qui ne pouvait évidemment pas s'appeler « ancienne série », je ferais bien de spécifier non seulement le numéro, mais l'année :

Gorlier, Claudio, « L'Apocalisse di Dylan Thomas » (L'apocalypse de Dylan Thomas), *Il Verri* I, 1, automne 1956, p. 39-46.

L'autre exemple pourrait être reformulé ainsi (à ceci près qu'en l'occurrence, la nouvelle série ne mentionne pas l'année) :

Anceschi, Luciano, « Orizzonte della poesia », *Il Verri* VII, 1, 1962, p. 6-21.

Certaines revues ayant une pagination continue tout au long de l'année (ou par volume, et plusieurs volumes peuvent paraître dans une année), on pourrait dans leur cas omettre la référence au numéro, il suffirait de mentionner l'année et la page. Par exemple :

Guglielmi, Guido, « Tecnica e letteratura » (Technique et littérature), *Lingua e stile,* 1966, p. 323-340.

En cherchant la revue en bibliothèque, je verrai que la page 323 se trouve dans le troisième numéro de la première année. Mais je ne vois pas de raison d'imposer cette gymnastique à mon lecteur (comme le font certains auteurs) alors qu'il aurait été aussi simple d'écrire :

Guglielmi, Guido, « Tecnica e letteratura », *Lingua e stile,* I, 3 1966.

Même si l'on ne mentionne pas la page, l'article est ainsi bien plus facile à trouver. Pensez aussi que si je voulais commander la revue chez l'éditeur, parce qu'il s'agit d'un numéro ancien, l'indication de la page ne me servirait à rien, contrairement à celle du numéro. La mention de la première et de la dernière page sert à savoir s'il s'agit d'un article long ou d'une note brève, et ce sont donc des indications à recommander dans tous les cas.

Ouvrages collectifs et « édités par ». – Venons-en maintenant à des chapitres d'ouvrages plus vastes, qu'il s'agisse de recueils d'essais d'un même auteur ou de volumes collectifs. Voici un exemple simple :

Morpurgo-Tagliabue, Guido, « Aristotelismo e Barocco » (Aristotélisme et Baroque) in Enrico Castelli (éd.), *Retorica e Barocco. Atti del III Congresso Internazionale di Studi Umanistici*, Venezia, 15-18 giugno 1954 (Rhétorique et baroque. Actes du IIIe congrès international d'études humanistes, Venise, 15-18 juin 1954), Rome, Bocca, p. 119-196.

Une référence de ce type me dit tout ce que j'ai besoin de savoir, c'est-à-dire :

a) Il s'agit d'un texte compris dans un recueil. L'essai de Morpurgo-Tagliabue n'est pas un livre, même si, eu égard à son nombre de pages (77), il doit s'agir d'une étude très importante.

b) Le recueil est un volume intitulé *Retorica e Barocco* qui rassemble des textes de différents auteurs.

c) Ce recueil réunit les textes de conférences prononcées lors d'un colloque. Il est important de le savoir parce que, dans certaines bibliographies, ce genre d'ouvrage sera classé parmi les « Actes de colloques et de congrès ».

d) Il a été édité par Enrico Castelli. C'est une information très importante, non seulement parce que, dans certaines bibliothèques, vous pourrez trouver ce recueil classé au nom de « Castelli, Enrico », mais aussi parce que, dans les bibliographies anglo-saxonnes, les volumes collectifs ne sont pas enregistrés, comme en Italie, à la lettre A (AAVV, « Auteurs variés »), mais seulement au nom de l'éditeur. C'est pourquoi on trouverait ce volume dans une bibliographie italienne sous le titre :

AAVV, *Retorica e Barocco*, Roma, Bocca, 1955, p. 256, 20 tav.

mais, dans une bibliographie américaine, sous celui-ci :

Castelli, Enrico (ed.). *Retorica e Barocco*, etc.

où « ed. » signifie « editor », la personne qui est responsable de l'édition du recueil (« eds. » signifie qu'ils sont plusieurs).

L'usage français est d'enregistrer ce livre de la façon suivante :

CASTELLI, Enrico (éd.), *Retorica e Barocco*, etc.

Ce sont des choses qu'il faut savoir pour pouvoir trouver le livre dans un catalogue de bibliothèque ou dans une bibliographie.

Comme on le verra à propos d'une expérience concrète de recherche bibliographique présentée dans la section III.2.4., je trouverai la première mention de cet article dans l'histoire de la littérature italienne publiée chez Garzanti, où il est cité en ces termes :

> [...] il faut rappeler [...] le recueil *Retorica e Barocco, Atti del III Congresso Internazionale di Studi Umanistici*, Milan, 1955, et en particulier l'essai important de G. Morpurgo-Tagliabue, *Aristotelismo e Barocco*.

C'est une très mauvaise référence bibliographique, parce que (a) elle ne nous indique pas le prénom de l'auteur, (b) elle nous fait croire que le colloque s'est déroulé à Milan ou que l'éditeur y a son siège (l'un et l'autre sont faux), (c) elle ne nous dit pas qui est l'éditeur, (d) elle ne nous dit pas de quelle longueur est l'essai en question, (e) elle ne nous dit pas qui est le responsable du recueil, l'expression même de « recueil » laissant entendre qu'il se compose de textes de différents auteurs. Prenez bien garde de ne pas reporter cette référence telle quelle sur votre fiche bibliographique. Il faut la rédiger de manière à laisser de la place libre pour les indications qui manquent encore. Nous noterons donc le livre ainsi :

> Morpurgo-Tagliabue, G ...
> « Aristotelismo e Barocco », in ... (éd.), *Retorica e Barocco – Atti del III Congresso Internazionale di Studi Umanistici*, ..., Milan, ..., 1955, p. ...

de manière à pouvoir insérer dans les espaces libres les informations qui manquent quand nous les aurons trouvées, ou bien dans une autre bibliographie, ou bien dans un catalogue de bibliothèque, voire sur le livre lui-même.

Plusieurs auteurs sans éditeur du volume. – Supposons à présent que nous voulions enregistrer un essai paru dans un livre écrit par quatre auteurs différents, sans que l'un d'eux n'apparaisse comme l'éditeur du recueil. J'ai par exemple sous les yeux un livre allemand comprenant quatre essais de T. A. van Djik, Jens Ihwe, Janos S. Petöfi et Hannes Rieser. Par commodité, dans un cas de ce genre, on ne mentionne que le nom du premier auteur, suivi d'un « *et al.* », qui signifie « *et alii* » (et autres) :

Djik, T. A. van *et al.*, *Zur Bestimmung narrativer Struktu-ren auf der Grundlage von Textgrammatiken* (La détermina-tion des structures narratives à partir de grammaires textuelles), etc.

Passons à présent à un cas plus compliqué. Il s'agit d'un long article paru dans le troisième tome du dou-zième volume d'une œuvre collective dont chaque volume a un titre différent de celui de l'œuvre dans son ensemble :

Hymes, Dell, « Anthropology and Sociology » (Anthro-pologie et sociologie), in Sebeok, Thomas A. (éd.), *Current Trends in Linguistics* (Tendances actuelles en linguistique), vol. XII, *Linguistics and Adjacent Arts and Sciences* (La lin-guistique et les arts et sciences limitrophes), t. 3, La Haye, Mouton, 1974, p. 1445-1475.

Voilà pour la référence à l'article de Dell Hymes. Mais si je dois mentionner l'œuvre dans son ensemble, l'information qu'attend le lecteur n'est plus *dans quel* volume se trouve l'article de Dell Hymes, mais *combien* de volumes comprend l'œuvre :

Sebeok, Thomas A. (éd.), *Current Trends in Linguistics*, La Haye, Mouton, 1967-1976, 12 vol.

Pour citer un essai contenu dans un volume d'essais du même auteur, on procède comme dans le cas d'auteurs variés, sauf qu'on met : *id.*

Rossi-Landi, Ferruccio, « Ideologia come progettazione sociale » (L'idéologie comme projection sociale), in *id.*, *Il linguaggio come lavoro e come mercato* (Le langage comme travail et comme marché), Milan, Bompiani, 1968, p. 193-224.

On aura noté qu'habituellement, le titre de chapitre est « in » un livre donné alors que l'article de revue n'est pas « in » une revue, le nom de la revue suivant directement le titre de l'article.

La collection. – Si l'on veut perfectionner la méthode pour donner les références, il est conseillé de noter aussi la collection dans laquelle le livre a paru. C'est une information que je ne trouve pas indispensable, l'ouvrage étant déjà assez bien défini quand on en connaît l'auteur, le titre, l'éditeur et l'année de publication. Cependant, dans certaines disciplines, la collection peut constituer une garantie ou être le signe d'une certaine orientation scientifique. On indique alors la collection entre guillemets, après le titre, avec le numéro du volume :

Rossi-Landi, Ferruccio, *Il linguaggio come lavoro e come mercato*, « Nuovi Saggi Italiani, 2 », Milan, Bompiani, 1968, 242 p.

Anonymes, pseudonymes, etc. – On rencontre aussi des cas d'auteurs anonymes, d'auteurs utilisant des pseudonymes et d'articles d'encyclopédies n'indiquant que les initiales de l'auteur.

Dans le premier cas, il suffit de remplacer le nom de l'auteur par le terme « Anonyme ». Dans le deuxième cas, faites suivre le pseudonyme du vrai nom (s'il est désormais connu) entre parenthèses, éventuellement accompagné d'un point d'interrogation s'il s'agit encore d'une hypothèse, même si elle est généralement admise. S'il s'agit d'un auteur dont l'identité était admise dans la tradition mais a été remise en question par la critique récente, on ajoute « pseudo ». Par exemple :

Pseudo-Longin, *Du sublime…*

Pour le troisième cas, prenons l'article « Secentismo » de l'*Enciclopedia Treccani*, signé « M. Pr. ». En consultant la liste des initiales publiée dans le même volume, on en déduit qu'il s'agit de Mario Praz, ce que l'on indique comme suit :

M(ario) Pr(az), « Secentismo », *Enciclopedia Italiana* XXXI.

« *Repris dans* ». – Il y a ensuite des textes que l'on trouve dans un volume d'essais du même auteur ou dans une anthologie, mais qui avaient déjà été publiés auparavant dans des revues. S'il s'agit d'une référence marginale par rapport au sujet de votre thèse, contentez-vous de citer la source la plus accessible, mais s'il s'agit d'œuvres sur lesquelles porte précisément votre travail, alors il est essentiel de mentionner la *première* édition pour des raisons d'exactitude historique. Rien ne vous empêche d'utiliser l'édition la plus accessible, mais si l'anthologie ou le volume d'essais est bien fait, vous devez pouvoir y trouver la référence à la première édition du texte qui vous intéresse. Vous devrez alors organiser ces informations bibliographiques de la manière suivante :

Katz, Jerrold J. et Fodor, Jerry A., « The Structure of a Semantic Theory » (La structure d'une théorie sémantique), *Language* 39, 1963, p. 170-210 (repris dans Fodor Jerry A. et Katz Jerrold J. (éd.), *The Structure of Language* (La structure du langage), Englewood Cliffs, Prentice-Hall, 1964, p. 479-518).

Si vous utilisez le système auteur-date d'une bibliographie spécialisée (dont on parlera en V.4.3.), vous mettrez comme date de classement celle de la première publication :

Katz, Jerrold J. et Fodor, Jerry A., 1963, « The Structure of a Semantic Theory », *Language* 39 (repris dans Fodor Jerry A. et Katz Jerrold J. (éd.), *The Structure of Language,* Englewood Cliffs, Prentice-Hall, 1964, p. 479-518).

Références à des journaux. – Les citations de quotidiens et d'hebdomadaires se présentent comme les citations de revues, sauf qu'il est plus opportun (pour faciliter le repérage) d'en indiquer la date plutôt que le numéro. Si je ne fais que citer un article en passant, il n'est pas absolument indispensable d'indiquer aussi la page (même si c'est toujours utile) ni la colonne pour les quotidiens. Mais ces indications deviennent nécessaires si je fais une étude spécifique sur la presse :

Nascimbeni, Giulio, « Come l'Italiano santo e navigatore è diventato bipolare » (Comment l'Italien, saint et navigateur, est devenu bipolaire), *Corriere della Sera,* 25 juin 1976, p. 1, col. 9.

Pour les journaux dont la diffusion n'est ni natio-
nale, ni internationale (à la différence du *Times*, du
Monde et du *Corriere della Sera*), il est bon de préciser
la ville : cf. *Il Gazzettino* (Venise), 7 juillet 1975.

Documents officiels ou œuvres monumentales. – Pour
les documents officiels, il existe des abréviations et des
sigles qui varient en fonction de la discipline, de même
qu'il existe des abréviations propres pour le travail sur
les manuscrits antiques. Nous ne pouvons ici que renvoyer aux études spécifiques de référence dont vous
vous inspirerez. Rappelons seulement que, dans le
cadre d'une discipline donnée, certaines abréviations
sont d'usage courant – vous n'êtes donc pas obligé de
les expliquer. Pour une étude sur les dossiers parlementaires américains, un manuel publié aux États-Unis
conseille de donner les références de la manière
suivante :

S. Res. 218, 83d Cong., 2d Sess., 100 Cong. Rec.
2972 (1954).

Ce que les spécialistes sauront déchiffrer ainsi :
« Senate Resolution number 218 adopted at the second
session of the Eighty-Third Congress, 1954, as recor-
ded in volume 100 of the *Congressional Record*, begin-
ning on page 2972 » (« Décision du Sénat
numéro 218, adoptée lors de la deuxième session du
quatre-vingt-troisième congrès, 1954, éditée dans le
volume 100 du *Congressional Record* aux pages 2972
et suivantes »).

De même, dans une étude de philosophie médiévale,
quand vous indiquerez qu'un texte se trouve dans

P.L. 175, 948 (ou bien PL, CLXXV, col. 948), vos lecteurs familiers de la discipline comprendront que vous vous référez à la colonne 948 du volume 175 de la *Patrologie latine* de Migne, une collection classique de textes latins du Moyen Âge chrétien. Mais si vous êtes en train de vous constituer une bibliographie à partir de fiches, il ne sera pas mauvais que, pour la première occurrence, vous indiquiez la référence complète de l'œuvre, ne serait-ce que parce que, dans la bibliographie générale, il sera bon de la donner dans son intégralité :

Patrologiae cursus completus, series latina, accurante J. P. Migne, Paris, Garnier, 1844-1866, 222 vol. (+ *Supplementum,* Turnhout, Brepols, 1972).

Citations d'œuvres classiques. – Pour des citations d'œuvres classiques, il y a des conventions pratiquement universelles, comme donner la référence sous la forme titre-livre-chapitre, ou partie-section, ou encore chant-vers. Certaines œuvres ont été subdivisées selon des critères qui remontent à l'Antiquité : quand des éditeurs modernes leur superposent d'autres subdivisions, ils conservent d'ordinaire également le système de références traditionnel. Si vous voulez citer la définition du principe de non-contradiction tiré de la *Métaphysique* d'Aristote, vous l'indiquerez ainsi : *Met.* IV, 3, 1005 b, 18. On renvoie d'ordinaire à un passage des *Collected Papers* de Charles S. Peirce de la manière suivante : *CP,* 2.127. Et pour un verset de la Bible, on note : I Samuel, XIV, 6-9. Les références aux comédies et aux tragédies classiques (mais aussi modernes) mentionnent l'acte en chiffres romains, la scène en chiffres arabes et éventuellement le numéro du vers ou du verset : *Mégère*, IV, 2, v. 50-51. Les Anglo-Saxons préfèrent parfois : *Shrew*, IV, ii, 50-51. Le lecteur de la thèse doit évidemment savoir qu'il s'agit de *La Mégère apprivoisée* de Shakespeare, ce qui n'est pas un problème si votre thèse porte sur le théâtre élisabéthain, mais s'il s'agit d'une allusion élégante et cultivée dans une thèse de psychologie, il vaudra mieux expliciter votre référence.

Quand on renvoie à une œuvre classique, le premier critère doit être celui du caractère pratique et compréhensible de notre référence : si je cite un vers de Dante en mentionnant « II.27.40 », le lecteur comprendra probablement qu'il s'agit du quarantième vers du vingt-septième chant de la deuxième partie. Mais un spécialiste de Dante préférera « Purg. XXVII, 40 », et il est bon de respecter les usages de la discipline – ce qui constitue un deuxième critère, non moins important.

Il faut bien sûr faire attention aux cas ambigus. Les *Pensées* de Pascal par exemple sont citées avec un autre numéro selon que l'on se réfère à l'édition Brunschvicg, à celle de Lafuma ou à une autre, parce qu'elles sont classées très différemment selon les éditions. Ce sont des choses que l'on apprend en lisant les études critiques sur le sujet.

Écrits inédits et documents privés. – Les thèses, les manuscrits et choses de ce genre sont qualifiés comme tels. En voici deux exemples :

La Porta, Andrea, *Aspetti di una teoria dell'esecuzione nel linguaggio naturale* (Aspects d'une théorie de l'exécution dans le langage naturel), thèse soutenue à la faculté de lettres, université de Bologne, 1975-1976.

Valesio, Paolo, *Novantiqua : Rhetorics as a Contemporary Linguistic Theory* (Novantiqua : la rhétorique comme théorie linguistique contemporaine), manuscrit inédit (cité avec l'aimable autorisation de l'auteur).

On peut de même citer des lettres privées et des communications personnelles. Si elles sont d'importance marginale, il suffit de les mentionner en note, mais si elles jouent un rôle décisif pour votre thèse, il faudra les indiquer aussi en bibliographie :

Smith, John, Lettre privée à l'auteur (5 janvier 1976).

Comme on le verra aussi en V.3., il est de bon ton, pour ce genre de citation, de demander l'autorisation de la personne qui vous a fait cette communication personnelle, et, si celle-ci a été faite par oral, de lui soumettre la transcription qu'on en aura faite pour obtenir son approbation.

Originaux et traductions. – En toute rigueur, il faudrait toujours consulter et citer un livre en langue originale. En réalité, les choses se passent bien différemment. D'abord parce qu'il existe des langues dont on s'accorde à considérer qu'il n'est pas *indispensable* de les connaître (comme le bulgare), et d'autres que l'on n'est pas *obligé* de connaître (on suppose que tout le monde connaît un peu d'anglais et d'italien, un peu moins d'allemand, et qu'en général on ne comprend pas le russe ni le suédois). En second lieu parce que certains livres peuvent tout à fait être lus en traduction. Si vous faites une thèse sur Leopardi, il serait très grave d'avoir lu votre auteur en français, mais si vous travaillez sur le Risorgimento, il n'est pas gênant d'avoir lu la *Storia d'Italia* de Denis Mack Smith dans la traduction italienne parue chez Laterza. Et il sera honnête de le citer en italien. Mais votre référence bibliographique pourrait servir à d'autres personnes, qui voudraient trouver l'édition originale : il sera donc bon de donner une double référence. Il en va de même si vous avez lu le livre en anglais : citez-le en anglais, mais pourquoi ne pas aider d'autres lecteurs, qui voudraient savoir s'il existe une traduction italienne, et qui l'a publiée ? Voici donc la meilleure façon de présenter la référence :

Mack Smith, Denis, *Italy. A Modern Hystory,* Ann Arbor, The University of Michigan Press, 1959 (trad. it. d'Alberto Acquarone, *Storia d'Italia – Dal 1851 al 1958,* Bari, Laterza, 1959).

Il y a quelques exceptions. Si, par exemple, votre thèse n'est pas en littérature grecque mais qu'il vous arrive d'y citer *La République* de Platon (par exemple dans une thèse sur un sujet juridique), il vous suffira de la citer en français, à condition de préciser la traduction et l'édition d'où vous avez tiré la citation. De la même manière, si vous faites une thèse d'anthropologie culturelle et qu'il vous arrive de citer ce livre :

Travaux sur les systèmes de signes. École de Tartu, Y. M. Lotman et B. A. Ouspenski (éd.), traduit du russe par Anne Zouboff, Bruxelles, Complexe, 1976, 254 p.

vous pouvez vous sentir autorisé à ne citer que la traduction française parce qu'il est fort peu probable que vos lecteurs brûlent du désir d'aller contrôler votre citation sur l'original russe. Mais si votre thèse porte sur la situation présente des études en sémiotique, on attendra de vous davantage d'exactitude. En admettant que, sans être capable de lire le russe (à condition bien sûr que votre thèse ne porte pas sur la sémiotique soviétique), vous vouliez néanmoins discuter, non pas l'ensemble du recueil, mais l'un de ses essais, il sera intéressant de savoir où et quand il a été publié pour la première fois, informations que l'éditeur vous donne dans la note du titre. Vous indiquerez donc le titre ainsi :

Lotman, Y. M., « La réduction et le déploiement des systèmes sémiotiques. Introduction au problème : le freudisme et la culturologie sémiotique », in Lotman, Y. M. et Ouspenski, B. A. (éd.), *Travaux sur les systèmes de signes. École de Tartu*, trad. Anne Zouboff, Bruxelles, Complexes, 1976 (l'article original de 1974 est repris dans Lotman, Juri M., « Statyi po semiotike i tipologii kulturi », I, Tallinn, Alexandra, 1992).

Ce faisant, vous ne faites pas semblant d'avoir lu le texte original, parce que vous indiquez votre source française, mais vous avez fourni au lecteur toutes les informations qui pourront éventuellement lui servir.

Quand il n'existe aucune traduction pour des ouvrages écrits dans des langues peu connues dont on souhaite signaler l'existence, on a coutume d'ajouter entre parenthèses après le titre sa traduction.

Examinons pour finir un cas dont la solution « idéale » paraît très complexe à première vue, mais que l'on peut simplifier en fonction du contexte. David Efron, juif argentin, a publié en 1941 aux États-Unis, en anglais, une étude sur la gestuelle chez les Hébreux et les Italiens de New York, sous le titre *Gesture and Environment*. En 1970 seulement parut en Argentine une traduction espagnole, avec un titre différent, *Gesto, raza y cultura*. En 1972 fut publiée une réédition anglaise, en Hollande, sous le titre (analogue au titre espagnol) de *Gesture, Race and Culture*. C'est à partir de cette édition qu'a été faite la traduction italienne, *Gesto, razza e cultura*, de 1974. Comment faire pour citer ce livre ?

Voyons tout de suite deux cas extrêmes. Le premier concerne une thèse portant sur David Efron : la bibliographie finale comportera une section consacrée aux œuvres de l'auteur dans laquelle toutes ces éditions seront énumérées par ordre chronologique comme constituant autant de livres, en indiquant, pour chaque référence, qu'il s'agit d'une réédition du précédent. On suppose que l'étudiant aura consulté toutes les éditions parce qu'il doit contrôler s'il y a eu des modifications ou des coupes. Le deuxième cas est celui d'une thèse d'économie, de science politique ou de sociologie concernant des problèmes d'émigration et dans laquelle le livre d'Efron est cité seulement parce qu'il contient des informations utiles sur des aspects marginaux : dans ce cas, on pourra se contenter de citer l'édition italienne.

Mais il peut y avoir un cas intermédiaire dans lequel la citation est marginale, mais où il est important de savoir que l'étude est de 1941, et non des années 1970. La meilleure solution serait alors :

Efron, David, *Gesture and Environment,* New York, King's Crown Press, 1941 (trad. it. de Michelangelo Spada, *Gesto, razza e cultura,* Milan, Bompiani, 1974).

Il se trouve néanmoins que l'édition italienne mentionne bien, dans le copyright, que la première édition est de 1941, chez l'éditeur King's Crown, mais ne cite pas le titre original, se référant en toutes lettres à l'édition hollandaise de 1972. C'est une grave négligence (et je peux bien le dire, attendu que c'est moi qui dirige la collection dans laquelle a paru le livre d'Efron), parce qu'un étudiant pourrait se référer à l'édition de 1941 en lui donnant comme titre *Gesture, Race and Culture*. Voilà pourquoi il faut toujours contrôler les références bibliographiques sur plus d'une source. Un étudiant plus rigoureux qui voudrait rassembler des informations sur la réception d'Efron et les étapes de sa redécouverte par les chercheurs contemporains pourrait donner sa référence ainsi :

Efron, David, *Gesture and Environment,* New York, King's Crown Press, 1941 (2ᵉ éd., *Gesture, Race and Culture*, La Haye, Mouton, 1972 ; trad. it. de Michelangelo Spada, *Gesto, razza e cultura,* Milan, Bompiani, 1974).

Où l'on voit, en conclusion, que le caractère complet des informations à fournir dépend du type de thèse et du rôle que le livre en question joue dans l'ensemble du propos (s'il s'agit d'une source primaire, d'une étude critique, d'une référence marginale et accessoire, etc.).

Sur la base de ces indications, vous serez désormais en mesure d'élaborer une bibliographie finale pour votre thèse. Nous reviendrons sur ce sujet dans le chapitre VI. Les sections V.4.2. et V.4.3. décrivent également deux systèmes différents de renvois bibliographiques et de rapports entres les notes et la bibliographie, et donnent en exemple deux pages entières de bibliographie (tableaux 20 et 22). *Reportez-vous donc à ces pages pour une synthèse définitive de tout ce qui vient d'être dit.* Il importait ici de savoir comment formuler une bonne référence bibliographique pour rédiger une fiche bibliographique. Les indications fournies sont plus que suffisantes pour former un fichier correct.

Le tableau 2 tente de récapituler ces usages bibliographiques en énumérant toutes les indications qu'une bonne référence bibliographique devrait comporter. Nous avons mis en italique ce qui devra être mis en italique et entre guillemets ce qui devra être entre guillemets. De même pour l'emploi des virgules et des parenthèses. Ce qui est marqué d'un astérisque constitue une indication essentielle à ne *jamais* omettre. Les autres indications sont facultatives et dépendent du type de thèse.

Dans le tableau 3, vous trouverez un exemple de fiche pour un fichier bibliographique. Comme on le voit, au cours de ma recherche bibliographique, j'ai d'abord pris connaissance de la traduction italienne du livre d'Auerbach. Après quoi, j'ai trouvé le livre en bibliothèque et j'ai indiqué en haut à droite la référence de la bibliothèque et la cote du volume. J'ai enfin trouvé le volume et j'en ai déduit, d'après la page du copyright, le titre et l'éditeur originaux. Il n'y avait pas d'indication de date, mais j'en ai trouvé une sur la quatrième de couverture et je l'ai notée sous réserve de vérification. J'ai ensuite mentionné pourquoi ce livre était digne d'intérêt pour moi.

Tableau 2
RÉSUMÉ DES RÈGLES POUR LES RÉFÉRENCES BIBLIOGRAPHIQUES

Livres

* 1. Nom et prénom de l'auteur, des auteurs ou de l'éditeur (avec des indications éventuelles sur les pseudonymes ou les attributions erronées),

* 2. *Titre. Sous-titre de l'œuvre,*

   3. (« Collection »),

   4. Numéro de l'édition (s'il s'agit de la deuxième ou de la nième édition),

* 5. Lieu d'édition (s'il n'est pas mentionné dans le livre, mettez : s. l., « sans lieu »),

* 6. Éditeur (s'il n'est pas indiqué dans le livre, omettez-le),

* 7. Date d'édition (si elle n'est pas mentionnée dans le livre, mettez : s. d., « sans date »),

   8. Informations éventuelles sur l'édition à laquelle vous vous êtes référé,

   9. Nombre de pages et, le cas échéant, de volumes que comporte l'œuvre,

   10. (Traduction : si le titre était en langue étrangère et qu'il existe une traduction française, il faut indiquer le nom du traducteur, le titre français, le lieu d'édition, l'éditeur, la date d'édition, et éventuellement le nombre de pages).

Articles de revue

* 1. Nom et prénom de l'auteur,

* 2. « Titre de l'article ou du chapitre »,

* 3. *Titre de la revue,*

* 4. Volume et numéro (éventuellement indication de Série),

   5. Mois et année,

   6. Pages de l'article.

Chapitres de livre, actes de colloques, essais dans des œuvres collectives
* 1. Nom et prénom de l'auteur,
* 2. « Titre du chapitre ou de l'essai »,
* 3. in
* 4. Nom éventuel de l'éditeur de l'œuvre collective suivi de (éd.),
* 5. *Titre de l'œuvre collective*,
* 6. Numéro éventuel du volume de l'œuvre dans lequel se trouve l'essai en question,
* 7. Lieu, éditeur, date, nombre de pages comme dans le cas des livres d'un seul auteur.

Tableau 3

EXEMPLE DE FICHE BIBLIOGRAPHIQUE

BS. Con.
107-5171

Auerbach, Erich, Mimesis. *Il realismo nella letteratura occidentale*, Turin, Einaudi, 1956, 2 vol., xxxix-284 p. et 350 p.

Titre original :
Mimesis. *Dargestellte Wirklichkeit in der abendländischen Literatur*, Bern, Francke, ... 1946.

[Voir l'essai « Le Monde dans la bouche de Pantagruel »]

III.2.4. *La bibliothèque d'Alexandrie :*
une expérience de recherche

On pourrait m'objecter que les conseils que je vous ai donnés conviennent à un chercheur spécialisé, mais pas à un jeune étudiant peu expérimenté qui, quand il aborde un travail de thèse, se trouve confronté à nombre de difficultés :

— il vit dans une petite ville et n'a peut-être pas de bibliothèque bien fournie à sa disposition ;

— il n'a que des idées très vagues sur ce qu'il cherche et ne sait pas même par où commencer dans le catalogue par matières, son directeur ne lui ayant pas donné d'instructions assez précises ;

— il ne peut pas se déplacer d'une bibliothèque à l'autre (par manque d'argent ou de temps, ou encore parce qu'il est malade, etc.).

Tentons alors d'imaginer une situation limite. Supposons un étudiant obligé de travailler en même temps qu'il fait ses études. Au cours des quatre années universitaires écoulées, il a très peu fréquenté l'université et n'a eu que des contacts sporadiques avec un seul professeur, disons le professeur d'esthétique ou d'histoire de la littérature italienne. Commençant sa thèse avec du retard, il ne lui reste que la dernière année d'université pour la finir. Vers le mois de septembre, il a réussi à rencontrer le professeur ou un de ses assistants, mais c'était la période des examens et leur conversation a été très brève. Le professeur lui a dit : « Pourquoi ne feriez-vous pas une thèse sur le concept de métaphore dans les traités italiens de l'époque baroque ? » Sur quoi l'étudiant est retourné chez lui, dans sa bourgade d'un millier d'habitants, sans bibliothèque municipale. La ville la plus proche, de quelque quatre-vingt-dix mille habitants, est à une demi-heure de route. Il y a une bibliothèque, ouverte le matin et l'après-midi. Il va donc demander deux demi-journées de congé à son employeur pour aller voir si, avec ce qu'il trouvera dans cette bibliothèque, il peut se faire une première idée de sa thèse, voire la réaliser entièrement sans avoir besoin de moyens supplémentaires. Il est exclu qu'il puisse acheter des livres onéreux (si c'est vraiment nécessaire, il pourra acheter quelques livres récents en édition économique, pour une vingtaine d'euros tout au plus) ou commander des microfilms ailleurs. Il pourra au mieux aller dans la ville universitaire la plus proche (dont les bibliothèques sont mieux fournies) deux ou trois fois entre janvier et avril. Mais pour l'instant, il lui faut se débrouiller avec les moyens du bord.

Tel est le cadre de mon hypothèse expérimentale. J'ai cherché à me placer dans la situation de cet étudiant en me mettant à écrire ces lignes dans un petit village du Montferrat, à vingt-trois kilomètres de la ville d'Alexandrie (quatre-vingt-dix mille habitants, une bibliothèque municipale, une galerie de peinture et un musée). L'université la plus proche est à Gênes, à une heure de route – en une heure et demie, on arrive à Turin ou à Pavie, et en trois heures à Bologne. C'est une situation privilégiée, mais je vais négliger ces villes universitaires et travailler à Alexandrie seulement.

Je vais donc m'occuper du sujet proposé par mon directeur hypothétique, un sujet auquel je ne me suis jamais particulièrement intéressé et pour lequel je suis peu préparé – le concept de métaphore dans les traités italiens de l'époque baroque. Certes, je ne suis pas

entièrement ignare sur ce sujet : j'ai déjà travaillé sur
des questions d'esthétique et de rhétorique et je sais,
par exemple, qu'en Italie ont récemment paru des livres
sur le baroque de Giovanni Getto, Luciano Anceschi
et Ezio Raimondi. Je sais aussi qu'il existe un traité du
XVIIe siècle intitulé *Il cannocchiale aristotelico* (La
lunette d'Aristote) d'Emanuele Tesauro, dans lequel ces
concepts sont longuement discutés. Mais c'est aussi le
minimum de ce que devrait connaître notre étudiant,
qui a sûrement déjà passé des examens à la fin de sa
troisième année d'études et qui, ayant eu quelques
contacts avec son directeur, aura sans doute lu certains
de ses travaux comprenant des allusions à ces questions.
Cela étant, pour rendre l'expérience plus rigoureuse, je
suppose que je ne sais rien de tout ce que je sais. J'en
reste à mes souvenirs de lycée : je sais que le baroque
est quelque chose qui concerne l'art et la littérature
du XVIIe siècle et que la métaphore est une figure de
rhétorique. Voilà tout.

   Je choisis de consacrer aux recherches préliminaires
trois après-midi, de trois heures à six heures. J'ai donc
neuf heures à ma disposition. Cela ne suffit pas pour
lire des livres, mais, en neuf heures, on peut faire un
premier tour d'horizon bibliographique. Tout ce que je
vais exposer dans les pages qui suivent a été réalisé en
neuf heures. Je ne prétends pas fournir le modèle d'un
travail complet et bien fait, mais le modèle d'un travail
de mise en route qui doit permettre de faire ensuite
d'autres choix.

   Comme on l'a dit en III.2.1., trois voies se présentent à moi lorsque j'entre dans la bibliothèque
d'Alexandrie :

1) Consulter le catalogue par matières, par exemple aux entrées suivantes : « Italie (littérature) », « Littérature (italienne) », « Esthétique », « XVIIᵉ siècle », « Baroque », « Métaphore », « Rhétorique », « Traités (auteurs de) », « Poétique » [1]. La bibliothèque a deux catalogues, l'un ancien, l'autre mis à jour, tous deux divisés en matières et auteurs. Ils ne sont pas encore regroupés, il faut donc les consulter tous deux. Je pourrais faire un raisonnement imprudent : si je cherche une œuvre du XIXᵉ siècle, elle se trouvera sûrement dans le catalogue ancien. Erreur. Si la bibliothèque l'a achetée l'an dernier chez un bouquiniste, elle sera dans le catalogue récent. La seule chose dont je peux être sûr est qu'un livre paru au cours des dix dernières années sera forcément dans le catalogue moderne.

2) Consulter les encyclopédies et les histoires de la littérature en accès libre, voire une histoire de l'esthétique. Dans les ouvrages historiques, je chercherai un chapitre sur le XVIIᵉ siècle ou sur l'époque baroque ; dans les encyclopédies, des articles portant sur le XVIIᵉ siècle, le baroque, la métaphore, les arts poétiques, l'esthétique, etc., comme dans un catalogue par matières.

---

1. Chercher à « XVIIᵉ siècle », « Baroque » ou « Esthétique » peut sembler aller de soi, mais l'idée de chercher à « Poétique » paraît un peu plus subtile. Je m'explique : nous ne pouvons pas imaginer un étudiant qui arrive à ce sujet en ne partant strictement de rien, il ne serait pas même parvenu à le formuler ; son professeur, ou un ami, ou une lecture préliminaire doit l'avoir mis sur la voie. Il aura donc entendu parler des « poétiques du baroque » ou des poétiques (ou théories artistiques) en général. Supposons donc que l'étudiant possède cette information.

3) Commencer par interroger le bibliothécaire. J'écarte aussitôt cette possibilité, non seulement parce que c'est une solution de facilité, mais aussi parce que je ne suis pas la bonne personne pour ce faire. Je connais en effet le bibliothécaire, et quand je lui ai dit ce que je m'apprêtais à faire, il s'est aussitôt mis à me réciter plusieurs titres de répertoires bibliographiques qu'il avait à disposition, certains en allemand et en anglais. Si je l'avais écouté, je me serais immédiatement placé sur un terrain de spécialiste, aussi n'ai-je pas tenu compte de ses suggestions. Il m'a également offert de m'aider en me procurant plusieurs livres à la fois, mais j'ai poliment refusé et je me suis toujours adressé uniquement aux employés. Je voulais me conformer aux normes communes en termes de temps et de difficulté.

J'ai donc choisi de partir du catalogue par matières. C'était une mauvaise idée parce que j'ai eu une chance exceptionnelle. À l'entrée « Métaphore », j'ai trouvé le titre suivant : Giuseppe Conte, *La metafora barocca – Saggio sulle poetiche del Seicento* (La métaphore baroque. Essai sur les poétiques du XVIIe siècle), Milan, Mursia, 1972. Ce qui est pratiquement ma thèse. Si j'étais malhonnête, je pourrais me contenter de recopier ce livre, mais ce serait stupide, parce qu'il est probable que mon directeur le connaît aussi. Si je veux faire une thèse originale, ce livre me place face à un défi : il faut que j'arrive à dire quelque chose de plus et de différent, sous peine d'avoir perdu mon temps. Cela étant, si je veux faire une honnête thèse de bilan de la recherche, il peut me fournir un bon point de départ.

L'ayant emprunté, je constate que le livre en question a le défaut de ne pas présenter de bibliographie finale, mais il a des notes denses à la fin de chaque chapitre où l'on trouve les références des livres cités, souvent accompagnées de descriptions et de commentaires. À vue de nez, je peux en tirer une cinquantaine de titres, même après avoir constaté que l'auteur fait souvent allusion à des ouvrages modernes d'esthétique et de sémiotique qui ne concernent pas directement mon sujet mais qui en éclairent les relations avec des problèmes actuels. Ces indications pourraient me conduire à imaginer une thèse un peu différente, portant sur les rapports entre le baroque et l'esthétique contemporaine, comme nous le verrons plus loin. Avec les cinquante titres sur l'époque baroque que je pourrais recueillir, j'aurais déjà un fichier préliminaire me permettant d'explorer le catalogue par auteurs de la bibliothèque. *Mais je décide de renoncer également à suivre cette voie.* C'est un coup de chance trop singulier. J'ai donc procédé comme si la bibliothèque ne possédait pas le livre de Conte (ou comme si elle ne l'avait pas enregistré dans le catalogue par matières).

Pour rendre mon travail plus méthodique, j'ai donc choisi de suivre la voie numéro deux : je suis allé dans la salle des usuels à consulter sur place et j'ai commencé par feuilleter des ouvrages de référence, et plus précisément une encyclopédie, l'*Enciclopedia Treccani*. Elle ne comporte pas d'article portant explicitement sur le baroque en tant que tel, mais on y trouve un article intitulé « Baroque, art », entièrement consacré aux arts plastiques. La raison en est simple : le volume comprenant la lettre B date de 1930, époque à laquelle la réévaluation du baroque n'avait pas encore commencé en Italie. J'ai donc eu l'idée de chercher l'article « Secentismo », terme désignant le goût littéraire du XVIIe siècle et qui a longtemps eu une connotation assez péjorative mais qui, en 1930, dans une culture largement influencée par la méfiance de Benedetto Croce[c] envers le baroque, pouvait avoir inspiré les choix des éditeurs de l'encyclopédie. Et j'ai alors l'agréable surprise de trouver un bel article, copieux, attentif à tous les problèmes de l'époque, aux théoriciens et poètes du baroque italien comme Marino ou Tesauro ainsi qu'aux manifestations baroques dans d'autres pays (Gracián, Lily, Góngora, Crashaw, etc.), avec d'intéressantes citations et une abondante bibliographie. Le volume date de 1936, et je vois que les initiales de l'auteur sont celles de Mario Praz : le meilleur spécialiste en la matière à l'époque (et aujourd'hui encore à bien des égards). Admettons que notre étudiant ne sache pas que Praz est un grand critique, un esprit très subtil : il se rendra pourtant compte que l'article est stimulant, et décidera de lui consacrer plus tard une fiche détaillée. Pour l'instant, je vais à sa bibliographie et je constate que Praz, auteur de ce remarquable article, a également écrit deux livres sur le sujet : *Secentismo e marinismo in Inghilterra* (*Secentismo et marinisme en Angleterre*) en 1925 et *Studi sul concettismo* (Études sur le conceptisme) en 1934. Je note ces deux livres sur des fiches. Après quoi, je relève encore quelques titres italiens, de Benedetto Croce à Alessandro D'Ancona, que je note aussi, un renvoi à T. S. Eliot et, pour finir, une série d'ouvrages en anglais et en allemand. Je les note évidemment tous, même si notre hypothétique étudiant ne connaît pas ces langues – on avisera plus tard quant à la façon d'en tirer parti. Mais je me rends compte que Praz parlait du *secentismo* en général, alors que je cherche des documents portant plus spécifiquement sur l'Italie. Je devrai bien sûr prendre en compte la situation dans d'autres pays comme cadre général, mais ce n'est sans doute pas le meilleur point de départ.

Consultons une fois encore l'encyclopédie Treccani : il n'y a pas d'article « Poétique » (on renvoie le lecteur à « Rhétorique », « Esthétique » et « Philologie »), mais « Rhétorique » et « Esthétique ». La rhétorique est traitée avec une certaine ampleur, l'article comprend un paragraphe sur le XVIIᵉ siècle auquel il me faudra revenir, mais sans indication bibliographique particulière. L'esthétique est traitée par Guido Calogero, qui la comprend en un sens éminemment philosophique, comme il était d'usage dans les années 1930. On y traite de Giambattista Vico, mais pas des auteurs de traités baroques. Cela me fait supposer que je trouverai plus facilement des documents et des informations sur l'Italie dans des études littéraires et des histoires de la littérature que dans des histoires de la philosophie (au moins, comme on le verra par la suite, jusqu'à une époque plus récente). L'article « Esthétique » mentionne néanmoins une série de titres d'histoires classiques de l'esthétique qui pourraient m'apprendre des choses, même s'il s'agit surtout d'ouvrages assez anciens, et presque tous en allemand ou en anglais : R. Zimmerman (1858), M. Schlasler (1872), B. Bosanquet (1895), ainsi que G. Saintsbury (1900-1904), M. Menendez y Pelayo (1890-1901), W. Knight (1895-1898) et, pour finir,

Benedetto Croce (1928). Disons tout de suite qu'à l'exception de ce dernier, aucun de ces livres n'est présent dans la bibliothèque d'Alexandrie. Je les note quand même, pour y jeter un coup d'œil tôt ou tard, en fonction de l'orientation que prendra ma thèse.

Cherchant une autre encyclopédie, je me souviens que le *Grande Dizionario Enciclopedico Utet* (Grand dictionnaire encyclopédique Utet) contient des articles très longs et mis à jour sur « Poétique » et d'autres sujets qui pourraient m'être utiles, mais il n'y est pas. Je me mets alors à feuilleter l'*Enciclopedia filosofica* (Encyclopédie philosophique) parue chez Sansoni. J'y trouve des articles intéressants sur « Métaphore » et « Baroque ». Le premier ne donne pas d'indications bibliographiques utiles, mais il m'apprend (et je comprendrai plus tard à quel point cette idée est importante) que tout commence avec la théorie de la métaphore d'Aristote. Le deuxième mentionne quelques livres que je retrouverai ensuite dans des ouvrages de référence plus spécifiques (B. Croce, L. Venturi, G. Getto, J. Rousset, L. Anceschi, E. Raimondi). Je les note tous, et je fais bien : je découvrirai en effet plus tard que l'étude assez importante de Rocco Montano qu'on y trouve est absente des autres sources que je consulterai ultérieurement, le plus souvent parce qu'elles lui étaient antérieures.

Arrivé à ce stade, je pense qu'il serait plus productif de consulter un ouvrage de référence plus approfondi et plus récent, et je m'empare de la *Storia della letteratura italiana* (Histoire de la littérature italienne) éditée par Emilio Cecchi et Natalino Sapegno chez Garzanti.

Outre plusieurs chapitres de différents auteurs sur la poésie, la prose, le théâtre, la littérature de voyage, etc., j'y trouve un chapitre de Franco Croce, « Critica e trattatistica del Barocco » (Écrits critiques et traités de l'époque baroque), d'une cinquantaine de pages. Je me concentre sur ce chapitre, le parcours très rapidement (je ne suis pas en train de lire des textes, mais de constituer une bibliographie) et me rends compte que les débats sur l'art poétique de l'époque baroque commencent avec Alessandro Tassoni (à propos de Pétrarque), se poursuivent avec une série d'auteurs qui discutent de l'*Adone* de Marino (Tommaso Stigliani, Scipione Errico, Angelico Aprosio, Girolamo Aleandro, Nicola Villani, etc.), avec les auteurs de traités que l'auteur appelle « baroques modérés » (Matteo Peregrini, Pietro Sforza Pallavicino) et le texte fondamental de Tesauro, véritable plaidoyer pour l'invention (*ingegno*) et la subtilité (*acutezza*) baroques (c'est, selon Franco Croce, « l'œuvre sans doute la plus exemplaire de toute la littérature théorique baroque, même à un niveau européen »), pour finir avec les écrits critiques de la fin du XVIIᵉ siècle (Francesco Fulvio Frugoni, Giacomo Lubrano, Marco Boschini, Carlo Cesare Malvasia, Gian Pietro Bellori et d'autres). Je comprends en lisant ce chapitre que ce qui m'intéresse va se concentrer sur les écrits de Sforza Pallavicino, Peregrini et Tesauro. J'en viens à la bibliographie, qui comporte une centaine de titres. Elle est classée par sujet, sans suivre l'ordre alphabétique. Je dois recourir à mes fiches pour mettre de l'ordre. Franco Croce s'intéresse à des critiques variés, de Tassoni à Frugoni, et, au fond, il serait bon de faire des fiches pour toutes les références bibliographiques qu'il mentionne. Il se peut que, pour ma thèse, je n'aie besoin que des ouvrages portant sur les auteurs baroques « modérés » et sur Tesauro, mais pour l'introduction et les notes, il me sera peut-être utile de faire référence à d'autres débats de l'époque. N'oubliez pas que vous pourrez présenter votre bibliographie initiale, lorsqu'elle sera mise au point, à votre directeur : il est censé bien connaître le sujet et vous dira tout de suite ce que vous pouvez laisser de côté et ce que vous devez impérativement lire. Si vous avez un fichier bibliographique tout prêt, vous pourrez le parcourir rapidement ensemble. Pour mon expérience, je fais abstraction de cette étape et décide de *me limiter aux ouvrages généraux sur le baroque et à la bibliographie spécifique sur les auteurs de traités*.

J'ai déjà dit comment il faut rédiger vos fiches quand la source bibliographique est lacunaire : sur l'exemple de fiche présenté page 152, j'ai laissé de la place pour inscrire le prénom de l'auteur (Ernesto ? Epaminonda ? Evaristo ? Elio ?) et le nom de l'éditeur (Sansoni ? Nuova Italia ? Nerbini ?). Après la date, il reste encore de la place pour d'autres remarques. L'abréviation qui se trouve en haut à droite a bien sûr été ajoutée par la suite (BCA : bibliothèque communale d'Alexandrie, est une abréviation que j'ai choisie moi-même), une fois que j'ai trouvé dans le catalogue par auteurs d'Alexandrie le livre de Raimondi (dont je découvre à cette occasion qu'il se prénomme Ezio !) et sa cote : « Co D 119 ».

Si je travaillais vraiment à ma thèse, je procéderais de même pour tous les autres livres. Dans les pages qui

Tableau 4
EXEMPLE DE FICHE À COMPLÉTER, RÉDIGÉE D'APRÈS
UNE PREMIÈRE SOURCE BIBLIOGRAPHIQUE LACUNAIRE

BCA
Co D119

Raimondi, E (?)
La Letteratura barocca,
Florence,   , 1961, ...

suivent, j'avancerai plus vite, mentionnant auteurs et titres sans autres indications.

Pour conclure, j'ai consulté jusqu'à présent les articles de l'*Enciclopedia Treccani* et de l'*Enciclopedia filosofica* (et j'ai choisi de noter seulement les ouvrages sur les traités italiens) et l'essai de Franco Croce. Dans les tableaux 5 et 6, vous trouverez la liste des livres et articles pour lesquels j'ai rédigé des fiches bibliographiques. Mais souvenez-vous bien : à chacune de mes indications succinctes doit correspondre une fiche complète et analytique avec des espaces libres pour les informations qui manquent ! *Les titres précédés d'un*

« *oui* » *sont ceux qui se trouvent effectivement dans le catalogue par auteurs de la bibliothèque d'Alexandrie.* Une fois terminée cette première série de fiches, je me suis en effet accordé un temps de répit que j'ai passé à fureter dans le catalogue par auteurs. Ainsi je sais désormais quels autres livres je pourrai emprunter pour compléter ma bibliographie. Comme vous pourrez le remarquer, sur les trente-huit ouvrages que j'ai notés sur des fiches, j'en ai trouvé vingt-cinq. Cela représente presque soixante-dix pour cent. J'ai ajouté à la liste d'autres ouvrages écrits par les auteurs mentionnés sur mes fiches (en cherchant à son auteur un des livres que j'avais notés, j'en ai trouvé un autre, en plus ou à la place de celui que je cherchais).

Mon choix se limitant aux seuls ouvrages portant sur les auteurs de traités, j'ai négligé, par exemple, *Idea* de Panofsky, dont d'autres sources me feront comprendre qu'il est tout aussi important pour le problème théorique qui m'intéresse. Quand j'irai consulter un autre essai du même Franco Croce, « Le poetiche del barocco in Italia » (Les poétiques du baroque en Italie), dans le volume collectif *Momenti e problemi di storia dell'estetica* (Moments et problèmes d'histoire de l'esthétique), je verrai que le même volume contient un essai trois fois plus long de Luciano Anceschi sur les poétiques européennes de l'époque baroque. Croce ne le cite pas dans son chapitre sur le baroque parce qu'il se limite à la littérature italienne. Voici un exemple de la façon dont, en remontant d'une référence au texte lui-même, on y découvre d'autres références renvoyant à d'autres textes, et ainsi de suite, de manière potentiellement infinie. Comme vous le voyez, en partant

simplement d'une bonne histoire de la littérature italienne, nous avons déjà fait un bon bout de chemin.

Jetons à présent un coup d'œil sur une autre histoire
de la littérature, celle du vieux Francesco Flora, dont la
première édition, en quatre volumes, remonte à 1940.
Ce n'est pas un auteur qui passe beaucoup de temps
sur des problèmes théoriques, il se plaît surtout à
savourer des extraits de textes. Il consacre néanmoins
tout un chapitre à Tesauro, plein de citations divertissantes, avec de nombreuses autres citations bien choi-
sies sur les procédés métaphoriques des poètes du
XVIIe siècle. Pour ce qui est de la bibliographie, on ne
peut guère s'attendre à découvrir beaucoup de choses
dans un ouvrage général qui s'arrête à 1940. J'y
retrouve quelques-uns des textes classiques déjà mentionnés, je suis frappé par le nom d'Eugenio d'Ors,
qu'il me faudra chercher, et, à propos de Tesauro, je
relève les noms de quelques auteurs d'études critiques,
C. Trabalza, T. Vallauri, E. Dervieux et L. Vigliani, que
je note sur des fiches.

Tableau 5
ÉTUDES GÉNÉRALES SUR LE BAROQUE ITALIEN RELEVÉES EN CONSULTANT TROIS LIVRES DE RÉFÉRENCE
(*Enciclopedia Treccani, Enciclopedia filosofica Sansoni-Gallarate, Storia della letteratura italiana Garzanti*)

Trouvés en bibliothèque	Cherchés dans le catalogue par auteurs	Livres du même auteur trouvés dans le catalogue
Oui	Croce, B., *Saggi sulla letteratura italiana del Seicento* (Essais sur la littérature italienne du XVIIe siècle)	
Oui		*Nuovi saggi sulla letteratura italiana del Seicento* (Nouveaux essais sur la littérature italienne du XVIIe siècle)
Oui	Croce, B., *Storia dell'età barocca in Italia* (Histoire de l'époque baroque en Italie)	
Oui		*Lirici marinisti* (Poètes marinistes) ; *Politici e moralisti del 600* (Politiques et moralistes du XVIIe siècle)
	D'Ancona, A., « Secentismo nella poesia cortigiana del secolo XV » (Le *secentismo* dans la poésie de cour du XVe siècle)	
	Praz, M., *Secentismo e manierismo in Inghilterra* (Secentismo et marinisme en Angleterre)	
	Praz, M., *Studi sul concettismo* (Études sur le conceptisme)	
Oui	Wölfflin, E., *Rinascimento e Barocco* (Renaissance et baroque)	
	Retorica e Barocco (Rhétorique et baroque)	
Oui	Getto, G., « La polemica sul barocco » (La polémique sur le baroque)	
	Anceschi, L., *Del barocco* (Du baroque)	
Oui		« Le poetiche del barocco letterario in Europa » (Les poétiques du baroque littéraire en Europe)
Oui		*Da Bacone a Kant* (De Bacon à Kant)
Oui		« Gusto e genio nel Bartoli » (Goût et génie chez Bartoli)

Trouvés en bibliothèque	Cherchés dans le catalogue par auteurs	Livres du même auteur trouvés dans le catalogue
Oui	Montano, R., « L'estetica del Rinascimento e del barocco » (L'esthétique de la Renaissance et du baroque)	
Oui	Croce, F., « Critica e trattatistica del Barocco » (Écrits critiques et traités de l'époque baroque)	
Oui	Croce, B., « I trattatisti italiani del concettismo e B. Gracian » (Les auteurs de traités italiens du conceptisme et B. Gracián)	
Oui	Croce, B., *Estetica come scienza dell'espressione e linguistica generale* (L'esthétique comme science de l'expression et linguistique générale)	
Oui	Flora, F., *Storia della letteratura italiana* (Histoire de la littérature italienne)	
Oui	Croce, F., « Le poetiche del barocco in Italia » (Les poétiques du baroque en Italie)	
	Calcaterra, F., *Il Parnaso in rivolta* (Le Parnasse en révolte)	
Oui		« Il problema del barocco » (Le problème du baroque)
	Marzot, G., *L'ingegno e il genio del Seicento* (L'*ingegno* et le génie du XVIIe siècle)	
	Morpurgo-Tagliabue, G., « Aristotelismo e barocco » (Aristotélisme et baroque)	
	Jannaco, C., *Il Seicento* (Le XVIIe siècle)	

Tableau 6
ÉTUDES PARTICULIÈRES SUR CERTAINS AUTEURS DE TRAITÉS ITALIENS DU XVIIᵉ SIÈCLE RELEVÉES EN CONSULTANT TROIS TEXTES DE RÉFÉRENCE
(*Enciclopedia Treccani, Enciclopedia filosofica Sansoni-Gallarate, Storia della letteratura italiana Garzanti*)

Trouvés en bibliothèque	Cherchés dans le catalogue par auteurs	Livres du même auteur trouvés dans le catalogue
	Biondolillo, F., « Matteo Peregrini e il secentismo » (Matteo Peregrini et le *secentismo*)	
Oui	Raimondi, E., *La letteratura barocca* (La littérature baroque)	
Oui		*Trattatisti e narratori del 600* (Théoriciens et prosateurs du XVIIᵉ siècle)
Oui	*Studi e problemi di critica testuale* (Études et problèmes de critique textuelle)	
	Marocco, C., *Sforza Pallavicino precursore dell'estetica* (Sforza Pallvicino, précurseur de l'esthétique)	
	Volpe, L., *Le idee estetiche del Card. Sforza Pallavicino* (Les idées esthétiques du cardinal Sforza Pallavicino)	
	Costanzo, M., *Dallo Scaligero al Quadrio* (De Scaligero à Quadrio)	
	Cope, J., « The 1654 Edition of Emanuele Tesauro's *Il cannocchiale aristotelico* » (L'édition de 1654 du *Cannocchiale aristotelico* d'Emanuele Tesauro)	
	Pozzi, G., « Note prelusive allo stile del cannocchiale » (Notes préliminaires sur le style du *Cannocchiale*)	
	Bethell, S. L., « Gracian, Tesauro and the Nature of Metaphysical Wit » (Gracián, Tesauro et la nature du *concetto* métaphysique)	
	Mazzeo, J. A., « Metaphysical Poetry and the Poetics of Correspondence » (La poésie métaphysique et la poétique des correspondances)	

Trouvés en bibliothèque	Cherchés dans le catalogue par auteurs	Livres du même auteur trouvés dans le catalogue
	Menapace Brisca, L., « L'arguta e ingegnosa elocuzione » (L'élocution subtile et ingénieuse)	
	Vasoli, C., « Le imprese del Tesauro » (Les entreprises de Tesauro)	
Oui		« L'estetica dell'umanesimo e del rinascimento » (L'esthétique de l'humanisme et de la Renaissance)
	Bianchi, D., « Intorno al *Cannocchiale Aristotelico* » (Autour du *Cannocchiale Aristotelico*)	
	Hatzfeld, H., « Three National Deformations of Aristotle : Tesauro, Gracián, Boileau » (Trois déformations nationales d'Aristote : Tesauro, Gracián, Boileau)	
Oui		« L'Italia, la Spagna e la Francia nello sviluppo del barocco letterario » (L'Italie, l'Espagne et la France dans le développement du baroque littéraire)
	Hocke, G. R., *Die Welt als Labyrinth* (Le monde comme labyrinthe)	
Oui	Hocke, G. R., *Manierismus in der Literatur* (Le maniérisme dans la littérature)	Traduction italienne
Oui	Schlosser Magnino, *La letteratura artistica* (La littérature artistique)	
	Ulivi, F., *Galleria di scrittori d'arte* (Galerie des critiques d'art)	
Oui		Il manierismo del Tasso (Le maniérisme du Tasse)
	Mahon, D., *Studies in 600 Art and Theory* (Études sur l'art et la théorie du XVIIe siècle)	

Je vais consulter à présent le volume collectif *Momenti e problemi di storia dell'estetica*. Je vois qu'il est édité par Marzorati : je complète ma fiche (Croce disait seulement : Milan). J'y trouve l'essai de Franco Croce sur les poétiques du baroque littéraire en Italie, analogue à celui que j'ai déjà parcouru à ceci près qu'il est antérieur et que sa bibliographie est donc moins à jour. Mais sa perspective est plus théorique, ce qui m'intéresse. En outre, le thème n'est pas limité aux auteurs de traités, comme dans l'histoire littéraire de chez Garzanti, mais il s'étend aux poétiques littéraires en général. Voici par exemple qu'il traite de Gabriello Chiabrera assez en détail, à propos duquel apparaît de nouveau le nom de Giovanni Getto, que j'avais déjà noté.

Dans le même volume de Marzorati se trouve l'essai d'Anceschi, « Le poetiche del barocco letterario in Europa » (Les poétiques du baroque littéraire en Europe), qui a presque les dimensions d'un livre. Je me rends compte aussitôt que c'est une étude très importante, parce qu'elle contextualise philosophiquement la notion de baroque dans ses différentes acceptions et me permet de comprendre les dimensions que prend le baroque dans la culture européenne, en Espagne, en Angleterre, en France et en Allemagne. À côté de noms déjà mentionnés dans l'article de Mario Praz de l'encyclopédie Treccani, j'en relève d'autres, de Bacon à Lily en passant par Sidney, Gracián, Góngora, Opitz, les théories du *wit*, de l'*agudeza* et de l'*ingegno*. Ma thèse ne se référera peut-être pas au baroque européen, mais ces notions me serviront de toile de fond. En tout cas, si je veux que ma bibliographie soit complète, elle

devra tenir compte de ces aspects. Le texte d'Anceschi
me fournit ainsi environ deux cent cinquante titres.
Sa bibliographie comporte une première liste de livres
antérieurs à 1946, puis une section organisée par années,
allant de 1946 à 1958. La première section confirme
l'importance des études de Getto et de Hatzfeld, du
volume *Retorica e Barocco* (dont j'apprends ici qu'il a
été édité par Enrico Castelli), alors que le texte de
l'article en lui-même avait déjà rappelé à mon attention
Heinrich Wölfflin, Benedetto Croce et Eugenio d'Ors.
Dans la deuxième section de sa bibliographie, je trouve
un océan de titres que – je le précise – je ne suis pas
tous allé chercher dans le catalogue par auteurs parce
que mon expérience s'est limitée à trois après-midi. J'y
apprends en tout cas que certains auteurs étrangers ont
traité le problème sous différents points de vue et ceux-
là au moins, il me faudra les chercher : ce sont Ernst
Robert Curtius, René Wellek, Arnold Hauser, Victor
Lucien Tapié. Je retrouve mention de Hocke et suis
renvoyé à un livre intitulé *Rinascimento e Barocco*
(Renaissance et baroque) d'Eugenio Battisti à propos
des relations entre le baroque littéraire et les poétiques
artistiques. L'importance de l'essai de Morpurgo-
Tagliabue est confirmée une fois de plus et je me rends
compte que je devrai consulter aussi le travail de Gal-
vano Della Volpe sur les commentateurs de la *Poétique*
d'Aristote à la Renaissance.

Cette idée devrait me convaincre de jeter un œil
(toujours dans le volume édité par Marzorati que j'ai
entre les mains) au long essai de Cesare Vasoli sur
l'esthétique de l'humanisme et de la Renaissance. J'ai
déjà rencontré le nom de Vasoli dans la bibliographie

de Franco Croce. D'après les articles des encyclopédies sur la métaphore, j'ai déjà compris (et je dois l'avoir noté) que la question de la métaphore se pose déjà dans la *Poétique* et la *Rhétorique* d'Aristote. Vasoli m'apprend à présent qu'au XVIe siècle, il y a eu une multitude de commentateurs de ces deux livres, et qu'entre eux et les auteurs de traités baroques se situent les théoriciens du maniérisme, qui abordent déjà le problème de l'*ingegno* et de la notion d'idée, que j'ai déjà vu apparaître dans les pages que je viens de parcourir sur le baroque. Je suis frappé par la récurrence de citations analogues et de noms comme celui de Julius von Schlosser. Ce long texte d'Anceschi m'incite en outre à aller voir les autres écrits de cet auteur sur le même sujet. Je prends ainsi note, chemin faisant, de *Da Bacone a Kant* (De Bacon à Kant), d'*Idea del Barocco* (L'idée du baroque) et d'un article sur « Gusto e genio del Bartoli » (Goût et génie chez Bartoli). À Alexandrie, je ne trouve que ce dernier article et le livre *Da Bacone a Kant*.

Ma thèse menace-t-elle de devenir trop vaste ? Non, mais il va me falloir resserrer soigneusement ce qui constitue son objet spécifique et travailler seulement sur un aspect donné, sans quoi je serai vraiment obligé de tout lire. Ce qui ne doit pas m'empêcher de consulter un certain nombre de ces textes, au moins pour avoir des informations indirectes qui me permettront d'avoir un aperçu d'ensemble.

Je consulte alors l'étude de Rocco Montano, « L'estetica del rinascimento e del barocco » (L'esthétique de la Renaissance et du baroque), dans le volume XI de la

Grande antologia filosofica Marzorati (Grande anthologie Marzorati de la philosophie), intitulé *Pensiero del Rinascimento e della Riforma* (Pensée de la Renaissance et de la Réforme). Je m'aperçois aussitôt qu'il ne s'agit pas seulement d'une étude mais d'une anthologie d'extraits, dont beaucoup seront très utiles pour mon travail. Et je vois une fois encore à quel point sont étroits les rapports entre les commentateurs aristotéliciens de la Renaissance, les maniéristes et les auteurs de traités baroques. Je relève aussi une référence à une anthologie en deux volumes de *Trattatisti d'arte tra Manierismo e Controriforma* (Traités d'art entre maniérisme et contre-réforme) publiée chez Laterza. En parcourant le catalogue de la bibliothèque d'Alexandrie pour trouver ce titre, je vois que la bibliothèque possède une autre anthologie, également parue chez Laterza, *Trattati di poetica e retorica del 600* (Traités de poétique et de rhétorique du XVIIe siècle). Je ne sais pas si j'aurai besoin d'informations de première main sur ce sujet, mais par prudence je note le livre. À présent, je sais qu'il existe et où le trouver.

Revenant à Montano et à sa bibliographie, je dois faire un certain travail de reconstitution, parce que ses indications sont réparties par chapitres. Je retrouve en tout cas beaucoup de noms déjà notés, je vois que je devrai consulter quelques histoires classiques de l'esthétique, comme celles de Bosanquet, de Saintsbury, de Gilbert et Kuhn, et que, si je veux m'informer sur le baroque espagnol, il me faudra recourir à l'immense *Historia de las ideas esteticas en España* (Histoire des idées esthétiques en Espagne) de Marcelino Menendez y Pelayo.

Je note par prudence les noms des commentateurs de la *Poétique* d'Aristote au XVIᵉ siècle (Robortello, Castelvetro, Scaligero, Segni, Cavalcanti, Maggi, Varchi, Vettori, Speroni, Minturno, Piccolomini, Giraldi Cinzio, etc.). Je verrai ensuite que certains d'entre eux sont présents dans l'anthologie de Montano, d'autres chez Della Volpe, d'autres encore dans l'anthologie publiée chez Laterza.

Et me voici renvoyé une fois de plus au maniérisme. La référence à *Idea* de Panofsky se fait désormais pressante, de même que celle à l'article de Morpurgo-Tagliabue, « Aristotelismo e barocco ». Je me demande si je ne ferais pas bien de m'informer davantage sur les auteurs de traités maniéristes, Serlio, Dolce, Zuccari, Lomazzo, Vasari, mais cela me conduirait aux arts plastiques et à l'architecture – quelques textes d'historiens comme Wölfflin, Panofsky, Schlosser ou le plus récent Battisti me suffiront sans doute. Je ne peux pas m'empêcher de relever l'importance d'auteurs non italiens comme Sidney, Shakespeare, Cervantes… Montano considère lui aussi Curtius, Schlosser, Hauser comme des auteurs fondamentaux, ainsi que des Italiens comme Calcaterra, Getto, Anceschi, Praz, Ulivi, Marzot, Raimondi. Le cercle se resserre. Certains noms sont vraiment mentionnés par tout le monde.

Pour me reposer, je recommence à fureter dans le catalogue par auteurs : on y trouve le célèbre livre de Curtius sur la littérature européenne et le Moyen Âge latin non pas en allemand, mais en traduction française ; j'avais déjà repéré la présence de la *Letteratura artistica* (Littérature artistique) de Schlosser en traduction italienne. Tandis que je cherche en vain la *Storia*

sociale dell'arte (Histoire sociale de l'art) d'Arnold
Hauser (il est curieux qu'elle n'y soit pas, vu qu'il en
existe une édition de poche), je trouve le volume fondamental du même auteur sur le maniérisme en traduction italienne ainsi que, pour rester dans le sujet,
Idea de Panofsky. Je trouve également *La Poetica del
500* (La poétique du XVIe siècle) de Della Volpe, *Il
secentismo nella critica* (La fortune critique du *secentismo*) de Santangelo, l'article « Rinascimento, aristotelismo e barocco » (Renaissance, aristotélisme et
baroque) de Zonta. Par l'intermédiaire du nom de
Helmuth Hatzfeld, je tombe sur un volume collectif
précieux à bien d'autres égards, *La critica stilistica e il
barocco letterario*, Atti del II Congresso internazionale
di studi italiani (La critique stylistique et le baroque
littéraire. Actes du IIe colloque international des études
italiennes), Florence, 1957. Je reste bredouille pour un
livre qui semble important : le volume de Carmine
Jannaco sur le *Seicento* (XVIIe siècle) de l'histoire littéraire Vallardi, ainsi que pour les livres de Praz, Rousset
et Tapié, le volume déjà cité *Retorica e Barocco* avec
l'essai de Morpurgo-Tagliabue, les ouvrages d'Eugenio
d'Ors et ceux de Menendez y Pelayo. Bref, la bibliothèque d'Alexandrie n'est pas la bibliothèque du
Congrès de Washington ni la Brera de Milan, mais tout
compte fait, je suis déjà sûr d'avoir trente-cinq livres,
ce qui n'est pas peu pour commencer. Et les choses ne
s'arrêtent pas là.

Diverses allusions, dans les textes que j'ai consultés,
m'ayant fait comprendre que certaines remarques des
historiens Francesco Milizia et Ludovico Antonio
Muratori et de l'humaniste Girolamo Fracastoro

avaient de l'importance pour ma thèse, je cherche également ces auteurs et découvre que la bibliothèque possède des éditions anciennes de leurs œuvres. En outre,
comme je me rends compte que, d'une manière ou d'une
autre, il va me falloir lire la *Rhétorique* et la *Poétique*
d'Aristote, je jette un œil à ces titres. Et j'ai la surprise de
voir que la bibliothèque d'Alexandrie possède une quinzaine d'éditions de la *Rhétorique*, parues entre 1515 et
1837, avec les commentaires d'Ermolao Barbaro, la traduction de Bernardo Segni, les paraphrases d'Averroès
et de Piccolomini – en plus de l'édition de la Loeb
Classical Library avec le texte grec et une traduction
anglaise. Curieusement, l'édition italienne parue chez
Laterza n'y est pas. Pour ce qui est de la *Poétique*, je
trouve ici aussi diverses éditions, avec les commentaires
de Castelvetro et Robortelli, l'édition Loeb avec le texte
grec et les deux traductions italiennes modernes de
Rostagni et Valgimigli. Cela suffit, et c'est même trop,
presque de quoi me donner envie de faire une thèse
sur un commentaire de la Renaissance sur la *Poétique*.
Mais ne divaguons pas.

Il suffit parfois de trouver un seul texte pour
résoudre toute une série de problèmes. En continuant
de consulter le catalogue par auteurs, je décide de jeter
un œil (puisqu'il y est et que cela semble être un texte
de référence) à l'article de Giovanni Getto, « La pole-
mica sul barocco » (La polémique sur le baroque), dans
le volume collectif, *Letteratura italiana. Le correnti*
(Littérature italienne. Les courants), vol. 1, Milan,
Marzorati, 1956. Et je m'aperçois tout de suite qu'il
s'agit d'une étude de presque cent pages d'une importance exceptionnelle. L'auteur y retrace en effet toute

l'histoire des polémiques sur le baroque, du XVIIᵉ siècle
à nos jours, faisant intervenir nombre de grands noms de
la vie littéraire italienne : Giovanni Vincenzo Gravina,
Ludovico Antonio Muratori, Girolamo Tiraboschi,
Saverio Bettinelli, Giuseppe Baretti, Vittorio Alfieri,
Melchiorre Cesarotti, Cesare Cantù, Vincenzo
Gioberti, Francesco De Sanctis, Alessandro Manzoni,
Giuseppe Mazzini, Giacomo Leopardi, Giosuè Carducci,
jusqu'à Curzio Malaparte et aux auteurs que j'ai déjà
notés. Getto cite de longs extraits de la plupart de ces
auteurs, ce qui résout un des problèmes que je m'étais
posés : si je veux faire une thèse sur la polémique historique sur le baroque – ce que Getto a d'ailleurs déjà
fait, et très bien fait –, il me faudra lire tous ces auteurs
et faire une thèse d'une grande originalité scientifique,
démontrant précisément que l'enquête de Getto est
insuffisante ou faite selon un point de vue erroné. Ce
genre d'entreprise demande un chercheur très expérimenté et des années de travail. Mais si je travaille sur
des textes de l'époque, ou sur des interprétations
contemporaines, personne n'exigera de moi un travail
aussi gigantesque.

Et dans ce cas, l'essai de Getto me fournira une
documentation suffisante sur tout ce qui ne constitue
pas le sujet spécifique de ma thèse mais y apparaîtra de
façon accessoire. Un article de ce genre donne lieu
à toute une série de fiches : je ferai une fiche sur
Muratori, une sur Cesarotti, une sur Leopardi et ainsi
de suite, notant les œuvres dans lesquelles ils ont formulé leurs jugements sur le baroque et recopiant le
résumé qu'en donne Getto, avec ses citations (en
ajoutant bien sûr que le texte cité est tiré de l'essai de

Getto). Si j'utilise ensuite ce matériau dans ma thèse, comme il s'agira d'informations indirectes, je devrai toujours ajouter en note : « Cité d'après Getto, etc. », non seulement par honnêteté, mais aussi par prudence – n'étant pas allé vérifier ces citations, je ne serai ainsi pas responsable des erreurs éventuelles que Getto a pu commettre. En déclarant franchement que la citation vient d'un autre chercheur, sans faire semblant d'avoir tout lu, j'aurai la conscience tranquille. L'idéal serait bien sûr d'aller vérifier dans les textes originaux toutes les citations que l'on a trouvées ailleurs, mais souvenons-nous qu'ici, nous sommes en train de donner un modèle de recherche effectuée avec peu de moyens et en peu de temps.

Les seuls auteurs dont je ne peux pas me permettre d'ignorer les textes originaux sont les auteurs de l'époque baroque *sur lesquels* portera ma thèse. Il me faut donc à présent chercher les auteurs baroques parce que, comme on l'a dit en III.1.2., une thèse doit comporter des matériaux de première main. Je ne peux pas parler de traités si je ne les ai pas lus. Je peux ne pas avoir lu les théoriciens maniéristes des arts plastiques et m'en tenir aux études critiques à ce sujet, parce qu'ils ne forment pas le cœur de mon travail de recherche, mais je ne peux pas ignorer le livre de Tesauro.

Venons-en donc aux auteurs de traités baroques. En premier lieu, il y a l'anthologie d'Ezio Raimondi parue chez Ricciardi, *Trattatisti e narratori del 600* (Théoriciens et prosateurs du XVIIe siècle), comprenant cent pages d'extraits du *Cannocchiale aristotelico*, soixante pages de Peregrini et autant de Sforza Pallavicino. Si je n'étais pas censé faire une thèse, mais un travail d'une trentaine de pages pour un examen, cette anthologie serait plus que suffisante. Mais pour ma thèse, je veux avoir les textes dans leur intégralité, au moins les suivants : Emanuele Tesauro, *Il Cannocchiale aristotelico* ; Matteo Peregrini, *Delle Acutezze* (Des subtilités) et *I fonti dell'ingegno ridotti ad arte* (Les sources de l'*ingegno* expliquées) ; cardinal Sforza Pallavicino, *Del Bene* (Du bien) et *Trattato dello stile e del dialogo* (Traité sur le style et le dialogue). En cherchant dans l'ancien catalogue par auteurs, je trouve deux éditions du *Cannocchiale*, l'une de 1670, l'autre de 1685. Quel dommage qu'il n'y ait pas l'édition originale de 1654, d'autant que j'ai lu entre-temps quelque part qu'il y avait eu des amplifications d'une édition à l'autre. Je trouve deux éditions du XIXᵉ siècle des œuvres complètes de Sforza Pallavicino. Je ne trouve rien de Peregrini, c'est un manque de chance, mais je me console avec la possibilité d'en lire soixante pages dans l'anthologie d'Ezio Raimondi.

Soit dit par parenthèse : j'avais trouvé ici et là, dans les textes critiques, des traces du livre *De l'arte istorica* (L'art de l'histoire) d'Agostino Mascardi, de 1636, un ouvrage comportant de nombreuses remarques sur l'art d'écrire mais qui n'est pas considéré comme faisant partie des traités baroques. La bibliothèque d'Alexandrie en possède *cinq* éditions, trois du XVIIᵉ siècle et deux du XIXᵉ siècle. Ne ferais-je pas bien de faire une thèse sur Mascardi ? À y bien réfléchir, la question n'est pas si incongrue. Quand on ne peut pas quitter un endroit, le mieux est de travailler avec les moyens qu'on trouve sur place. Un professeur de philosophie m'a raconté une fois qu'il avait écrit un livre sur un philosophe allemand pour la seule raison que son institut avait fait l'acquisition d'une nouvelle édition de ses œuvres complètes. Sans cela, il aurait travaillé sur un autre auteur. Ce n'est pas un exemple très brillant d'une vocation scientifique impérieuse, mais ce sont des choses qui arrivent.

Mettons un terme à notre expérience. Qu'ai-je fait à Alexandrie ? J'ai réuni une bibliographie qui comprend au bas mot trois cents titres, si je compte toutes les références que j'ai notées. Parmi elles, j'en ai trouvé une bonne trentaine à la bibliothèque d'Alexandrie, sans compter les textes originaux d'au moins deux des auteurs que je pourrais étudier, Tesauro et Sforza Pallavicino. Ce n'est pas si mal pour un petit chef-lieu de province. Est-ce suffisant pour ma thèse ?

Soyons clairs. Si je voulais faire une thèse en trois mois, en m'appuyant surtout sur des sources de seconde main, cela suffirait. Je citerais les livres que je n'ai pas trouvés d'après ceux que j'ai trouvés, et si je construis bien mon propos, il peut en résulter une thèse qui se tient. Guère originale, sans doute, mais correcte. Le problème serait cependant la bibliographie : si je n'y mets que ce que j'ai réellement lu, mon directeur pourrait me reprocher d'avoir ignoré tel ou tel texte fondamental. Quant à bluffer, on l'a vu, ce serait à la fois incorrect et imprudent.

Quoi qu'il en soit, une chose est sûre : je peux passer les trois premiers mois à travailler tranquillement sans trop me déplacer, avec quelques séances en bibliothèque et les livres que j'y aurai empruntés. N'oublions pas qu'on ne peut emprunter ni les ouvrages de référence, ni les livres très anciens, ni les revues (mais pour les articles, on peut faire des photocopies). Mais les autres livres, si. Je pourrai rester tranquillement travailler dans le Piémont de septembre à décembre, prendre connaissance de beaucoup de choses et planifier quelques séances de travail intensives dans la ville universitaire la plus proche pour les mois suivants. J'aurai le temps de lire à Alexandrie tout Tesauro et tout Sforza. On peut même se demander si je ne ferais pas mieux de tout miser sur un seul de ces deux auteurs, en travaillant directement sur le texte original et en utilisant les matériaux bibliographiques que j'ai trouvés pour constituer une toile de fond. Après quoi il s'agira d'identifier les livres que je ne peux pas me permettre d'ignorer et d'aller les chercher à Turin ou à Gênes. Avec un peu de chance, je trouverai tout ce dont j'ai besoin. Ayant choisi un sujet proprement italien, je n'aurai pas à aller, disons à Paris ou à Oxford.

Ces décisions sont malgré tout difficiles à prendre. Une fois que j'ai établi ma bibliographie, le mieux est de faire un saut pour aller voir mon directeur de thèse et lui montrer ce que j'ai rassemblé. Il pourra me donner des conseils pour restreindre mon sujet et me dire quels livres je dois absolument lire. Si certains d'entre eux ne sont pas à la bibliothèque d'Alexandrie, je demanderai au bibliothécaire si on peut les commander par le prêt interbibliothèques. Une journée de travail à la bibliothèque de l'université m'aura permis de repérer une série de livres et d'articles sans avoir eu le temps de les lire. Pour les articles, la bibliothèque d'Alexandrie pourrait écrire pour en demander des photocopies – un article important d'une vingtaine de pages me coûterait quelques euros, frais de port compris.

En théorie, je pourrais faire un autre choix. J'ai à Alexandrie les textes de deux auteurs essentiels et une quantité suffisante de textes critiques. Suffisante pour comprendre ces deux auteurs, mais pas pour dire quelque chose de neuf sur un plan historique ou philologique (si seulement il y avait la première édition du livre de Tesauro, je pourrais développer une comparaison des trois éditions parues au XVIIe siècle). Supposons que quelqu'un me conseille de prendre quatre ou cinq livres, pas plus, qui exposent des théories *actuelles* de la métaphore. Pour ma part, je conseillerais les *Essais de linguistique générale* de Jakobson, la *Rhétorique générale* du Groupe μ de Liège et *Métonymie et métaphore* d'Albert Henry. Avec ces trois livres, on a les éléments pour esquisser une théorie structuraliste de la métaphore. Et tous ces livres sont disponibles dans le commerce, ils ne coûtent pas plus d'une vingtaine d'euros à eux tous et ils sont tous traduits en italien. Je pourrais alors comparer les théories modernes de la métaphore aux théories baroques. À partir des textes d'Aristote, de celui de Tesauro accompagné d'une trentaine d'études sur lui, et des trois livres de référence contemporains, je pourrais construire une thèse intelligente, avec des aspects originaux et des références très précises au baroque, mais sans aucune prétention de découverte philologique. Le tout sans avoir quitté Alexandrie, sinon pour trouver à Turin ou à Gênes une poignée de livres fondamentaux qui me manquaient.

Ce sont là de pures hypothèses. Je pourrais même me prendre au jeu et, fasciné par ma recherche, décider de consacrer non pas un an mais trois à l'étude du baroque, quitte à m'endetter ou à chercher des bourses d'études pour étudier plus à mon aise, etc. N'espérez pas que ce livre vous dise ni ce que vous devez mettre dans votre thèse, ni ce que vous devez faire de votre vie. Ce que je voulais démontrer (et que je pense avoir démontré), c'est que *l'on peut arriver dans une biblio-thèque de province sans rien savoir, ou presque, sur un sujet et en ressortir, au bout de trois après-midi, avec des idées suffisamment claires et complètes*. Inutile donc de se lamenter en disant : « Je vis en province, je n'ai pas de livres, je ne sais pas par où commencer et je n'ai personne pour m'aider. »

Il faut bien sûr choisir des sujets qui s'y prêtent. Supposons que j'aie voulu faire une thèse sur la logique des mondes possibles chez Kripke et Hintikka. J'ai fait cet essai également, et il m'a pris fort peu de temps. Un premier examen du catalogue par matières (à l'entrée « Logique ») m'a montré que la bibliothèque possède au moins une quinzaine de livres très célèbres de logique formelle (Tarski, Lukasiewicz, Quine, quelques manuels, des études d'Ettore Casari, Wittgenstein, Strawson, etc.). Mais elle n'a évidemment rien sur les théories plus récentes de logique modale – ce sont des textes que l'on trouve surtout dans les revues spéciali-sées et que n'ont souvent pas même certaines biblio-thèques d'instituts de philosophie.

Aussi avais-je choisi exprès un sujet que nul ne pren-drait, lors de sa dernière année d'études, sans avoir quelques notions à son propos et sans avoir déjà chez lui quelques textes de base. Ce qui ne veut pas dire que ce soit une thèse pour étudiant riche. Je connais un étudiant qui ne l'était guère et qui a soutenu une thèse sur un sujet analogue en se faisant héberger par un pensionnat religieux et en achetant très peu de livres. Il est vrai qu'il pouvait y consacrer tout son temps, au prix de quelques sacrifices, mais sans être contraint de travailler par une situation familiale difficile. Il n'existe pas de thèse qui, en soi, serait destinée à des étudiants riches : même si vous choisissez d'étudier *Les Variations de la mode balnéaire à Acapulco au cours des cinq dernières années*, vous pourrez toujours trouver une fondation disposée à financer votre travail de recherche. Cela dit, certaines thèses sont impossibles à réaliser si l'étudiant se trouve dans une situation particulièrement difficile. C'est pour cette raison qu'on cherche ici à montrer comment on peut faire une thèse de quelque valeur, sinon uniquement avec les moyens du bord, du moins sans produit de luxe.

III.2.5. *Faut-il vraiment lire des livres ? Et dans quel ordre ?*

Le chapitre sur les recherches en bibliothèque et l'exemple de recherche *ab ovo* que j'ai donné donnent à penser que faire une thèse consiste avant tout à rassembler une grande quantité de livres. Mais fait-on toujours une thèse exclusivement sur des livres et à l'aide de livres ? Nous avons déjà vu qu'il existe aussi des thèses expérimentales, dans lesquelles on rend compte de recherches faites sur le terrain, menées peut-être en observant pendant des mois le comportement

d'un couple de souris dans un labyrinthe. Il me serait
difficile de donner des conseils précis pour ce genre de
thèses, dont la méthode varie en fonction de la discipline. En outre, les étudiants qui entreprennent une
thèse de ce genre travaillent déjà en laboratoire, au
contact d'autres chercheurs, et n'ont pas besoin de ce
livre. Cela étant, comme je l'ai déjà dit, même pour
ces thèses, l'expérience doit être replacée dans son
contexte par la discussion des écrits scientifiques antérieurs : dans ce cas aussi, on a donc affaire à des livres.
La même chose se produit avec une thèse de sociologie
pour laquelle l'étudiant doit passer beaucoup de temps
au contact de situations concrètes. Ici aussi, il aura
besoin de livres, ne serait-ce que pour savoir comment
ont été déjà réalisées des recherches analogues. Quant
aux thèses qui impliquent de passer en revue des
archives de journaux ou de dossiers parlementaires,
elles exigent aussi de s'appuyer sur des études
d'arrière-plan.

Il y a enfin les thèses que l'on fait en ne parlant
que de livres, comme le sont en général les thèses de
littérature, de philosophie, d'histoire des sciences, de
droit canon ou de logique formelle. Dans les universités italiennes, en particulier dans les départements de
sciences humaines, elles sont majoritaires. Un étudiant
américain qui fait des études d'anthropologie culturelle
peut bien rencontrer des Indiens près de chez lui ou
trouver un financement pour aller faire des recherches
au Congo, mais l'étudiant italien se résignera plutôt le
plus souvent à faire une thèse sur la pensée de Franz
Boas. Il y a évidemment, et toujours plus, de bonnes
thèses d'ethnologie faites en allant étudier les réalités

socioculturelles de notre pays, mais même dans ces cas, le travail de bibliothèque reste important, par exemple pour aller consulter d'anciens répertoires de folklore.

Pour des raisons bien compréhensibles, ce livre concerne la grande majorité des thèses faites sur des livres en utilisant exclusivement des livres. Il faut rappeler à ce propos qu'en général, une thèse sur des livres recourt à deux types de livres : les livres *dont* on parle et les livres *à l'aide desquels* on parle. En d'autres termes, il y a les textes qui sont les objets de la thèse et ceux qui portent sur ces textes. Dans l'exemple de la section précédente, l'objet de la thèse était les traités de l'époque baroque, et les instruments dont on se sert, toutes les études critiques qui ont été écrites à leur propos.

La question qui se pose alors est donc la suivante : faut-il affronter tout de suite les textes ou passer d'abord en revue les études critiques ? Elle peut être dépourvue de sens pour deux raisons : (a) parce que le choix dépend de la situation de l'étudiant, qui peut déjà bien connaître son auteur et vouloir l'approfondir, ou bien qui aborde pour la première fois un auteur très difficile et à première vue incompréhensible ; (b) le cercle est vicieux parce que, sans littérature critique préliminaire, le texte peut se révéler illisible, mais sans la connaissance du texte, il est difficile d'évaluer la littérature critique. Mais c'est une question raisonnable quand elle est posée par un étudiant désorienté, comme notre étudiant hypothétique lorsqu'il aborde pour la première fois les auteurs de traités baroques. Il pourra se demander s'il doit commencer tout de suite à lire

Tesauro ou s'il doit d'abord se faire les dents sur Getto, Anceschi, Raimondi et autres.

La démarche la plus sensée me paraît être la suivante : aborder tout de suite deux ou trois textes critiques des plus généraux, pour avoir une idée du fond sur lequel se détache votre auteur ; après quoi, affronter directement l'auteur original, en cherchant à le comprendre le mieux possible ; ensuite, explorer le reste de la littérature critique ; enfin, retourner à l'auteur pour l'examiner à la lumière des idées nouvelles acquises. Mais c'est un conseil très théorique. En réalité, chacun étudie aussi au rythme de ses désirs et souvent, il n'est pas dit qu'il soit mauvais de « dévorer » les textes dans le désordre. On peut procéder en zigzag, alternant les objectifs, à condition qu'un réseau serré d'annotations personnelles, de préférence sous forme de fiches, enregistre les résultats de ces mouvements « aventureux ».

Tout dépend bien sûr aussi de la structure psychologique du chercheur. Il existe des personnes *monochroniques* et des personnes *polychroniques*. Les monochroniques ne travaillent bien que s'ils commencent et finissent une chose à la fois. Ils ne peuvent lire en écoutant de la musique ni interrompre un roman pour en commencer un autre, sous peine de perdre le fil – c'est à peine s'ils peuvent répondre à des questions pendant qu'ils se rasent ou se maquillent. Les polychroniques sont tout l'opposé. Ils ne travaillent bien que s'ils mènent de front plusieurs projets à la fois, et s'ils se consacrent à une seule chose, ils succombent à l'ennui. Les monochroniques sont plus méthodiques, mais ils ont souvent peu d'imagination. Les polychroniques sont plus créatifs, mais ils sont souvent brouillons et instables. Si vous parcourez les biographies des grands auteurs, vous verrez qu'il y eut des polychroniques et des monochroniques.

IV. Le plan de travail et les fiches

IV.1 La table des matières comme hypothèse de travail

Une des premières choses à faire quand on *commence* à travailler à sa thèse est d'en écrire le titre et d'en rédiger l'introduction et la table des matières – c'est-à-dire de faire exactement ce que n'importe quel auteur fait *en dernier*. Le conseil a l'air paradoxal : pourquoi commencer par la fin ? Mais qui vous dit que la table des matières doit être placée à la fin ? Dans certains livres, elle est au début, afin que le lecteur puisse se faire tout de suite une idée de ce qu'il va trouver lors de sa lecture. De manière analogue, rédiger d'emblée la table des matières de votre thèse vous servira d'hypothèse de travail et vous aidera à en définir le domaine.

On pourra m'objecter qu'au fur et à mesure que progressera votre travail, vous serez obligé de modifier plusieurs fois cette table des matières, voire de la remanier entièrement. Sans aucun doute. Mais il est plus facile de remanier quelque chose quand on a quelque chose à remanier.

Imaginez que vous vous apprêtiez à faire un voyage en voiture de plusieurs centaines de kilomètres, pendant toute une semaine. Même si ce sont des vacances, vous ne partirez pas à l'aveuglette, en prenant la première direction venue. Vous commencerez par vous fixer un itinéraire sommaire. Vous vous direz : je vais prendre l'autoroute Milan-Naples, l'Autoroute du soleil, et je ferai quelques détours pour voir Florence, Sienne et Arezzo, un séjour un peu plus long à Rome et un crochet par Monte Cassino. Et si vous vous apercevez ensuite, au cours du voyage, que vous avez passé plus de temps que prévu à Sienne, ou bien qu'une fois à Sienne, vous voulez en profiter pour aller visiter San Giminiano, vous déciderez de ne plus aller à Monte Cassino. Ou encore, arrivé à Arezzo, vous pourriez avoir l'envie soudaine de vous diriger plein est et d'aller visiter Urbino, Pérouse, Assise, Gubbio. En fin de compte, et pour des raisons on ne peut plus sérieuses, vous aurez entièrement changé d'itinéraire à mi-chemin. Mais c'est *cet* itinéraire-*ci* que vous aurez modifié, et non pas *une absence* d'itinéraire.

Il en va de même pour votre thèse. Proposez-vous un *plan de travail*. Ce plan prendra la forme d'une table des matières provisoire. Mieux encore, cette table des matières pourra se présenter comme un sommaire dans lequel vous tenterez de donner un résumé de chacun des chapitres. Ce faisant, vous éclaircirez pour vous-même ce que vous avez l'intention de faire. Deuxièmement, vous pourrez présenter à votre directeur de thèse un projet compréhensible. Troisièmement, vous verrez bien si vous avez déjà des idées claires sur le sujet. Certains projets paraissent limpides tant qu'on se contente d'y réfléchir, mais se dissolvent entre les doigts dès qu'on commence à les rédiger. On peut avoir des idées claires sur le point de départ et sur le point d'arrivée, mais s'apercevoir qu'on ne sait pas du tout comment aller de l'un à l'autre ni ce qu'il y aura entre les deux. Une thèse, c'est comme une partie d'échecs : elle est faite d'innombrables mouvements, mais dès le départ, il faut être en mesure de prévoir les coups qui mettront l'adversaire en échec, sans quoi on n'y arrivera jamais.

Pour être plus précis, votre plan de travail comprend le *titre*, la *table des matières* et l'*introduction*. Un bon titre est déjà en soi un projet. Je ne parle pas du titre que vous avez indiqué au service des thèses, il y a bien des mois, et qui est presque toujours tellement vague qu'il autorise toutes les variations possibles ; je parle du titre « secret » de votre thèse, celui qui finit en général par en former le sous-titre. Le titre « public » d'une thèse pourra être : *L'Attentat contre Palmiro Togliatti et les informations radiophoniques*, mais son sous-titre (et son véritable sujet) sera : *Analyse de contenu visant à mettre en évidence l'utilisation de la victoire de Gino Bartali au Tour de France par les journalistes de la radio pour détourner l'attention de l'opinion publique de l'événement politique perturbateur.* Ce qui signifie qu'après avoir délimité le champ thématique, vous décidez de n'en traiter qu'un aspect particulier. La formulation de celui-ci constitue une sorte de *question* : la radio a-t-elle fait un usage particulier de la victoire de Gino Bartali à tel point qu'on peut y déceler l'intention de détourner l'attention publique de l'attentat perpétré contre Togliatti ? Et peut-on révéler cette intention par une analyse du contenu des informations radiophoniques ? C'est ainsi que le titre « secret » (transformé en question) devient une partie essentielle de votre plan de travail.

Après avoir formulé cette question, vous devrez vous fixer des étapes de travail qui correspondront à autant de chapitres de la table des matières. Par exemple :

1. Ouvrages et articles sur le sujet
2. L'événement
3. Les informations radiophoniques
4. Analyse quantitative des informations et de leurs horaires de diffusion
5. Analyse du contenu des informations
6. Conclusion

On peut aussi envisager le déroulement suivant :

1. L'événement : synthèse des différentes sources d'information
2. Les informations radiophoniques depuis l'attentat jusqu'à la victoire de Bartali
3. Les informations radiophoniques au moment de la victoire de Bartali et pendant les trois jours suivants
4. Comparaison quantitative des deux séries d'informations
5. Analyse comparée du contenu des deux séries d'informations
6. Évaluation sociopolitique

Il serait souhaitable, comme je l'ai dit, que la table des matières soit bien plus détaillée. Si vous voulez, vous pouvez la noter sur une grande feuille de papier, sur laquelle vous écrirez les titres au crayon à papier, en les effaçant au fur et à mesure pour leur en substituer d'autres, de façon à contrôler les remaniements successifs.

Une autre manière d'élaborer votre table des matières-hypothèse de travail est d'adopter une structure en arborescence :

1. Description de l'événement

2. Les informations radiophoniques
   - depuis l'attentat jusqu'à la victoire de Bartali
   - après la victoire de Bartali

3. Etc.

Cela vous permettra d'y ajouter des ramifications variées. Quoi qu'il en soit, votre table des matières-hypothèse de travail devra contenir les éléments suivants :

1. Position du problème
2. État des recherches sur le sujet
3. Votre hypothèse
4. Les données que vous fournissez à ce propos
5. Leur analyse
6. Démonstration de votre hypothèse
7. Conclusion et évocation de travaux ultérieurs

La troisième phase du plan de travail sera consacrée à rédiger une esquisse de l'introduction. Celle-ci ne sera rien d'autre qu'un commentaire analytique de la table des matières : « Dans ce travail, nous nous proposons de démontrer telle ou telle idée. Les travaux de recherche publiés jusqu'à présent sur le sujet ont laissé de nombreuses questions sans réponse et les données qui ont été recueillies dans ce domaine sont encore insuffisantes. Dans le premier chapitre, nous nous efforcerons d'établir tel point ; dans le deuxième, nous

aborderons tel autre aspect. En conclusion, nous cher-
cherons à démontrer telle et telle choses. Rappelons
que nous nous sommes donné certaines limites bien
précises. Dans ce cadre, la méthode que nous adopte-
rons est la suivante… Et ainsi de suite. »

La fonction de cette introduction fictive (fictive
parce que vous la referez un grand nombre de fois
avant d'avoir terminé votre thèse) est de vous permettre
de formuler vos idées en fonction d'une ligne directrice
qui ne pourra être modifiée qu'au prix d'un remanie-
ment conscient de la table des matières. Cela vous
aidera à contrôler vos digressions et à maîtriser les idées
impulsives qui pourraient vous venir. Cette introduction vous servira aussi à expliquer à votre directeur *ce
que vous voulez faire*. Mais elle vous servira surtout à
voir si *vos idées sont déjà structurées*. Rappelez-vous que
l'étudiant italien sort en général du secondaire, où il a
appris à écrire – du moins on le présume – parce qu'on
lui a fait rédiger des montagnes de dissertations. Après
quoi il passe quatre, cinq ou six ans à l'université où,
en général, on ne lui demande plus d'écrire, et lorsqu'il
arrive en thèse, il a complètement perdu la main [1]. Le
choc est rude et il faut prendre garde de ne pas le
repousser jusqu'au moment de la rédaction définitive.

---

1. Il en va différemment dans d'autres pays, comme les États-
Unis, où, au lieu d'examens oraux, l'étudiant écrit pour chaque
cours auquel il s'est inscrit des *papers*, ou des essais, ou encore des
« petites thèses » d'une dizaine ou d'une vingtaine de pages. C'est
un système très utile que l'on a déjà parfois adopté chez nous
(puisque les règlements n'en excluent pas tout à fait la possibilité,
la forme orale de l'examen n'étant qu'une des méthodes autorisées
aux enseignants pour évaluer les aptitudes des étudiants).

Il est indispensable de s'essayer à écrire tout de suite, et autant le faire en rédigeant ses hypothèses de travail.

Faites bien attention : tant que vous ne serez pas en mesure de rédiger une table des matières et une introduction, vous ne serez pas sûr qu'il s'agit bien de *votre* thèse. Si vous ne réussissez pas à écrire la préface, cela signifie que vous n'avez pas encore d'idées claires sur la façon de vous mettre en route. Si vous avez des idées sur la façon de vous mettre en route, c'est parce que vous avez au moins une « intuition » de l'endroit où vous voulez arriver. Et c'est justement à partir de cette intuition que vous devez écrire l'introduction, comme s'il s'agissait du compte rendu d'un travail déjà réalisé. N'ayez pas peur de vous aventurer trop loin – il sera toujours temps de revenir en arrière.

Il est clair à présent que *l'introduction et la table des matières seront constamment réécrites au fur et à mesure que progressera votre travail.* C'est ainsi. La table des matières et l'introduction finales (celles qu'on lira dans votre tapuscrit) seront différentes de celles que vous aurez écrites au début. C'est normal. Si ce n'était pas le cas, cela voudrait dire que tout le travail de recherche que vous aurez effectué ne vous aura pas apporté une seule idée nouvelle. Sans doute avez-vous beaucoup de suite dans les idées, mais il était inutile de faire une thèse.

Quelles seront les différences entre la première rédaction de l'introduction et la dernière ? Dans la dernière, vous promettrez beaucoup moins que dans la première, vous serez bien plus prudent. L'introduction définitive aura pour but d'aider le lecteur à entrer dans la thèse, en ne lui promettant que ce qu'il trouvera ensuite. L'objectif d'une introduction définitive bien faite est que le lecteur puisse s'en contenter, qu'il ait tout compris et n'éprouve plus le besoin de lire le reste. C'est un paradoxe, mais le fait est que, bien souvent, dans un livre imprimé, une bonne introduction fournit à l'auteur d'un compte rendu des idées justes et le conduit à parler du livre comme l'aurait voulu l'auteur. Mais qu'en est-il si le directeur (ou quelqu'un d'autre) lit la thèse et se rend compte que vous aviez annoncé dans l'introduction des résultats que la suite ne confirme pas ? Voilà pourquoi cette dernière version doit être prudente et ne promettre que ce que tiendra la thèse.

L'introduction sert aussi à établir ce qui sera le *centre* et ce qui sera la *périphérie* de votre thèse. C'est une distinction très importante, et pas seulement pour des raisons de méthode. On attendra de vous que vous soyez bien plus complet concernant ce que vous aurez défini comme centre que pour ce que vous avez défini comme périphérie. Si, dans une thèse sur la guerre de résistance dans le Montferrat [a], vous choisissez comme centre les mouvements des brigades des partisans de Badoglio, on vous pardonnera quelques inexactitudes ou certaines approximations à propos des « brigades Garibaldi », mais on exigera que vous connaissiez absolument tout sur les formations dirigées par Franchi et Mauri. Et réciproquement.

Pour décider de ce qui sera le centre (ou le cœur) de votre thèse, il vous faudra avoir déjà quelque idée du matériau dont vous disposerez. Voilà pourquoi le titre « secret », l'introduction fictive et la table des matières-hypothèse de travail *font partie des premières choses* à

faire, mais ne sont pas *la première*. La recherche bibliographique les précède (et nous avons vu en III.2.4.
qu'on peut la faire en moins d'une semaine, même
dans une petite ville). Souvenez-vous de notre expérience d'Alexandrie : au bout de trois jours, vous aurez
été en mesure de rédiger une table des matières qui
se tienne.

À quelle logique l'élaboration de votre table des
matières devra-t-elle obéir ? Le choix dépend du type
de thèse. Dans une thèse d'histoire, vous pourrez opter
pour un plan *chronologique* (par exemple, pour une
thèse sur *Les Persécutions des vaudois en Italie*) ou un
plan progressant *des causes aux effets* (*Les Causes du
conflit arabo-israélien*). Vous pourrez également choisir
un plan spatial (*La Répartition territoriale des bibliothèques ambulantes dans le Canavais*) ou bien comparatif-
contrastif (*Nationalisme et populisme dans la littérature
italienne pendant la Grande Guerre*). Dans une thèse à
caractère expérimental, vous pourrez adopter un plan
inductif, qui commence par exposer quelques preuves
avant de proposer une théorie ; dans une thèse à
caractère logico-mathématique, un plan de type *déduc-
tif*, présentant d'abord un exposé de la théorie, suivi
de ses applications possibles à des exemples concrets...
Parmi les ouvrages sur lesquels vous vous appuyez, vous
trouverez certainement de bons exemples de plans de
travail, à condition de les consulter dans un esprit critique, en comparant les différents auteurs et en relevant
ceux qui correspondent le mieux aux exigences du problème formulé dans le titre « secret » de votre thèse.

La table des matières établit déjà quelle sera la subdivision logique de votre thèse en chapitres, sections et

paragraphes. À propos de cette subdivision et de ses modalités, voir VI.4. Ici encore, une bonne subdivision à disjonctions binaires vous permettra de faire des ajouts sans trop modifier l'ordre initial. Ce qui donne par exemple :

1. Problème central
    1.1. Sous-problème principal
    1.2. Sous-problème secondaire
2. Développement du problème central
    2.1. Première ramification
    2.2. Deuxième ramification

Cette structure peut être représentée par un diagramme arborescent avec des lignes indiquant les sous-ramifications successives que vous pourrez ajouter sans perturber l'organisation générale du travail :

Tableau 7

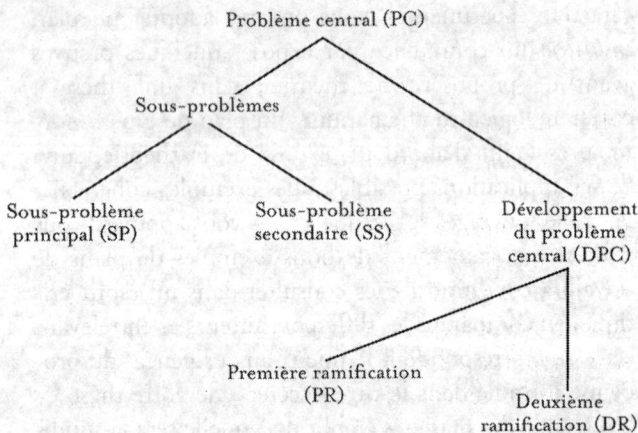

Les abréviations indiquées sous chaque subdivision ont trait à la mise en relation des fiches de travail avec la table des matières ; elles seront expliquées en IV.2.1.

Une fois que la table des matières conçue comme hypothèse de travail est en place, il vous faut procéder *en mettant constamment en relation vos fiches et les autres types de documents avec les différents points de la table des matières.* Ces corrélations doivent être claires dès le départ et être explicitées par des sigles et/ou des couleurs. Vous aurez en effet à vous en servir pour organiser les renvois internes.

Vous avez pu voir dans ce livre même des exemples de *renvois internes.* Il arrive souvent que l'on parle de quelque chose qui a déjà été traité dans un chapitre précédent et que l'on y renvoie en indiquant, entre parenthèses, le numéro du chapitre, de la section ou du paragraphe. Les renvois internes servent à ne pas répéter trop souvent les mêmes choses, mais aussi à faire ressortir la cohérence de la thèse dans son ensemble. Un renvoi interne peut signifier qu'un même concept peut être considéré de deux points de vue différents, qu'un même exemple sert à démontrer deux arguments différents, que ce qui a été dit de façon générale s'applique aussi au traitement d'un point particulier, et ainsi de suite.

Une thèse bien structurée devrait avoir quantité de renvois internes. S'il n'y en a pas, cela veut dire que les chapitres existent chacun pour soi, comme s'ils étaient sans rapport avec tout ce qui a déjà été dit dans les chapitres précédents. Il est hors de doute que certains types de thèse (des recueils de documents, par exemple) peuvent procéder ainsi, mais des renvois internes y seront malgré tout nécessaires, ne serait-ce qu'au moment de tirer les conclusions. Une table des matières-hypothèse de travail bien construite est une trame numérotée qui vous permettra d'effectuer des renvois internes sans devoir aller vérifier à chaque fois parmi vos papiers et vos notes où se trouve l'endroit où vous aviez parlé de telle ou telle chose. Comment croyez-vous que j'aie fait pour écrire le livre que vous êtes en train de lire ?

Pour refléter la structure logique de votre thèse (centre et périphérie, argument principal et ramifications, etc.), la table des matières doit être divisée en *chapitres*, *sections* et *paragraphes*. Pour m'épargner de longues explications, je vous invite à aller consulter la table des matières de ce livre. C'est un livre riche en sections et en paragraphes (et parfois en subdivisions plus fines encore, que la table des matières ne signale même pas : voir par exemple III.2.3.). Une subdivision très détaillée aide à comprendre la logique du propos.

La table des matières doit refléter l'organisation logique. Ce qui veut dire que si le point I.2.1. développe un corollaire de I.2., on doit le voir clairement dans la table des matières, comme c'est le cas ci-dessous :

TABLE DES MATIÈRES

I. Subdivision du texte
    I.1. Les chapitres
        I.1.1. Espaces
        I.1.2. Alinéas
    I.2. Les sections
        I.2.1. Différents types de titres
        I.2.2. Éventuelles subdivisions en paragraphes

II. La rédaction finale
   II.1. Faire taper le texte ou le taper soi-même
   II.2. Coût d'une machine à écrire
III. La reliure

Cet exemple montre aussi qu'il n'est pas nécessaire que chaque chapitre comprenne les mêmes subdivisions analytiques que les autres. En fonction de leurs contenus respectifs, un chapitre pourra être subdivisé en un certain nombre de paragraphes alors qu'un autre sera d'un seul tenant, avec un titre global.

Il y a des thèses qui n'appellent pas tant de divisions et où, au contraire, une subdivision trop fine romprait le fil du discours (pensez par exemple à une thèse de type biographique). Mais souvenez-vous en tout cas qu'une subdivision minutieuse vous aidera à maîtriser votre matériau et permettra au lecteur de suivre le déroulement de votre propos. Si je vois qu'une remarque est contenue dans le paragraphe I.2.2., je sais aussitôt qu'il s'agit de quelque chose qui se rapporte à la ramification 2. du chapitre I., et qui a la même importance que la remarque I.2.1.

Un dernier conseil : ce n'est que si vous avez une table des matières « en béton » que vous pouvez vous permettre de ne pas commencer la rédaction de la thèse par le début. En général, on commence par rédiger la partie sur laquelle on se sent le mieux documenté et le plus sûr de soi. Mais on ne peut le faire que si on dispose à l'arrière-plan d'une *grille d'orientation*, c'est-à-dire d'une table des matières qui sert d'hypothèse de travail.

IV.2. Fiches et notes

IV.2.1. *Les différentes sortes de fiches et leurs fonctions*

Au fur et à mesure que s'accroît votre bibliographie, vous vous mettez à lire. Ce n'est qu'en théorie qu'on achève d'élaborer une belle bibliographie complète avant de commencer à lire. En fait, dès que vous aurez réuni une première liste de titres, vous vous précipiterez sur les premiers livres que vous aurez pu emprunter. C'est même parfois par là qu'on commence : on lit un livre à partir duquel on constitue une première bibliographie. Toujours est-il que plus vous lisez de livres et d'articles, plus vos références se font nombreuses et plus votre fichier bibliographique grandit.

La situation idéale pour une thèse serait d'avoir chez soi tous les livres dont on a besoin, neufs ou anciens – et d'avoir une belle bibliothèque personnelle, ainsi qu'une pièce de travail commode et spacieuse, où l'on puisse disposer sur plusieurs tables, rangés en piles, les livres auxquels on se réfère. Mais ces conditions idéales sont plutôt rares, même pour un chercheur de profession.

Faisons néanmoins l'hypothèse que vous avez pu trouver ou acheter tous les livres nécessaires. Pour ce faire, en principe, vous n'avez pas besoin d'autres fiches que les fiches bibliographiques dont on a parlé en III.2.2. Ayant préparé un plan (ou table des matières-hypothèse de travail, cf. IV.1.) avec vos chapitres et sous-chapitres soigneusement numérotés, en lisant peu à peu les livres, vous soulignerez certaines phrases et noterez en marge des abréviations correspondant aux chapitres du plan. De même, vous indiquerez sur votre plan, à côté des titres de chapitres ou de sections, une abréviation renvoyant à un livre et à un numéro de page : vous saurez ainsi, au moment de la rédaction, où aller chercher une idée ou une citation donnée. Supposons que vous fassiez une thèse sur *L'Idée des mondes possibles dans la science-fiction américaine* et que la subdivision 4.5.6. de votre plan soit consacrée aux « Plis du temps comme passages entre les mondes possibles ». En lisant *Mindswap* [a] de Robert Sheckley dans l'édition Robert Laffont, vous trouvez au chapitre XXI, page 307, que Max, l'oncle de Marvin, a chuté dans un pli du temps alors qu'il jouait au golf sur le terrain du Fairhaven Country Club de Stanhope, et qu'il s'est retrouvé sur la planète Celsus V. Vous indiquerez donc en marge de la page 307 : « T. (4.5.6.) pli temporel ». Cela renverra à la section « (4.5.6.) » de votre thèse, « T » (vous pourriez relire et annoter de nouveau le même livre dix ans plus tard pour un autre travail, et il est bon de savoir à quel travail se réfère telle indication particulière). De même, sur votre plan de travail, vous indiquerez en regard de la section 4.5.6., à côté de renvois à *What Mad Universe* de Fredric Brown et à *The Door into Summer* de Robert A. Heinlein : « cf. Sheckley, *Mindswap*, 307 ».

Cette façon de procéder présuppose plusieurs choses : (a) que vous avez le livre en question chez vous ; (b) que vous pouvez l'annoter ; (c) que votre plan de travail a déjà pris une forme définitive. Supposez que vous n'ayez pas le livre, parce qu'il est rare et qu'on ne le trouve qu'en bibliothèque ; ou que vous l'ayez emprunté sans pouvoir l'annoter (ou, s'il vous appartient, qu'il s'agisse d'un ouvrage d'une valeur

inestimable sur lequel il est hors de question d'écrire) ;
ou encore que vous soyez contraint de restructurer peu
à peu votre plan de travail. Vous voici en difficulté. Le
dernier cas est tout à fait normal : au fur et à mesure
que votre travail avance, votre plan s'enrichit et vous
êtes amené à le modifier sans pouvoir aller changer à
chaque fois toutes les annotations inscrites dans les
marges de vos livres. Celles-ci devront donc rester très
générales, du genre : « mondes possibles ! ». Comment
compenser cette imprécision ? En vous constituant un
fichier thématique : vous créerez une série de fiches inti-
tulées, par exemple, « Plis du temps », « Parallélismes
entre mondes possibles », « Caractères contradic-
toires », « Variations structurelles », etc., et vous noterez
le renvoi précis à Sheckley sur la première fiche. Toutes
les références aux plis temporels, notées sur la même
fiche, pourront ensuite être insérées à un endroit ou à
un autre de votre plan définitif, la fiche pouvant justement être déplacée, fusionner avec d'autres fiches, être
placée avant ou après une autre, etc.

Voici donc qu'apparaît un nouveau fichier, celui des
fiches thématiques, parfaitement adapté, par exemple, à
la rédaction d'une thèse d'histoire des idées : si votre
travail sur les mondes possibles dans la science-fiction
américaine procède en énumérant les différentes façons
dont différents auteurs ont abordé différents problèmes
logico-cosmologiques, le *fichier thématique* sera l'instrument de travail idéal.

Mais supposons que vous ayez choisi d'organiser
votre thèse de manière différente, *par médaillons* : après
un chapitre d'introduction présentant votre sujet vient
une série de chapitres consacrés chacun à un des

auteurs principaux (Sheckley, Heinlein, Asimov, Brown, etc.), voire à un roman exemplaire. Dans ce cas, plutôt qu'un fichier thématique, constituez-vous un *fichier par auteurs*. La fiche Sheckley comportera tous les renvois vous permettant de retrouver les passages de ses livres dans lesquels on parle des mondes possibles. Cette fiche pourra d'ailleurs être divisée en plusieurs parties consacrées aux « Plis temporels », « Parallélismes », « Contradictions », etc.

Supposons encore que votre thèse aborde le problème de manière beaucoup plus théorique, n'utilisant les romans de science-fiction que comme références pour étudier la logique des mondes possibles. Les renvois aux textes de science-fiction auront un caractère moins systématique et seront plutôt l'occasion d'insérer des citations divertissantes. Vous aurez alors besoin d'un *fichier de citations* dans lequel, à la fiche « Plis temporels », vous noterez une phrase de Sheckley particulièrement significative, à la fiche « Parallélismes », vous recopierez la description que fait Brown de deux univers absolument identiques à ceci près que le protagoniste y noue ses lacets de chaussures de manière différente, etc.

Mais peut-être n'avez-vous lu le livre de Sheckley que chez un ami, dans une ville lointaine, longtemps avant d'avoir eu l'idée d'un plan de travail comportant des développements sur les plis temporels et les parallélismes entre différents univers. Il aura donc été nécessaire de préparer un *fichier de lecture* avec une fiche pour *Mindswap* sur laquelle vous aurez noté les références bibliographiques de ce livre, un résumé général, une série de jugements sur son importance et une série

de citations textuelles qui vous auront semblé significatives.

À ces différents fichiers s'ajoutent des *fiches de travail*
de différentes sortes : fiches de raccord entre idées et
sections du plan, fiches de problèmes (comment traiter
telle ou telle question ?), fiches de suggestions
(recueillant des idées que d'autres vous ont données,
des développements possibles), etc. Ces fiches devraient
être d'une couleur différente pour chaque série et
contenir, en haut à droite, des abréviations qui les
relient à d'autres séries de fiches et au plan général. Un
ensemble imposant.

Nous avions commencé, dans le chapitre précédent,
par un fichier bibliographique (petites fiches comportant simplement les références bibliographiques de tous
les livres utiles dont on vous signalait l'existence), et
voici qu'apparaît une série de fichiers complémentaires :

a) fichier de lecture de livres ou d'articles

b) fichier thématique

c) fichier par auteurs

d) fichier de citations

e) fichier de travail

Mais êtes-vous vraiment obligé de vous constituer
tous ces fichiers ? Évidemment pas. Vous pouvez vous
limiter à un simple fichier de lecture et noter toutes les
autres idées sur des cahiers ; vous pouvez vous contenter des seules fiches de citations parce que votre thèse
(qui porte, mettons, sur *L'Image de la femme dans la*

littérature féminine des années 1940) a un plan très précis, n'impose de lire qu'une faible quantité d'études critiques et exige essentiellement de recueillir d'abondantes citations narratives. Comme vous le voyez, le nombre et la nature des fichiers dépendent du type de thèse.

Il est essentiel en tout cas qu'un fichier donné soit complet et homogène. Supposons que, parmi les ouvrages utiles pour votre thèse, vous ayez chez vous les livres de Smith, Rossi, Braun et De Gomera, mais que vous ayez lu en bibliothèque ceux de Dupont, Lupescu et Nagasaki. Si vous ne faites de fiches que pour les trois derniers et que vous vous fiez à votre mémoire pour les autres (ayant la certitude de les avoir toujours à portée de main), comment ferez-vous au moment de la rédaction ? Travaillerez-vous en partie d'après les livres et en partie d'après vos fiches ? Et s'il vous faut restructurer votre plan de travail, où trouverez-vous vos matériaux ? Dans des livres, des fiches, des cahiers, des feuilles volantes ? Au lieu de procéder ainsi, il vous sera utile de rédiger des fiches sur les livres de Dupont, Lupescu et Nagasaki intégralement et avec beaucoup de citations, mais de faire également des fiches, plus succinctes, pour ceux de Smith, Rossi, Braun et De Gomera, éventuellement sans recopier les citations importantes dont vous indiquerez seulement les pages pour pouvoir les retrouver le moment venu. Vous travaillerez alors au moins sur un matériau homogène, facile à transporter et à manipuler. Et d'un simple coup d'œil, vous saurez ce que vous avez lu et ce qui vous reste à consulter.

Il y a des cas où il est plus pratique et utile de tout mettre sur fiches. Pensez à une thèse littéraire pour laquelle vous devez relever et commenter beaucoup de citations importantes de différents auteurs sur un même sujet. Supposons qu'elle porte sur *Le Concept de vie comme art entre romantisme et décadence*. Voici, dans le tableau 8, un exemple de quatre fiches recueillant des citations à utiliser. Chaque fiche porte en haut l'abréviation CIT (pour la distinguer d'autres types de fiches), puis le thème, « La vie comme art ». Pourquoi spécifier le thème de ma thèse, que je connais évidemment ? Parce que ma thèse pourrait évoluer de telle manière que « La vie comme art » devienne seulement une partie de mon travail ; parce que ce fichier pourrait me servir également après la thèse et être intégré dans un fichier de citations sur d'autres thèmes ; parce que je pourrais retrouver ces fiches vingt ans après et me demander à quoi diable elles pouvaient bien se rapporter. En troisième lieu, j'ai noté l'auteur de la citation : son nom de famille suffit parce qu'on suppose que vous avez déjà fait des fiches biographiques sur ces auteurs, ou que vous en avez déjà parlé au début de votre thèse. Le corps de la fiche contient ensuite la citation, d'une longueur variable, pouvant aller d'une ligne à une trentaine.

Prenons la fiche sur Whistler : la citation en français est suivie d'un point d'interrogation. Cela signifie que j'avais d'abord trouvé cette phrase dans un livre de quelqu'un d'autre sans savoir d'où elle venait, si elle était exacte ni quel en était le texte original. Plus tard, je suis tombé sur le texte anglais et je l'ai noté, avec les références. Je peux désormais utiliser ma fiche pour une citation correcte.

Dans la fiche sur Villiers de l'Isle-Adam, j'ai noté la citation en français, je sais de quelle œuvre elle vient, mais mes références sont lacunaires. Voici une fiche qu'il faudra compléter. De même pour celle de Gautier. Celle de Wilde est satisfaisante si je peux me permettre de le citer en français dans ma thèse. Si c'est une thèse d'esthétique, cela pourrait suffire. Si elle est en littérature anglaise ou en littérature comparée, je devrai compléter la fiche avec la citation en langue originale.

Je pourrais avoir trouvé la citation de Wilde dans un exemplaire que j'ai chez moi, mais malheur à moi si j'avais négligé de faire une fiche, car lors de la phase finale de mon travail je ne m'en souviendrais plus. Et malheur à moi si j'avais simplement noté sur la fiche : « voir p. 16 » sans recopier la phrase, car au moment de la rédaction, on a besoin d'avoir tous les textes sous les yeux pour insérer les citations. Si la rédaction des fiches prend donc un certain temps, elle vous en fait gagner beaucoup à la fin de votre travail.

Le tableau 9 vous donne un exemple d'un type de fiche de travail, la *fiche de raccord*, pour la thèse dont nous avons parlé en III.2.4. sur la métaphore dans les traités de l'époque baroque. J'ai mis ici l'abréviation « Racc. » et j'ai noté un sujet à approfondir, « Passage du tactile au visible ». Je ne sais pas encore si cela deviendra un chapitre, un petit paragraphe, une simple note de bas de page, ou encore (pourquoi pas ?) le sujet central de ma thèse. J'ai noté des idées à développer qui me sont venues à la lecture d'un certain auteur et j'ai indiqué quelques livres à consulter. Une fois terminée la première rédaction de la thèse, en feuilletant mon fichier de travail, je pourrais m'apercevoir que j'ai négligé

Tableau 8

FICHES DE CITATIONS

```
CIT
La vie comme art
```
Whistler

"D'habitude, la nature se trompe"
                    ?

Original:
"Nature is usually wrong"

     J. A. McNeill Whistler

     The Gentle Art of Making Enemies

    xxxxxxxx 1890

```
CIT
La vie comme art
```
Th. Gautier

"En général, dès qu'une chose devient utile,
elle cesse d'être belle."

    (Préface des Premières poésies, 1832, ...)

Tableau 8

FICHES DE CITATIONS

```
CIT
La vie comme art
```
Villiers de l'Isle Adam

"Vivre? les serviteurs feront cela pour nous"

<u>Axël</u>...

```
CIT
La vie comme art
```
Oscar Wilde

"On peut pardonner à un homme de faire une
chose utile tant qu'on ne l'admire pas. On n'a
d'autre excuse lorsqu'on fait une chose inutile
que de l'admirer intensément.
Tout art est parfaitement inutile."

(Préface au <u>Portrait de Dorian Gray</u>,
traduction de Richard Crevier, Paris,
Flammarion,"GF", 1995, p. 42)

une idée qui était pourtant importante. J'aurai alors le choix entre plusieurs solutions : remanier la thèse pour l'y intégrer ; décider que ce n'était pas la peine d'en parler ; insérer une note de bas de page pour montrer que je connais l'idée mais que je n'ai pas jugé bon de la développer ici. Et je pourrais aussi, une fois la thèse achevée et remise, décider de consacrer à ce sujet un travail ultérieur. Un fichier, rappelons-le, est un investissement que l'on fait à l'occasion de la thèse mais qui, si l'on poursuit des études, nous servira au cours des années suivantes, voire parfois plusieurs décennies après.

Nous ne pouvons pas nous étendre davantage sur les différentes sortes de fiches. Contentons-nous donc de parler de la rédaction de fiches sur les sources primaires et des fiches de lecture à propos des études critiques.

Tableau 9
FICHE DE RACCORD

```
Racc.
Passage du tactile au visible
```

```
Cf. Hauser, Storia sociale dell'arte, II, 267
Hauser cite Wölfflin pour le passage
du tactile au visible de la Renaissance
au baroque: linéaire vs pictural, surface
vs profondeur, fermé vs ouvert, clarté absolue
vs clarté relative, multiplicité vs unité.
On retrouve ces idées dans Il romanzo senza
idillio de Raimondi, mises en relation
avec les théories récentes de McLuhan
(La Galaxie Gutemberg) et de Walter G. Ong.
```

IV.2.2. *Les fiches des sources primaires*

Les fiches de lecture sont utiles pour les études critiques, mais je n'en ferais pas usage pour les sources primaires, ou du moins pas du même type de fiches. En d'autres termes, si vous préparez une thèse sur Flaubert, il est normal de rédiger des fiches sur tous les livres et les articles portant sur Flaubert que vous réussirez à trouver, mais il serait étrange d'en rédiger sur *Madame Bovary* ou *Salammbô*. Et il en irait de même si vous faisiez une thèse sur quelques articles du Code civil ou une thèse d'histoire des mathématiques sur le programme d'Erlangen de Felix Klein.

L'idéal est d'avoir ses sources primaires sous la main. Ce qui n'est pas difficile s'il s'agit d'œuvres classiques dont il existe de bonnes éditions critiques ou d'œuvres modernes faciles à trouver en librairie. C'est un investissement indispensable. Les livres qui *vous* appartiennent peuvent être soulignés, même en couleurs variées. Disons brièvement à quoi cela sert.

Souligner personnalise le livre. Ces marques sont les traces de votre intérêt. Cela vous permet, en reprenant ce livre même longtemps après, de retrouver d'un coup d'œil ce qui vous avait intéressé. Mais il faut souligner avec discernement. Il y a des lecteurs qui soulignent tout – c'est comme s'ils ne soulignaient rien. D'autre part, il se peut qu'il y ait, dans une même page, des informations qui vous intéressent à différents titres. Il faut alors différencier les soulignages.

Variez les couleurs. Utilisez des crayons à pointe fine et attribuez une couleur à chaque sujet : ce seront les mêmes couleurs que vous noterez sur votre plan de travail et sur vos différentes fiches. Cela vous sera utile lors de la rédaction : vous saurez d'emblée que le rouge se réfère aux passages pertinents pour le premier chapitre, le vert pour le deuxième, etc.

Associez des abréviations aux couleurs (ou utilisez des abréviations au lieu de couleurs). Pour reprendre notre exemple d'une thèse sur les mondes possibles dans la science-fiction, marquez « PT » ce qui concerne les plis temporels, « C » les contradictions entre mondes alternatifs, etc. Si la thèse concerne plusieurs auteurs, attribuez une abréviation à chaque auteur.

Utilisez des abréviations pour signaler l'importance des informations. Un signe vertical dans la marge avec l'annotation IMP signalera un passage *très important* dont vous n'aurez pas besoin de souligner toutes les lignes. CIT pourra signifier qu'il s'agit d'un passage à citer entièrement. CIT/PT signifiera que c'est une citation idéale pour illustrer le problème des plis temporels.

Annotez les points sur lesquels vous devrez revenir. Lors d'une première lecture, certaines pages vous paraîtront obscures. Vous pouvez marquer en haut de la page un grand R (revoir), signalant que vous devrez y revenir lors de la phase d'approfondissement, quand la lecture d'études critiques aura déjà clarifié vos idées.

Quand est-ce qu'il faut ne rien souligner ? Quand le livre n'est pas à vous, évidemment, ou s'il s'agit d'une édition rare d'une grande valeur sur laquelle vous ne pouvez pas vous permettre d'écrire. Dans ces cas, photocopiez les pages qui vous intéressent et soulignez sur les photocopies. Ou bien reportez sur un cahier les passages saillants accompagnés de commentaires. Ou encore constituez un fichier exprès pour les sources primaires, mais c'est un gros travail, parce qu'il faut ficher tout le texte page par page. Passe encore si la thèse porte sur *Le Grand Meaulnes*, qui est un roman assez bref : mais s'il s'agit d'une thèse sur la *Science de la logique* de Hegel ? Et si, pour revenir à notre expérience de la bibliothèque d'Alexandrie (III.2.4.), vous devez rédiger des fiches pour l'édition du XVIIe siècle du *Cannocchiale aristotelico* de Tesauro, qui compte plus de 700 pages ? Mieux vaudra recourir aux photocopies ou à un cahier de notes, en employant différentes couleurs et abréviations.

Complétez vos soulignages par des marque-pages autocollants, comportant abréviations et signes de couleurs sur la partie qui sort du livre.

Gare à l'alibi des photocopies ! Les photocopies sont un instrument indispensable, que ce soit pour conserver un texte déjà lu en bibliothèque ou pour avoir chez soi un texte que l'on n'a pas encore lu. Mais elles font souvent fonction d'alibi. On ramène chez soi une centaine de pages photocopiées et la manipulation du livre pour les réaliser donne l'impression de le posséder déjà. Avoir des photocopies dispense de les lire. Cela arrive à beaucoup de gens. Il y a une sorte de vertige de l'accumulation, un néo-capitalisme de l'information. Méfiez-vous des photocopies : dès que vous avez photocopié un article, lisez-le et annotez-le aussitôt. Si vous n'êtes pas vraiment dans l'urgence, ne photocopiez rien de nouveau avant d'avoir *possédé* (c'est-à-dire lu et annoté) la photocopie précédente. Il y a des choses que *je ne sais pas* parce que j'ai eu la possibilité de photocopier tel ou tel texte : ce faisant, j'ai eu l'impression de les avoir déjà lus.

Si le livre est à vous et qu'il n'a pas de valeur biblio-philique, n'hésitez pas à l'annoter. Ne croyez pas ceux qui vous disent qu'il faut respecter les livres. On respecte les livres en les utilisant, et non en les laissant de côté. Si vous voulez le revendre à un bouquiniste, même si vous ne l'avez pas annoté, il ne vous en donnera que quelques sous – autant y laisser les traces de votre lecture.

Réfléchissez à toutes ces choses avant de choisir le sujet de votre thèse. S'il vous contraint à utiliser des livres inaccessibles, de plusieurs milliers de pages, sans possibilité de les photocopier et sans que vous ayez le temps de remplir des cahiers entiers de transcriptions, changez de sujet.

IV.2.3. *Les fiches de lecture*

Parmi toutes les sortes de fiches, les plus habituelles et, en fin de compte, les plus *indispensables* sont les fiches de lecture : c'est-à-dire les fiches sur lesquelles vous notez avec précision toutes les références bibliographiques concernant un livre ou un article, vous en rédigez un résumé, en tirez quelques citations-clefs, formulez une appréciation à son propos et ajoutez une série de remarques.

La fiche de lecture est la version perfectionnée de la petite fiche bibliographique décrite en III.2.2. Cette dernière contient uniquement les indications utiles pour trouver le livre alors que la fiche de lecture, bien *plus grande*, contient toutes les informations sur le livre ou l'article. Pour celles-ci, vous pourrez utiliser des formats standard ou les constituer vous-mêmes, mais en général, il faudrait qu'elles aient la taille d'une feuille de cahier à l'horizontale ou d'une demi-feuille de papier A4. Il vaut mieux qu'elles soient en papier cartonné pour pouvoir être feuilletées dans leur boîte ou réunies en paquets par des élastiques, et dans un matériau sur lequel la plume court aisément et qui permette d'écrire au stylo-bille ou au stylo-plume sans que l'encre soit absorbée ou répandue. Leur structure devra être plus ou moins celle des fiches données en exemple dans les tableaux 10 à 17.

Rien n'interdit, et c'est même vivement recommandé, que les livres importants ne remplissent plusieurs fiches, soigneusement numérotées, comportant chacune au recto les références abrégées du livre ou de l'article en question.

Les fiches de lecture concernent les écrits critiques. Je ne conseillerais pas d'en faire pour les sources primaires, comme on l'a dit dans la section précédente.

Il y a de nombreuses façons de rédiger une fiche sur un livre. Cela dépend notamment de votre mémoire : il y a des personnes qui doivent tout écrire, et d'autres à qui une note rapide suffit. La méthode habituelle consiste à y faire figurer les éléments suivants :

a) *indications bibliographiques précises*, si possible plus complètes que celles de la fiche bibliographique : celle-ci servait à chercher le livre, la fiche de lecture vous sert à en parler et à le citer comme il faut dans la bibliographie définitive. Quand vous en êtes à rédiger la fiche de lecture, vous avez le livre en main et pouvez donc relever toutes les informations possibles, nombre de pages, éditions, informations sur l'éditeur, etc.

b) *notice sur l'auteur*, quand ce n'est pas une autorité reconnue.

c) *résumé bref (ou long) du livre ou de l'article*.

d) *longues citations*, entre guillemets, des passages que vous présumez devoir citer (mais aussi de quelques autres en plus), en indiquant avec précision les pages où ils se trouvent ; *attention à ne pas confondre citation et paraphrase* (voir V.3.2.) !

e) *commentaires personnels*, à la fin, au début, au milieu du résumé. Pour ne pas risquer de les confondre avec les idées de l'auteur, mettez-les entre crochets droits, et en couleurs.

f) mettez en haut de votre fiche une abréviation ou une couleur qui la rattache à la partie correspondante de votre plan de travail. Si une fiche renvoie à plusieurs parties, mettez plusieurs abréviations, et si elle renvoie à l'ensemble de votre thèse, signalez-le d'une manière ou d'une autre.

Pour ne pas continuer à donner des conseils purement théoriques, prenons quelques exemples concrets
de fiches, présentés dans les tableaux 10 à 17. Pour ne
pas devoir inventer des sujets et des méthodes, je suis
allé repêcher les fiches de ma thèse de *laurea* qui portait
sur *Le Problème esthétique chez saint Thomas d'Aquin*.
Je ne prétends pas que ma méthode de rédaction des
fiches soit la meilleure : mes fiches vous donnent
l'exemple d'*une* méthode comprenant différents types
de fiches. Vous verrez également que je n'étais pas aussi
précis que je vous recommande de l'être. Il manque de
nombreuses indications, d'autres sont trop elliptiques.
Ce sont des choses que j'ai apprises par la suite. Mais
il n'est pas dit que vous deviez commettre les mêmes
erreurs que moi. Je n'ai changé ni le style de mes fiches,
ni leur naïveté. Prenez ces exemples pour ce qu'ils
valent. Remarquez encore que j'ai choisi des fiches
brèves et que j'ai écarté celles qui se rapportaient à
des œuvres fondamentales pour mon travail : celles-
ci occupaient jusqu'à *dix fiches chacune*. Prenons ces
exemples un par un :

Fiche *Croce*. – Il s'agissait d'un bref compte rendu
dont l'importance tenait à son auteur. Comme j'avais
déjà trouvé le livre dont rendait compte Benedetto
Croce, j'ai seulement noté une opinion très significative. Notez bien la remarque finale, entre crochets :
c'est vraiment ainsi que j'ai procédé, deux ans après.

Fiche *Biondolillo*. – Fiche polémique, avec toute
l'irritation du néophyte qui voit son sujet méprisé. La
rédiger ainsi devait me permettre d'insérer éventuellement une note polémique dans mon travail.

Fiche *Glunz*. – Gros livre, consulté rapidement avec l'aide d'un ami allemand pour bien comprendre de quoi il parlait. Il n'était pas directement pertinent pour mon travail, mais pouvait me fournir la matière d'une note intéressante.

Fiche *Maritain*. – Un auteur dont je connaissais déjà le livre fondamental, *Art et Scolastique*, mais en qui j'avais peu confiance. J'ai noté de ne pas me fier à ses citations sans être allé les contrôler.

Fiche *Chenu*. – Bref essai d'un chercheur sérieux sur un sujet très important pour mon travail. J'en ai tiré toute la substance. C'était un cas classique de sources de seconde main : j'ai noté où je pouvais aller les vérifier directement. Plus qu'une fiche de lecture, c'était un complément bibliographique.

Fiche *Curtius*. – Livre important, dont je n'avais besoin de lire qu'une seule section. J'étais pressé et j'ai juste parcouru en vitesse le reste du livre. Je l'ai lu après avoir fini ma thèse, pour d'autres raisons.

Fiche *Marc*. – Un article intéressant dont j'ai extrait la substance.

Fiche *Segond*. – Fiche « de liquidation ». Il me suffisait de savoir que ce travail ne m'était pas utile.

En haut à droite, vous verrez des abréviations. Quand j'ai mis des lettres minuscules entre parenthèses, cela signifie qu'il y avait des points colorés. Je n'ai pas besoin de vous expliquer à quoi renvoyaient les abréviations et les couleurs, l'important est de savoir qu'il y en avait.

Tableau 10
FICHES DE LECTURE

Croce, Benedetto   Th. Gén. (r)
Compte-rendu de Nelson Sella, Estetica musicale in S. Tommaso d'Aquino (L'esthétique
musicale chez saint Thomas d'Aquin) (v. fiche)
La critica 1931, p. 71

Croce loue le soin et la modernité des convictions esthétiques avec lesquels Sella
aborde le sujet. Mais il affirme à propos de ST:

"...le fait est que ses idées sur le beau et sur l'art ne sont pas vraiment fausses,
mais très générales, raison pour laquelle on peut toujours, en un certain sens, les
accepter ou les adopter. Ainsi de ces idées qui attribuent à la pulchritudo, ou beauté,
l'intégrité, ou perfection, ou consonance, et la clarté, c'est-à-dire la netteté des
couleurs. Ainsi de cette autre idée selon laquelle le beau concerne la puissance
cognitive; et même la doctrine disant que la beauté de la créature est ressemblance
de la beauté divine participant aux choses. Le point essentiel est que les problèmes
esthétiques ne constituaient pas l'objet d'un intérêt véritable et authentique, ni pour
le Moyen Âge en général, ni pour saint Thomas en particulier, dont l'esprit séventuait
à résoudre d'autres questions: d'où le fait qu'il se satisfaisait de généralités. C'est
pourquoi les travaux sur l'esthétique de saint Thomas et d'autres philosophes médiévaux
sont peu féconds et se lisent avec peine, surtout quand ils ne sont pas écrits avec la
modération et la belle élégance de Sella (et d'ordinaire ils ne le sont pas)".

[La réfutation de cette thèse peut me servir de thème introductif.
Ses paroles finales de caution]

Tableau 11
FICHES DE LECTURE

Hist. Gén. (r)

Biondolillo, Francesco
"L'estetica e il gusto nel Medioevo" (L'esthétique et le goût au Moyen Âge),
chapitre II de Breve storia del gusto e del pensiero estetico (Brève histoire du goût
et de la pensée esthétique), Messine, Principato, 1924, 29 pages

Biondolillo ou De la myopie du gentillanisme.
Survolons l'introduction, vulgarisation de la parole de Giovanni Gentile à l'intention
des jeunes âmes. Passons au chapitre sur le Moyen Âge: saint Thomas est liquidé en
18 lignes. "Au Moyen Âge, avec la suprématie de la théologie, dont la philosophie était
considérée comme la servante, (...) le problème artistique perdit l'importance qu'il avait
acquise en particulier par les œuvres d'Aristote et de Plotin" [Manque de culture
ou mauvaise foi? Faute de Biondolillo ou de l'école? Poursuivons:] "Nous arrivons
donc au Dante de la maturité qui, dans le Convivio (II, 1), n'attribuait pas moins de
quatre significations à l'art [il expose la théorie des quatre sens, ignorant que Beda
le répétait déjà; il ne sait vraiment rien] (...) Et cette quadruple signification, Dante
et d'autres crurent qu'elle se trouvait dans la Divina Commedia, laquelle pourtant n'a
de valeur artistique que quand, et seulement dans cette mesure, elle est l'expression
pure et désintéressée d'un univers intérieur propre, et que Dante s'oublie complètement
dans sa vision". [Pauvre Italie! Et pauvre Dante, qui s'est efforcé pendant toute sa vie
de chercher des sens figurés, et voilà celui-là qui vient dire qu'il n'y en avait pas,
qu'on a seulement "cru"...qu'ils se trouvaient" alors qu'il n'en était rien. À citer comme
monstruosité d'historien.]

Tableau 12
FICHES DE LECTURE

Glunz, H.H.   Th. Gén. Litt. (r, b)
Die Literarästhetik des europäischen Mittelalters (L'esthétique littéraire du Moyen Âge européen)
Bochum-Langendreer, Poppinghaus, 1937, 608 pages

La sensibilité esthétique existait au Moyen Âge et les œuvres des poètes médiévaux doivent être lues à la lumière de cette sensibilité. L'étude est centrée sur la conscience que le poète pouvait avoir alors de son art.

Il en ressort une évolution du goût médiéval:

VIIe et VIIIe s.: — les doctrines chrétiennes sont inscrites dans les formes vides de l'Antiquité classique.

IXe et Xe s.: — les fables antiques sont utilisées pour exprimer l'éthique chrétienne.

XIe s.: — l'ethos chrétien proprement dit apparaît (œuvres liturgiques, vies des saints, paraphrases de la Bible, primat de l'au-delà).

XIIe s.: — le néo-platonisme apporte une vision plus humaine du monde: tout reflète Dieu à sa manière propre (l'amour, les activités professionnelles, la nature). Le courant allégorique se développe (d'Alcuin aux victoriniens et à d'autres).

XIVe s.: — tout en restant au service de Dieu, la poésie, de morale qu'elle était, devient esthétique. De même que Dieu s'exprime dans la création, ainsi le poète s'exprime-t-il lui-même, ses pensées, ses sentiments (Angleterre, Dante, etc.).

De Bruyne a publié un compte rendu de ce livre dans la Re. néosc. de phil., 1938: 11 remarque que cette division de l'évolution en époques est fragile parce que les différents

Tableau 12 bis
FICHES DE LECTURE

● Glunz 2

courants sont toujours présents en même temps [c'est la thèse qu'il développe dans ses Études: je le soupçonne d'une manque de sens historique, il croit trop en la Philosophia perennis!] La civilisation artistique médiévale est polyphonique.

De Bruyne critique Glunz parce qu'il ne s'est pas intéressé au plaisir formel de la poésie: les médiévaux en avaient un très vif, comme le montrent leurs arts poétiques. Et puis, selon lui, cette esthétique littéraire faisait partie d'une vision esthétique plus générale que Glunz ignore, esthétique dans laquelle convergeaient la théorie pythagoricienne des proportions, l'esthétique qualitative augustinienne (modus, species, ordo) et l'esthétique dionysienne (claritas, lux). Le tout soutenu par la psychologie des victoriniens et la vision chrétienne de l'univers.

Tableau 13
FICHES DE LECTURE

Maritain, Jacques
"Signe et symbole"
Revue thomiste, avril 1938, p. 299

Th. Symb. (v)

Souhaitant qu'un travail de recherche approfondi soit mené sur le sujet (du Moyen Âge à nos jours), il se propose d'aborder la théorie philosophique du signe et les réflexions sur le signe magique. (Insupportable comme d'habitude: il modernise sans faire de philologie: voilà par exemple qu'il ne remonte pas à ST, mais à Jean de Saint-Thomas) Il développe la théorie de Jean (voir ma fiche): "Signum est id quod repraesentat ~~aliud~~ a se potentiae cognoscenti" (Log. II, P, 21,1). "(Signum) essentialiter consistit in ordine ad signatum"

Mais le signe n'est pas toujours l'image, et vice versa (le Fils est image et non signe du Père, le cri est signe et non image de la douleur). Jean ajoute: "Ratio ergo imaginis consistit in hoc quod procedat ab alio ut a principio, et in similitudinem ejus, ut docet S. Thomas, I, 35 et XCXIII" (???)

Maritain dit alors que le symbole est un signe-image: "quelque chose de sensible signifiant un objet en raison d'une relation présupposée d'analogie" (303)

Il me suggère de consulter ST, De Ver. VIII, 5 et C.G. III, 49.

Maritain développe ensuite des idées sur le signe formel, le signe instrumental, le signe pratique, etc., et sur le signe comme acte de magie (partie très documentée). Il évoque à peine l'art [mais on trouve déjà ici ces allusions aux racines inconscientes et profondes de l'art que développera son livre Creative Intuition]. Ce qui suit est intéressant pour une interprétation thomiste: "...dans

Tableau 13 bis
FICHES DE LECTURE

Maritain 2

l'oeuvre d'art se rencontrent le signe spéculatif (l'oeuvre manifeste autre chose qu'elle)
et le signe poétique (elle communique un ordre, un appel); non qu'elle soit formellement
signe pratique, mais c'est un signe spéculatif qui par surabondance est virtuellement
pratique: et elle-même, sans le vouloir, et à condition de ne pas le vouloir, est
aussi une sorte de signe magique (elle séduit, elle ensorcelle)" (329)

Tableau 14
FICHES DE LECTURE

Th. Im. fant. (s)

Chenu, M.D.
"Imaginatio - Note de lexicographie philosophique"
<u>Miscellanea Mercati</u>, Vatican, 1946, p. 593

Différents sens du terme. Surtout le sens augustinien: "Imaginatio est vis animae, quae per figuram corporearum rerum absente corpore sine exteriori sensu ⬤ dignoscit" (ch. 38 du De ⬤ spiritu et anima qu'on peut attribuer en partie à Isaac de l'Etoile et en partie à Hugues de Saint-Victor et à d'autres). Dans le De unione corporis et spiritus d'Hugues (PL, 227, 285), il est question de la sublimation d'une donnée sensible en une donnée intelligible qu'accomplit l'imaginatio. Dans cette perspective mystique, on appelle formatio intelligible l'illumination de l'esprit et l'enchaînement dynamique des puissances. Le rôle de l'<u>imaginatio</u> dans ce processus de formatio mystique se retrouve chez Bonaventure (<u>Itinerarium</u>): sensus, imaginatio (=sensualitas), ratio, intellectus, intelligentia, apex mentis. L'imaginatio intervient dans la production de l'intelligible, objet de l'intellectus, tandis que l'intelligentia entièrement purifiée des liens sensibles saisit l'intellectible.

Boèce adopte la même distinction. L'intelligible est le monde sensible, tandis que l'intellectible est Dieu, les idées, la <u>hylé</u> (matière), les premiers principes. Voir <u>Comm. in Isag. Porph.</u>, I, 3. Hughes de Saint-Victor résume cette position dans le Didasc. Gilbert de la Porrée rappelle que beaucoup de gens emploient le terme <u>opinio</u> pour désigner <u>imaginatio</u> et <u>intellectus</u>: c'est ce que fait Guillaume de Conches. L'<u>imago</u> est forma, mais plongée dans la matière, et non forma pure.

Tableau 14 bis
FICHES DE LECTURE

Chenu 2

Et nous voici à Thomas!

Pour lui, en accord avec les Arabes (De ver., 14, 1), l'imago est apprehensio quidditatis simplicis, quae alio _{etiam} nomine formatio dicitur (in I Sent, 19,5,1 ad 7). [Mais alors c'est la simplex apprehensio!!!] Imaginatio traduit l'arabe taṣawor, dérivé de ṣurat (image), qui signifie aussi forme, du verbe ṣawara (former, forger, mais aussi peindre et concevoir). [Très important, à revoir!!!!]

La νόησις d'Aristote devient la formatio: former en soi-même une représentation de la chose.

C'est pourquoi chez ST (I Sent, 8,19): "Primo quod cadit in imaginatione intellectus est ens". Puis Aristote, dans le De Anima, introduit la définition fameuse de la phantasia. Mais ~~~~~ pour les médiévaux, la phantasia signifiait sensus communis et imaginatio était la virtus cogitativa.

Seul Gundissalvi s'efforce d'affirmer: sensus communis = virtus imaginativa = phantasia. [Quel chaos! Il faut contrôler tout ça]

Tableau 15
FICHES DE LECTURE

Curtius, Ernst Robert   Th. Gén.
Europäische Literatur und lateinisches Mittelalter (La Littérature européenne
et le Moyen Âge latin), Bern, Francke, 1948
En particulier ch. 12, section 3

Grand livre. Pour l'instant, seule me sert la page 228.
Curtius tend à démontrer que les scolastiques avaient un concept de la poésie dans toute
sa dignité, sa capacité révélatrice, son approfondissement de la vérité, et que ce concept
était vivant chez Dante et les poètes du xive siècle. [en quoi il a raison]
Chez Albert le Grand, par exemple, la méthode scientifique (modus definitionis, divisivus,
collectivus) s'oppose à la méthode poétique de la Bible (histoire, parabole, métaphore).
Le modus poeticus étant dernier des modes philosophiques. [il y a quelque chose comme
ça chez ST, aller vérifier!!!]
Et de fait, voici que Curtius renvoie à saint Thomas (I, 1, 9 ad 1) et à la distinction de
la poésie comme infima doctrina! (voir fiches)
Somme toute, la scolastique ne s'est jamais intéressée à la poésie et n'a produit aucune
poétique [c'est vrai pour la scolastique, mais pas pour le Moyen Âge] et aucune théorie de
l'art [ce n'est pas vrai]. Il est donc dénué de sens et d'intérêt de s'efforcer d'en dégager
une esthétique littéraire et des arts plastiques. La condamnation tombe à la note 1,
p. 229: "L'homme moderne surestime démesurément l'art parce qu'il a perdu le sens
très clair de la beauté intelligible qu'avaient le néo-platonisme et le Moyen Âge.
Sero te amavi, pulchritudo tam antiqua et tam nova, dit Augustin à Dieu (Conf., X, 27, 38).
Il s'agit ici d'une beauté

Tableau 15 bis
FICHES DE LECTURE

Curtius 2

que l'esthétique ignore complètement [sans doute, mais qu'en est-il du problème de la participation du Beau divin aux êtres?] Quand la scolastique parle de la beauté, elle entend par là un attribut de Dieu. La métaphysique du Beau (voir Plotin) et la théorie de l'art n'ont rien à voir l'une avec l'autre "c'est vrai mais elles se rencontrent sur le terrain neutre d'une théorie de la forme] [Attention, Curtius n'est pas Biondolillo! Il ne connaît pas certains textes philosophiques de raccord, mais c'est quelqu'un qui sait de quoi il parle. À réfuter avec respect.]

Tableau 16
FICHES DE LECTURE

Marc, A.   Th. Tom. Gén. Transc. (r)
"La méthode d'opposition en ontologie thomiste"
<u>Revue néoscolastique</u>, 1931, p. 149

Article théorique, mais qui contient des suggestions utiles.
Le système thomiste fonctionne selon un jeu d'oppositions qui lui donne vie. De l'idée
première de l'être (où l'esprit et le réel se rencontrent dans un acte cognitif qui
permet d'atteindre cette réalité première qui les dépasse tous deux) aux transcendantaux
conçus en opposition mutuelle: identité et diversité, unité et multiplicité, contingence
et nécessité, être et non-être forment l'Unité. En relation avec l'intelligence comme
expérience intérieure, l'être est Vérité; en relation avec la vérité comme appétence
extérieure, il est Bonté: "une notion synthétique concilie en elle divers aspects
et révèle l'être relatif à la fois à l'intelligence et à la volonté, intérieur et
extérieur à l'esprit: c'est le Beau. À la simple connaissance il ajoute la complaisance
et la joie, tout comme il ajoute au bien la connaissance: il est la bonté du vrai,
la vérité du bien, la splendeur de tous les transcendantaux réunis" – citation
de Maritain (154).

La démonstration se poursuit sur cette voie:

Tableau 16 bis
FICHES DE LECTURE

Marc 2

Être:

a. Transcendantaux

2. Analogie comme composition de la multiplicité dans l'unité
   Acte et puissance   [ici il est très proche de Grenet, ou inversement]
   Être et essence

3. Les attributs: l'être est dans la mesure où nous l'affirmons – et nous
   l'affirmons dans la mesure où il est
   Substance: individuation etc.

   La relation

Par l'opposition et la composition de tous les contraires, on rejoint l'unité. Ce qui était
un scandale pour la pensée la conduit pourtant au système.
[à utiliser pour quelques idées sur les transcendantaux.
Voir aussi les idées sur la joie et la complaisance pour le chapitre sur la vision
esthétique pour laquelle pulchra dicuntur quae visa placent]

Tableau 17
FICHES DE LECTURE

Th. Lux, Clar. (g)

Segond, Joseph
"Esthétique de la lumière et de l'ombre"
Revue thomiste, 4, 1939, p. 743

Une étude sur la lumière et sur l'ombre, mais comprises dans un sens physique.
Sans référence à la doctrine thomiste.
Aucun intérêt pour moi.

IV.2.4. *L'humilité scientifique*

Ne vous laissez pas impressionner par le titre de cette section. Il ne s'agit pas de ratiocinations éthiques. Il s'agit d'une question de méthode pour la lecture et la rédaction de fiches.

Parmi les exemples de fiches que je viens de vous donner, vous aurez remarqué un cas où, jeune chercheur, je me moquais d'un auteur et lui réglais son compte en quelques mots. Je suis encore convaincu que je n'avais pas tort et qu'en tout cas, je pouvais me le permettre parce que celui-ci avait évacué en dix-huit lignes un sujet très important. Mais il s'agissait d'un cas limite. Et cela ne m'a pas empêché de faire une fiche sur son texte et de tenir compte de son opinion. Non seulement parce qu'il faut prendre bonne note de toutes les opinions formulées sur notre sujet, mais aussi parce qu'*il n'est pas sûr que les meilleures idées nous viennent des auteurs les plus importants*. Laissez-moi plutôt vous raconter l'histoire de l'abbé Vallet.

Pour bien comprendre cette histoire, il faudrait que je vous explique quelle était la problématique de ma thèse et l'écueil interprétatif sur lequel j'achoppais depuis un an environ. Comme cela n'intéresserait pas tout le monde, disons brièvement que, pour l'esthétique contemporaine, le moment de la perception du beau est d'ordinaire un moment intuitif – or la catégorie de l'intuition n'existe pas chez saint Thomas. Beaucoup d'interprètes contemporains se sont efforcés de démontrer que, d'une certaine manière, il avait bien parlé d'intuition, mais c'était lui faire violence. D'autre part, le moment de la perception des objets était chez

Thomas d'Aquin si rapide et instantané qu'il ne permettait pas d'expliquer la jouissance des qualités esthétiques, qui sont très complexes (jeux de proportions, rapports entre l'essence de la chose et la façon dont elle organise la matière, etc.). J'ai fini par trouver la solution un mois avant de finir ma thèse : elle consistait à comprendre que la contemplation esthétique se posait dans l'acte bien plus complexe du *jugement*. Mais saint Thomas ne le disait pas en toutes lettres. Et pourtant, vu la façon dont il parlait de la contemplation esthétique, on ne pouvait qu'arriver à cette conclusion. Le but d'une recherche interprétative est souvent précisément de conduire un auteur à dire explicitement ce qu'il n'a pas dit mais qu'il n'aurait pas pu ne pas dire si on lui avait posé la question. En d'autres termes : montrer comment, quand on confronte certaines de ses déclarations, il doit en résulter, dans les termes de sa pensée, cette réponse-ci. Peut-être l'auteur ne l'a-t-il pas dit parce que cela lui semblait évident, ou parce que – comme dans le cas de Thomas d'Aquin – il n'avait jamais traité systématiquement le problème esthétique, mais en parlait toujours en passant, considérant la question comme allant de soi.

J'avais donc un problème. Et aucun des auteurs que je lisais ne m'aidait à le résoudre (et pourtant, si dans ma thèse, il y avait quelque chose d'original, c'était justement cette question, avec la réponse qu'il me fallait lui apporter). Or, un beau jour, tandis que j'allais éperdu en quête de textes qui pussent m'éclairer, je suis tombé, chez un bouquiniste parisien, sur un petit livre qui avait attiré mon attention, au premier abord, par sa belle reliure. Je l'ouvre et je vois que ce livre, d'un certain abbé Vallet, a pour titre *L'Idée du Beau dans la philosophie de saint Thomas d'Aquin* (Louvain, 1887). Je ne l'avais trouvé dans aucune bibliographie. C'était l'œuvre d'un auteur mineur du XIXe siècle. Je l'achète aussitôt (et il n'était même pas cher), et, ayant commencé à le lire, je me rends compte que l'abbé Vallet était un pauvre diable qui ne faisait que répéter des idées reçues sans rien leur apporter de neuf. Si j'ai continué à le lire, ce ne fut pas par « humilité scientifique » (je ne savais pas encore ce que c'était, je l'ai appris en lisant ce livre, c'est l'abbé Vallet qui me l'a enseignée le premier), mais par simple obstination, et pour rentabiliser l'argent que j'avais dépensé. Je progresse dans la lecture, et soudain, presque entre parenthèses, dit comme sans y prendre garde, sans que l'abbé se rende compte de la portée de son affirmation, je trouve une allusion à la théorie du jugement en rapport avec celle de la beauté. Ce fut l'illumination ! J'avais trouvé la clef ! Et c'est le pauvre abbé Vallet qui me l'avait fournie. Il était mort depuis un siècle, nul ne s'occupait plus de lui, et pourtant, il avait quelque chose à enseigner à celui qui voulait bien l'écouter.

C'est cela, l'humilité scientifique. N'importe qui peut nous enseigner quelque chose. Peut-être est-ce un signe de notre propre valeur que d'être capables d'apprendre quelque chose de quelqu'un de moins habile que nous. Ou bien cela montre que ceux qui nous semblent de peu de valeur ont néanmoins des valeurs cachées. Ou encore que quelqu'un qui paraît sans intérêt à l'un apportera quelque chose à un autre. On peut expliquer cela de différentes façons. Il reste que nous devons lire avec respect chaque auteur, quel qu'il soit, sans pour autant nous exempter de porter des jugements de valeur ni oublier que cet auteur voit les choses de façon très différente de nous, qu'il nous est idéologiquement très étranger. Mais même le plus farouche adversaire peut nous suggérer des idées. Cela peut dépendre du temps, de la saison, de l'heure du jour. Si j'avais lu l'abbé Vallet un an auparavant, peut-être n'aurais-je pas saisi sa suggestion. Et qui sait combien de plus habiles que moi avaient lu son livre sans y trouver rien d'intéressant. Mais depuis lors, j'ai appris que, si on veut faire de la recherche, il ne faut mépriser aucune source, par principe. C'est là ce que j'appelle l'humilité scientifique. Peut-être est-ce une définition hypocrite, parce qu'elle cache beaucoup d'orgueil, mais ne vous posez pas le problème en termes moraux : que ce soit de l'orgueil ou de l'humilité, pratiquez-la.

V. LA RÉDACTION

V.1. À qui s'adresse-t-on ?

À qui s'adresse-t-on quand on écrit une thèse ? son directeur de thèse ? À tous les étudiants et les chercheurs qui auront l'occasion de la consulter à l'avenir ? Au grand public des non-spécialistes ? Faut-il la considérer comme un livre qui passera entre les mains de milliers de personnes, ou comme une communication savante faite devant un aréopage scientifique ? Ces questions sont importantes parce qu'elles déterminent la forme d'exposition que vous donnerez à votre travail ainsi que le niveau de clarté interne que vous chercherez à atteindre.

Écartons d'emblée un malentendu. On croit qu'écrire un texte de vulgarisation, où les choses sont expliquées de façon que tout le monde les comprenne, exige moins de talent qu'une communication scientifique spécialisée, qui ne serait intelligible que pour une poignée de privilégiés. Ce n'est pas tout à fait vrai. Bien sûr il a fallu beaucoup plus de génie à Einstein pour formuler sa fameuse équation $E = mc^2$ qu'à l'auteur d'un manuel de physique, même brillant. Mais, en général, les thèses qui n'ont pas l'amabilité d'expliquer les termes qu'elles utilisent (et qui procèdent par clins d'œil rapides) laissent soupçonner que leurs auteurs sont bien moins sûrs d'eux que ceux qui explicitent chaque étape et chaque référence. Si vous lisez les grands scientifiques ou les grands critiques, vous verrez qu'à quelques exceptions près, ils sont toujours très clairs et qu'ils n'ont pas honte de bien expliquer les choses.

Disons qu'une thèse est un travail qui, pour des raisons contingentes, est adressé seulement au directeur ou aux rapporteurs, mais dont on suppose en fait qu'il va être lu et consulté par bien d'autres personnes, y compris par des chercheurs qui ne sont pas des spécialistes de cette discipline. Ainsi, dans une thèse de philosophie, il ne sera évidemment pas nécessaire de commencer par expliquer ce qu'est la philosophie, ni, dans une thèse de vulcanologie, ce que sont les volcans ; mais, passé ce niveau d'évidence, il sera toujours bon de fournir au lecteur toutes les informations dont il a besoin.

En premier lieu, *il faut définir les termes que l'on utilise*, sauf si ce sont des termes canoniques et admis sans discussion dans la discipline en question. Dans une thèse de logique formelle, je n'aurai pas besoin de définir un terme comme « implication » – mais dans une thèse sur l'implication stricte de Lewis, je devrai définir la différence entre implication matérielle et implication stricte ; ni, dans une thèse de linguistique, la notion de phonème – mais je devrai le faire si ma thèse porte sur la définition du phonème chez Jakobson. Mais dans cette même thèse de linguistique, si j'utilise le terme de « signe », il ne sera pas mauvais que je le définisse parce qu'il renvoie, selon les auteurs, à des entités différentes. La règle générale est donc : *définir tous les termes techniques utilisés comme concepts-clefs de notre propos.*

En deuxième lieu, il ne faut pas s'attendre à ce que le lecteur ait fait le travail que vous avez réalisé. Si vous avez fait une thèse sur Cavour, il est probable que votre lecteur sait de qui il s'agit, mais si elle porte sur Felice Cavallotti, il ne sera pas mauvais de rappeler, fût-ce rapidement, quand il a vécu et comment il est mort. Tandis que j'écris ceci, j'ai sous les yeux deux thèses d'une faculté de lettres, l'une sur Giovan Battista Andreini et l'autre sur Pierre Rémond de Sainte-Albine. Il y a fort à parier que, sur une centaine de professeurs d'université, même venant de départements de lettres et de philosophie, un petit nombre seulement aura des idées claires sur ces deux auteurs mineurs. Or la première thèse commence – plutôt mal – en ces termes :

> L'histoire des études sur Giovan Battista Andreini commence par une liste de ses œuvres faite par Leone Allacci, théologien et érudit d'origine grecque (Chios 1586 – Rome 1669) qui a contribué à l'histoire du théâtre, etc.

Vous imaginez la déception du lecteur que l'on informe de façon si précise sur Allacci, qui a fait une liste des œuvres d'Andreini, sans rien lui dire sur Andreini lui-même. Mais, dira l'auteur, Andreini est le héros de ma thèse ! Précisément, s'il est ton héros, dépêche-toi de le présenter à tous ceux qui ouvriront ta thèse, ne te contente pas du fait que ton directeur de thèse le connaît. Tu n'as pas écrit une lettre personnelle à ton directeur, mais un travail qui s'adresse potentiellement à tout le monde.

La seconde thèse commence de cette façon, qui est plus juste :

> L'objet de notre travail est un texte paru en France en 1747, écrit par un auteur qui a laissé bien peu de traces de son passage, Pierre Rémond de Sainte-Albine…

Après quoi, on nous explique de quel texte il s'agit et quelle est son importance. Cela me paraît un début correct. J'apprends que Sainte-Albine vivait au XVIIIe siècle et qu'il est normal que j'aie peu d'idées à son sujet, étant donné qu'il a peu fait parler de lui.

V.2. Comment écrire ?

Une fois que l'on a déterminé *à qui* on écrit (à l'humanité, et non pas à son directeur de thèse), il faut examiner *comment* on écrit. C'est un problème très délicat : s'il existait des règles définitives en la matière, nous serions tous de grands écrivains. Il est en tout cas conseillé de réécrire la thèse plusieurs fois, ou d'écrire d'autres choses avant d'entreprendre la thèse, parce qu'écrire est aussi une question d'entraînement. Pour le reste, on ne peut donner que quelques conseils très généraux.

* *Vous n'êtes pas Marcel Proust.* Ne faites pas de phrases trop longues. Si elles vous viennent à l'esprit, écrivez-les, mais coupez-les ensuite. N'ayez pas peur de

répéter deux fois le sujet, évitez d'employer un trop grand nombre de pronoms personnels et de propositions subordonnées. N'écrivez pas :

> Le pianiste Wittgenstein, qui était le frère du célèbre philosophe qui a écrit le *Tractatus Logico-Philosophicus* que beaucoup considèrent aujourd'hui comme le chef-d'œuvre de la philosophie contemporaine, eut la chance de voir composé pour lui par Ravel le *Concerto pour la main gauche* après qu'il avait perdu la droite pendant la guerre.

Écrivez plutôt :

> Le pianiste Wittgenstein était le frère de Ludwig, le philosophe. Comme il était mutilé de la main droite, Ravel écrivit pour lui un concerto pour la main gauche.

Ou bien :

> Le pianiste Wittgenstein était le frère du philosophe qui écrivit le célèbre *Tractatus*. Ce pianiste avait perdu la main droite et, pour cette raison, Ravel composa un concerto pour la main gauche à son intention.

N'écrivez pas :

> L'écrivain irlandais avait renoncé à sa famille, à sa patrie et à l'Église et resta fidèle à son dessein. On ne saurait dire de lui qu'il était un écrivain engagé, même si d'aucuns ont parlé à son sujet de tendances fabiennes et « socialistes ». Quand éclate la Deuxième Guerre mondiale, il tend à ignorer délibérément la tragédie qui bouleverse l'Europe et ne se préoccupe que de la rédaction de sa dernière œuvre.

Écrivez plutôt :

> Joyce avait renoncé à sa famille, à sa patrie et à l'Église.
> Et il resta fidèle à son dessein. On ne peut certes pas dire
> qu'il ait été un écrivain « engagé », même si on a pu parler
> d'un Joyce fabien et « socialiste ». Quand éclate la
> Deuxième Guerre mondiale, Joyce tend à ignorer délibé-
> rément la tragédie qui bouleverse l'Europe, ne se préoccu-
> pant que de la rédaction de *Finnegans Wake*.

Même si cela vous paraît plus « littéraire », n'écrivez
pas ainsi :

> Quand Stockhausen parle de « groupes », il n'a pas à
> l'esprit la série de Schoenberg, ni celle de Webern.
> Confronté à l'exigence de ne répéter aucune des douze
> notes avant que la série ne soit terminée, le musicien
> allemand ne l'aurait pas acceptée. Il s'agit de la notion
> même de « cluster », structurellement plus libre que celle
> de série.
> D'ailleurs, Webern ne suivait pas non plus les principes
> rigides de l'auteur du *Survivant de Varsovie*.
> Mais l'auteur de *Mantra* va bien au-delà. Et pour ce qui
> est du premier, il convient de distinguer entre les diffé-
> rentes périodes de son œuvre. C'est ce que dit aussi
> Berio : on ne peut pas le considérer comme un composi-
> teur sériel dogmatique.

Vous voyez qu'au bout d'un certain temps, on ne
sait plus *de qui* il est question. Et désigner un auteur
par la mention d'une de ses œuvres n'est pas correct
d'un point de vue logique. Il est vrai que les critiques
médiocres appellent Manzoni « l'auteur des *Fiancés* »
(par peur de répéter trop souvent son nom, ce qui est,
paraît-il, déconseillé par les manuels du beau style).

Mais l'auteur des *Fiancés* n'est pas le personnage biographique Manzoni dans sa totalité : c'est si vrai que,
dans un certain contexte, on pourrait dire qu'il y a une
nette différence entre l'auteur des *Fiancés* et l'auteur
d'*Adelchi*, même si du point de vue biographique et de
l'état civil, il s'agit toujours du même personnage. C'est
pourquoi je réécrirais le passage cité plus haut de la
manière suivante :

> Quand Stockhausen parle de « groupes », il ne pense ni
> à la série de Schoenberg, ni à celle de Webern. Confronté
> à l'exigence de ne répéter aucune des douze notes avant
> que la série ne soit terminée, Stockhausen ne l'aurait pas
> acceptée. Il s'agit de la notion même de « cluster », struc-
> turellement plus libre que celle de série. D'ailleurs,
> Webern ne suivait pas non plus les principes rigides de
> Schoenberg. Mais Stockhausen va bien au-delà. Et pour
> ce qui est de Webern, il convient de distinguer entre les
> différentes périodes de son œuvre. Même Berio affirme
> qu'on ne peut pas considérer Webern comme un compo-
> siteur sériel dogmatique.

* *Vous n'êtes pas e. e. cummings.* Cummings est un
poète américain qui signait de ses initiales en minuscules. En outre, il faisait – évidemment – un usage très
parcimonieux des virgules et des points, disloquait ses
vers, bref, faisait toutes ces choses qu'un poète d'avant-
garde peut faire et qu'il a bien raison de faire. Mais
vous n'êtes pas un poète d'avant-garde. Pas même si
votre thèse porte sur la poésie d'avant-garde. Si vous
faites une thèse sur le Caravage, vous n'allez tout de
même pas vous mettre à peindre ? Donc si vous faites
une thèse sur le style des futuristes, n'écrivez pas

comme un futuriste. C'est un conseil important parce
qu'à l'heure actuelle, beaucoup d'étudiants veulent faire
des thèses « en rupture », dans lesquelles ils ne respectent plus les règles du discours critique. Mais le langage de la thèse est un *métalangage*, c'est-à-dire un
langage qui parle d'autres langages. Un psychiatre qui
décrit des malades mentaux ne s'exprime pas comme
les malades mentaux. Je ne dis pas qu'il est erroné de
s'exprimer comme ceux qu'on appelle malades mentaux. Vous pourriez être convaincu – et avec de
bonnes raisons – qu'ils sont les seuls à s'exprimer
comme il le faudrait. Mais dans ce cas, vous avez le
choix entre deux possibilités : ou bien vous ne faites
pas de thèse et vous exprimez votre désir de rupture en
refusant la *laurea* et en vous mettant par exemple à
jouer de la guitare ; ou bien vous faites une thèse, mais
il vous faut alors expliquer pourquoi le langage des
malades mentaux n'est pas un langage « de fous », et,
pour ce faire, vous devez utiliser un métalangage critique compréhensible par tout le monde. Le pseudo-
poète qui fait une thèse en langage poétique est un
pauvre diable (et probablement un mauvais poète). De
Dante à Eliot et d'Eliot à Sanguineti, les poètes
d'avant-garde, pour parler de leur poésie, ont écrit en
prose et de manière claire. Et quand Marx a voulu
parler des ouvriers, il ne s'est pas mis à écrire comme
un ouvrier de son temps, mais comme un philosophe.
Pour écrire le *Manifeste du parti communiste* de 1848
avec Engels, il a utilisé un style journalistique, coupé,
provocateur, très efficace. Tout autre est le style du
Capital, qui s'adresse aux économistes et aux politi-
ciens. Ne dites pas, comme Dante, que la fureur poétique vous « dicte au cœur » (Purg. XXIV, 54) et vous

interdit de vous soumettre aux exigences du métalangage plat et prosaïque de la critique. Vous êtes poète ? N'écrivez pas de thèse de *laurea*. Montale ne l'a pas fait et il n'en est pas moins un très grand poète. Carlo Emilio Gadda, titulaire d'une *laurea* en sciences de l'ingénieur, écrivait dans une langue très particulière, remplie d'expressions dialectales et de ruptures stylistiques, mais quand il dut rédiger ses *Normes pour la rédaction d'un texte radiophonique*, il composa un ensemble précis, limpide et savoureux de recettes pour écrire dans une prose claire et compréhensible par tous. Et quand Montale écrit un article critique, il le fait de manière à ce que tout le monde le comprenne, même ceux qui ne comprennent pas ses poèmes.

* *Allez souvent à la ligne.* Faites-le quand c'est nécessaire, quand le rythme du texte le demande, mais le plus souvent possible sera le mieux.

* *Écrivez tout ce qui vous passe par la tête, mais seulement lors de la première rédaction.* Si vous vous apercevez ensuite que vous vous êtes laissé entraîner loin du *cœur* de votre sujet, coupez les parenthèses et les digressions et placez-les en note ou en appendice (voir la section VI.3.). La thèse sert à démontrer une hypothèse formulée au début, et non à montrer que vous savez tout.

* *Utilisez votre directeur de thèse comme cobaye.* Vous devez faire en sorte que votre directeur lise les premiers chapitres (et puis tout le reste, peu à peu) avec beaucoup d'avance sur la remise du texte définitif. Ses réactions pourront vous être utiles. S'il est occupé (ou paresseux), faites-vous relire par un ami. Vérifiez que

quelqu'un comprend bien ce que vous écrivez. Ne jouez pas les génies solitaires.

* *Ne vous obstinez pas à commencer par le premier chapitre*. Vous êtes peut-être mieux préparé et mieux documenté sur le chapitre quatre. Commencez par celui-là, avec la désinvolture de celui qui a déjà mis au point les chapitres précédents. Vous prendrez confiance. Vous avez de toute façon un point d'ancrage : votre « table des matières-hypothèse de travail», qui vous guide depuis le début (cf. IV.1.).

* *N'utilisez pas de points de suspension ni de points d'exclamation, n'expliquez pas vos formulations ironiques.* On peut s'exprimer dans un langage *référentiel* ou dans un langage *figuré*. J'entends par langage référentiel un langage dans lequel toutes les choses sont appelées par leur nom le plus commun, reconnu par tout le monde, sans équivoque possible. « Le train Venise-Milan » indique de manière référentielle ce que « La flèche de la lagune » désigne de manière figurée. Cet exemple montre que même dans un contexte de communication « quotidienne », on peut utiliser un langage en partie figuré. Un essai critique ou un texte scientifique devrait idéalement être écrit dans un langage référentiel (tous ses termes étant clairement définis, sans ambiguïté possible), mais il peut aussi être utile d'employer une métaphore, une expression ironique, une litote. Voici un exemple de texte référentiel suivi de sa transcription en termes modérément figurés :

Version référentielle. – Krasnapolsky n'est pas un interprète très perspicace de l'œuvre de Danieli. Son interprétation tire du texte de l'auteur des choses que celui-ci ne voulait sans doute pas dire. Ritz comprend le vers « e a sera mirar le nuvole » (« et le soir contempler les nuages ») comme une simple notation de paysage, alors que Krasnapolsky y voit une expression symbolique faisant allusion à l'activité poétique. Sans doute ne faut-il pas accorder trop de confiance à la finesse critique de Ritz, mais il faut en même temps se défier de Krasnapolsky. Hilton fait remarquer que « si Ritz ressemble à un prospectus touristique, Krasnapolsky ressemble à un sermon de carême ». Et d'ajouter : « Deux critiques parfaits, en vérité ».

Version figurée. – Il n'est pas sûr que Krasnapolsky soit le plus perspicace des interprètes de Danieli. Dans la lecture qu'il en fait, il donne l'impression de lui forcer la main. Ritz comprend le vers « e a sera mirar le nuvole » (« et le soir contempler les nuages ») comme une simple notation de paysage, alors que Krasnapolsky, jouant sur la corde symbolique, y voit une allusion à l'activité poétique. Nous ne voulons pas dire par là que Ritz est un prodige de pénétration critique, mais il faut prendre également Krasnapolsky avec des pincettes. Comme le fait remarquer Hilton, si Ritz ressemble à un prospectus touristique, Krasnapolsky rappelle un sermon de carême : deux modèles de perfection critique.

Vous remarquerez que la version figurée utilise quelques artifices rhétoriques. Avant tout la *litote* : dire que l'on n'est pas convaincu que quelqu'un soit un critique perspicace signifie qu'on est convaincu qu'il ne *l'est pas*. Et quelques *métaphores* : forcer la main, jouer sur la corde symbolique. De même, dire que Ritz n'est pas un prodige de pénétration signifie qu'il est un interprète médiocre (*litote*). Les expressions de « prospectus touristique » et de « sermon de carême » sont des *comparaisons*, et la remarque finale disant que les deux auteurs sont des critiques parfaits est un exemple d'*ironie* : on dit une chose pour faire comprendre son contraire.

Cela étant, ou bien on emploie des figures de rhétorique, ou bien on n'en emploie pas. Si on en emploie, c'est qu'on suppose que notre lecteur est en mesure de les comprendre et qu'on considère qu'elles donnent à notre propos une tournure plus incisive et plus convaincante. Il n'y a donc pas besoin d'en avoir honte *ni de les expliquer.* Si l'on considère que son lecteur est un imbécile, il ne faut pas employer de figures de rhétorique, mais les employer en les expliquant, c'est traiter son lecteur comme un imbécile. Lequel se vengera en traitant l'auteur d'imbécile. Voici donc comment un auteur timide interviendrait pour neutraliser et excuser les figures qu'il emploie :

Version figurée avec réserves. – Nous ne sommes pas convaincu que Krasnapolsky soit « le plus perspicace » des interprètes de Danieli. Dans la lecture qu'il en fait, il donne l'impression de lui « forcer la main ». Ritz comprend le vers « e a sera mirar le nuvole » (« et le soir contempler les nuages ») comme une « simple » notation de paysage, alors que Krasnapolsky, jouant sur la « corde symbolique », y voit une allusion à l'activité poétique. Nous ne voulons pas dire par là que Ritz est un « prodige » de pénétration critique, mais il faut prendre également Krasnapolsky « avec des pincettes ». Hilton fait remarquer que Ritz ressemble à un « prospectus touristique » et Krasnapolsky à un « sermon de carême » et il les définit (mais de manière ironique !) comme deux modèles de perfection critique. Cela dit, plaisanterie à part, etc.

Je suis bien convaincu que nul n'est assez petit-bourgeois, intellectuellement parlant, pour écrire un paragraphe rempli à ce point de marques de timidité et de petits sourires d'excuse. J'ai exagéré (et je le dis *expressément* parce qu'il est important, d'un point de vue didactique, que cette parodie soit comprise comme telle). Mais cette troisième version contient de façon condensée plusieurs mauvaises habitudes d'écrivain dilettante. Avant tout l'usage des *guillemets* pour signaler « attention, j'exagère ! ». C'est un usage puéril. Les guillemets sont à utiliser seulement pour indiquer une citation directe ou le titre d'un article, ou pour indiquer qu'un terme est pris comme objet en lui-même, au lieu d'avoir une fonction syntactique dans la phrase. En deuxième lieu, l'usage du *point d'exclamation* pour donner du relief à une affirmation : il vaut mieux l'éviter, au moins dans un essai critique. Si vous vérifiez dans le livre que vous êtes en train de lire, vous verrez que j'en ai utilisé une fois ou deux. On peut se le permettre quand il s'agit de faire sursauter le lecteur, de renforcer une affirmation très vigoureuse, comme : « Attention, ne commettez jamais ce genre d'erreur ! » Mais il est de bonne méthode de parler à voix basse. Si vous dites des choses importantes, elles produiront d'autant plus d'effet. En troisième lieu, l'auteur de cette version souligne l'emploi d'une expression ironique (même si elle est d'un autre) et s'en excuse. Bien sûr, si vous trouvez que l'ironie d'Hilton est trop subtile, vous pouvez écrire : « Hilton affirme avec une subtile ironie que nous sommes en présence de deux critiques parfaits. » Mais l'ironie doit être *vraiment* subtile. Dans notre cas, puisque nous avons parlé de prospectus touristique et de sermon de carême, l'ironie est évidente et ce n'était pas la peine de l'expliciter ainsi. La même chose vaut pour l'expression « plaisanterie à part ». Il peut parfois être utile de souligner un brusque changement dans le ton du discours, mais il faut alors que vous ayez vraiment fait une plaisanterie. En l'occurrence, il s'agissait d'ironie et de comparaisons, qui ne sont pas des plaisanteries mais des artifices de rhétorique tout ce qu'il y a de plus sérieux.

Vous pourrez constater que, dans ce livre-ci, j'ai exprimé au moins deux fois un paradoxe en signalant à chaque fois qu'il s'agissait d'un paradoxe. Je ne l'ai pas fait parce que je pensais que vous ne l'auriez pas compris, mais, au contraire, parce que je craignais que vous ne le compreniez trop bien, et que vous considériez en conséquence qu'il ne fallait pas se fier à ce que je disais. Aussi ai-je insisté pour dire que, malgré sa forme paradoxale, mon affirmation contenait une vérité importante. Et j'ai soigneusement clarifié les choses parce que ce livre est un livre didactique dans lequel je me soucie moins de beau style que d'être compris par tout le monde. Si j'avais écrit un essai, j'aurais énoncé ces paradoxes sans les désigner comme tels.

* *Définissez toujours un terme quand vous l'employez pour la première fois*. Si vous ne savez pas comment le définir, évitez de l'employer. S'il s'agit d'un des termes principaux de votre thèse et que vous ne savez pas le définir, laissez tomber la thèse. Vous vous êtes trompé de sujet (ou de métier).

* *N'expliquez pas où est Rome sans expliquer ensuite où est Tombouctou.* Je suis toujours irrité en lisant des phrases comme : « Le philosophe panthéiste juif hollandais Spinoza a été défini par Guzzo… » Halte là ! Ou bien vous faites une thèse sur Spinoza, et votre lecteur sait qui il est, mais vous lui aurez déjà dit également qu'Augusto Guzzo a écrit un livre à son sujet. Ou bien vous écrivez cette phrase, en passant, dans une thèse de physique nucléaire, et vous ne devez pas présumer que le lecteur ignore qui est Spinoza mais sait qui est Guzzo. Ou encore vous faites une thèse sur la philosophie italienne après Giovanni Gentile (1875-1944), et vos lecteurs sauront tous qui est Guzzo, mais ils sauront aussi qui est Spinoza. Ne dites pas non plus, pas même dans une thèse d'histoire : « T. S. Eliot, un poète anglais » (sans même parler du fait qu'il était né en Amérique). On peut considérer que T. S. Eliot est universellement connu. Tout au plus, si vous voulez souligner que ce fut justement un poète anglais qui a dit telle ou telle chose, écrivez : « Ce fut un poète anglais, T. S. Eliot, qui déclara que… » Mais si vous faites une thèse sur Eliot, ayez l'humilité de fournir au lecteur les informations indispensables : sinon dans votre texte, du moins dans une note de bas de page, au tout début de votre travail, condensez avec soin en dix lignes les données biographiques essentielles. Il n'est pas sûr que le lecteur, même si c'est un spécialiste, se souvienne par cœur de la date de naissance d'Eliot. À plus forte raison si votre thèse porte sur un auteur mineur des siècles passés. Ne supposez pas que tout le monde sait de qui il s'agit, dites-le d'emblée, indiquez dans quel contexte il se situe, etc. Mais même s'il s'agit

de Molière, que vous en coûte-t-il de mettre une note avec deux dates ? On ne sait jamais.

* *Je ou nous ?* – Dans une thèse, faut-il présenter ses opinions personnelles à la première personne ? Faut-il dire « Je pense que… » ? Certains considèrent qu'il est plus honnête de faire ainsi, au lieu d'utiliser le « nous » de modestie. Je ne le pense pas. On dit « nous » parce qu'on présume que ce qu'on affirme peut être partagé par les lecteurs. Écrire est un acte social : j'écris afin que toi, qui me lis, tu admettes ce que j'avance. On peut aussi chercher à éviter les pronoms personnels en recourant à des expressions plus impersonnelles comme : « on doit donc conclure que », « il semble admis que », « il faudrait dire alors que », « on peut penser que », « on en déduit que », « en examinant cela, on voit que », etc. Il n'est pas nécessaire de dire : « l'article que j'ai cité précédemment », ni : « l'article que nous avons cité précédemment », il suffit d'écrire : « l'article précédemment cité ». Mais je dirais qu'on peut écrire : « l'article précédemment cité *nous* montre que », parce que des expressions de ce genre n'impliquent aucune personnalisation du discours scientifique.

* *Ne francisez jamais les prénoms des auteurs étrangers et ne francisez les noms de famille étrangers que quand il existe une tradition bien attestée à cet égard.* En français, les cas de francisation des prénoms sont exceptionnels, et correspondent à des traditions bien établies : Emmanuel Kant ou Léonard de Vinci. Pour les noms de famille, les exceptions concernent surtout les noms grecs et latins : Platon, Virgile, Horace… On admet aussi Pétrarque, Michel-Ange, l'Arioste, dans un contexte

normal. Mahomet convient toujours, sauf dans une thèse de philologie arabe.

V.3. Les citations

V.3.1. *Quand et comment on cite : dix règles*

Dans une thèse, on cite en général un grand nombre de textes de différents auteurs : le texte qui fait l'objet de votre travail, c'est-à-dire votre source primaire, et les études critiques à son sujet ou les sources secondaires. Les citations sont donc de deux sortes : (a) on cite un texte que l'on interprète ensuite et (b) on cite un texte pour étayer sa propre interprétation.

Il est difficile de dire s'il faut citer abondamment ou avec parcimonie. Tout dépend du type de thèse. Une analyse critique d'un écrivain exige évidemment que l'on cite et que l'on analyse de longs passages de son œuvre. Dans d'autres cas, la citation peut être un signe de paresse : l'étudiant ne veut pas, ou ne peut pas, résumer un certain nombre de données et préfère laisser parler quelqu'un d'autre. Donnons dix règles pour les citations.

Règle 1 – Les passages qui font l'objet de l'analyse doivent être cités en quantité raisonnable.

Règle 2 – Les textes des études critiques doivent être cités seulement quand leur autorité corrobore ou confirme une de vos affirmations.

Ces deux règles comportent quelques corollaires évidents. En premier lieu, si le passage à analyser fait plus d'une demi-page, cela signifie que quelque chose ne va pas : ou bien vous avez sélectionné un extrait trop long,

que vous n'arriverez pas à commenter point par point,
ou bien vous n'êtes pas en train de parler d'un passage
mais d'un texte entier, et plutôt que d'en faire une analyse, vous allez donc formuler un jugement d'ensemble.
Auquel cas, si le texte est important mais trop long, il
vaut mieux le reporter entièrement *en appendice* et n'en
citer que des extraits assez brefs dans vos chapitres.

En second lieu, en citant la littérature critique, vous
devez être sûr que la citation apporte quelque chose de
nouveau ou qu'elle confirme ce que vous avez dit avec
une certaine *autorité*. Voici un exemple de deux citations *inutiles* :

> Les moyens de communication de masse constituent,
> comme le dit McLuhan, « un des phénomènes fonda-
> mentaux de notre temps ». Il ne faut pas oublier que,
> dans notre pays, d'après Savoy, deux personnes sur trois
> passent un tiers de la journée devant la télévision.

Qu'y a-t-il d'erroné ou de naïf dans ces deux citations ? D'abord, le fait que les *mass media* sont un
phénomène essentiel de notre temps est une évidence
que n'importe qui pourrait avoir énoncée. Il n'est pas
exclu que McLuhan l'ait dit lui aussi (je ne l'ai pas
contrôlé, j'ai inventé la citation), mais il n'est pas nécessaire d'en appeler à son autorité pour étayer une affirmation aussi évidente. Ensuite, il est possible que
l'information que nous donnons sur le temps passé
devant la télévision soit exacte, mais Savoy ne constitue
pas une *autorité* (c'est un nom que j'ai inventé, l'équivalent de Dupont ou Durand). Vous auriez plutôt dû
citer une enquête sociologique réalisée par des chercheurs connus et intègres, des informations de l'INSEE

ou encore les résultats d'une enquête que vous avez
menée, rassemblés dans des tableaux publiés en appendice. Au lieu de citer un quelconque Savoy, il aurait
mieux valu écrire : « On peut sans grand risque supposer que deux personnes sur trois », etc.

Règle 3 – Une citation laisse entendre qu'on partage
l'idée de l'auteur cité, sauf si elle est précédée et suivie
de formulations critiques.

Règle 4 – Pour chaque citation, il faut pouvoir reconnaître clairement son auteur et sa source, imprimée ou
manuscrite. On peut le faire de plusieurs manières :

a) par un renvoi à une note de bas de page, surtout
quand il s'agit d'un auteur cité pour la première fois ;

b) en donnant le nom de l'auteur et la date de
publication de l'œuvre entre parenthèses après la citation (voir V.4.3.) ;

c) quand tout le chapitre, voire toute la thèse, porte
sur la même œuvre du même auteur, il suffit de faire
suivre la citation du simple numéro de la page entre
parenthèses. Vous verrez dans le tableau 18 comment
on pourrait structurer une page de thèse portant sur
Le Problème de l'épiphanie dans Le Portrait de l'artiste
en jeune homme *de James Joyce* : une fois définie l'édition à laquelle on se réfère et la traduction que l'on
utilise par commodité, l'œuvre sur laquelle porte la
thèse est citée en donnant le numéro de la page entre
parenthèses dans le texte, alors que les ouvrages critiques sont indiqués en notes.

Règle 5 – Les citations des sources primaires doivent,
si possible, se référer à l'édition critique ou à l'édition

la plus généralement reconnue : si vous faites une thèse
sur Balzac, il est déconseillé de citer une édition de
poche, il vaut mieux recourir aux *Œuvres complètes*
dans la « Bibliothèque de la Pléiade ». Pour certains
auteurs classiques ou de l'Antiquité, il suffit en général
de citer la section, le chapitre et le verset en suivant les
usages courants (voir III.2.3.). Pour les auteurs
contemporains, s'il existe plusieurs éditions de leurs
œuvres, il vaut mieux citer ou bien la première édition,
ou bien la dernière édition revue et corrigée par
l'auteur, suivant les cas. On cite d'après la première
édition si les suivantes sont de simples réimpressions,
et d'après la dernière si elle contient des révisions, des
ajouts, des mises à jour. En tout cas, il importe de
spécifier qu'il existe une première et une nième édition
et de préciser laquelle on cite (voir à ce sujet III.2.3.).

Règle 6 – Quand on étudie un auteur étranger, les
citations de cet auteur doivent être faites dans la langue
originale. Cette règle est impérative s'il s'agit d'œuvres
littéraires. En ce cas, il peut être utile d'ajouter, entre
parenthèses ou en note, la traduction de la citation.
Tenez-vous-en aux consignes de votre directeur. Si vous
n'analysez pas le style littéraire de votre auteur, mais
que l'expression exacte de sa pensée, dans toutes ses
nuances linguistiques, joue un rôle important pour
votre interprétation (par exemple si vous commentez
un philosophe), il est bon de travailler sur le texte
étranger original, mais, dans ce cas, il est vivement
recommandé d'ajouter entre parenthèses ou en note la
traduction des passages cités, parce que celle-ci constitue aussi un exercice interprétatif de votre part. Enfin,
si vous citez un auteur étranger simplement pour en

tirer une information, des données statistiques ou historiques, ou un jugement général, vous pouvez vous
contenter d'utiliser une bonne traduction, voire de tra-
duire vous-même le passage, pour ne pas imposer au
lecteur des sauts continuels d'une langue à l'autre. Il
suffit de citer correctement le titre original et de préciser quelle est la traduction que vous utilisez. Il peut
enfin se produire qu'on parle d'un écrivain étranger,
poète ou prosateur, sans que ses textes soient examinés
pour leur style mais seulement cités pour les idées philosophiques qu'ils contiennent. Dans ce cas, on peut
aussi décider, si les citations sont nombreuses et
longues, de se référer à une bonne traduction pour
rendre le propos plus fluide, tout en insérant simplement de brefs extraits *en langue originale* quand on veut
souligner l'usage révélateur d'un certain terme. C'est le
cas de l'exemple de Joyce que nous donnons dans le
tableau 18. Voir aussi le point (c) de la règle 4.

Règle 7 – Le renvoi à l'auteur et à l'œuvre doit être
clair. Pour comprendre ce que nous sommes en train
de dire, voici un exemple (*erroné*) :

> Nous sommes d'accord avec Vasquez quand il affirme que
> « le problème en question est loin d'être résolu [1] », et,
> malgré l'opinion bien connue de Braun [2], pour qui « la
> lumière a été définitivement faite sur cette vieille ques-
> tion », nous considérons avec notre auteur qu'il « reste
> encore beaucoup de chemin à faire avant de parvenir à
> un niveau de connaissance satisfaisant ».

---

1. Roberto Vasquez, *Fuzzy Concepts*, Londres, Faber, 1976,
p. 160.
2. Richard Braun, *Logik und Erkenntnis*, Munich, Fink, 1968,
p. 345.

La première citation est sans nul doute de Vasquez
et la deuxième de Braun, mais la troisième est-elle vraiment de Vasquez, comme le laisse supposer le
contexte ? Et vu que la note 1 donne comme référence
de la première citation de Vasquez la page 160 de son
livre, faut-il supposer que la troisième citation est tirée
de la même page du même livre ? Et si elle était de
Braun ? Voici comment il aurait fallu écrire ces lignes :

> Nous sommes d'accord avec Vasquez quand il affirme que
> « le problème en question est loin d'être résolu [1] », et,
> malgré l'opinion bien connue de Braun, pour qui « la
> lumière a été définitivement faite sur cette vieille ques-
> tion [2] », nous considérons avec notre auteur qu'il « reste
> encore beaucoup de chemin à faire avant de parvenir à
> un niveau de connaissance satisfaisant [3] ».

Vous remarquerez qu'à la note 3, nous avons indiqué : « Vasquez, *op. cit.*, p. 161 ». Si la phrase avait
toujours été à la page 160, nous aurions aussi pu indiquer : « Vasquez, *ibid.* » (pour « *ibidem* »). Mais attention à ne pas écrire « *ibid.* » sans préciser « Vasquez » :
cela aurait voulu dire que la phrase se trouve à la
page 345 du livre de Braun qui vient d'être cité à la
note précédente. « *Ibidem* » signifie « au même lieu » et
doit être employé seulement quand on veut répéter à
l'identique la référence de la note précédente. Mais si,
dans le texte, au lieu de dire « nous considérons avec

1. Roberto Vasquez, *Fuzzy Concepts*, Londres, Faber, 1976,
p. 160.
2. Richard Braun, *Logik und Erkenntnis*, Munich, Fink, 1968,
p. 345.
3. Vasquez, *op. cit.*, p. 161.

notre auteur », nous avions dit « nous considérons avec Vasquez » et que nous ayons voulu renvoyer encore à la page 160, nous aurions pu mettre en note un simple « *ibid.* ». À condition toutefois d'avoir parlé de Vasquez et de son œuvre quelques lignes seulement auparavant, ou au moins dans la même page, et à pas plus de deux notes de distance. S'il avait été mentionné une dizaine de pages auparavant, il aurait été bien préférable de répéter en note la référence complète, ou au moins « Vasquez, *op. cit.*, p. 160 ».

Règle 8 – Quand une citation ne compte pas plus de deux ou trois lignes, on peut l'insérer dans le corps du texte, entre guillemets, comme je le fais à présent en citant Campbell et Ballou, qui disent que « les citations directes qui ne dépassent pas trois lignes dactylogra- phiées sont mises entre guillemets et apparaissent dans le texte [1] ». Mais si la citation est plus longue, il est mieux d'en faire un paragraphe séparé, *en interligne simple et avec un retrait à gauche*. Dans ce cas, il ne faut pas la mettre entre guillemets parce qu'il est clair que tout le texte en retrait et en interligne simple forme une citation. Il faut prendre garde de ne pas utiliser la même méthode pour vos remarques et développements accessoires (que l'on mettra en note). Voici un exemple de double citation en retrait [a] :

> Si une citation directe dépasse les trois lignes dactylogra- phiées, elle est disposée hors du texte, dans un ou plu- sieurs paragraphes isolés, à interligne simple […]

---

1. W. G. Campbell et S. V. Ballou, *Form and Style*, Boston, Houghton Mifflin, 1974, p. 40.

La subdivision en paragraphes de la source originale doit être maintenue dans la citation. Les alinéas qui se succèdent directement dans la source restent séparés par un interligne simple, comme les lignes du paragraphe. Les paragraphes qui proviennent de deux sources différentes et entre lesquels vous n'ajoutez pas de commentaire doivent être séparés par un interligne double [1].

Le retrait est employé pour signaler les citations, surtout dans un texte qui contient de nombreuses citations d'une certaine longueur […] On n'utilise pas de guillemets [2].

Cette méthode est très commode parce qu'elle met immédiatement en évidence les textes cités, ce qui permet de les sauter si on lit le texte en diagonale, de s'arrêter exclusivement sur eux si le lecteur est davantage intéressé par les textes cités que par nos commentaires et de les retrouver immédiatement quand on les cherche à des fins de consultation.

Règle 9 – Les citations doivent être *fidèles*. Il faut premièrement les transcrire littéralement (aussi est-il toujours bon, une fois la thèse rédigée, d'aller contrôler de nouveau toutes les citations sur le texte original, parce qu'en les recopiant, à la main ou en les tapant, on a pu commettre des erreurs ou des omissions). Deuxièmement, il ne faut pas supprimer des parties du texte sans le *signaler* : ce qu'on fait en insérant des points de suspension entre crochets à l'emplacement du texte manquant. Troisièmement, les interpolations,

---

1. Campbell et Ballou, *op. cit.*, p. 40.
2. P. G. Perrin, *An Index to English*, 4e éd., Chicago, Scott, Foresman and Co., 1959, p. 338.

commentaires personnels, éclaircissements ou préci-
sions, doivent tous apparaître entre crochets. Les souli-
gnements qui ne sont pas de l'auteur mais que vous
avez ajoutés doivent également être signalés. En voici
un exemple, dans lequel on donne des règles légèrement différentes de celles que je suis pour le commenter – cela sert à comprendre comment les critères
peuvent être de différents types, du moment qu'on les
suit de manière constante et cohérente :

> À l'intérieur de la citation […] on peut rencontrer
> quelques problèmes […] Parfois on omet de transcrire
> une partie du texte, ce qu'on indiquera en insérant des
> points de suspension entre crochets droits [en italien on
> emploie seulement des points de suspension sans les
> mettre entre crochets] […] Chaque fois qu'on ajoute un
> mot pour faciliter la compréhension du texte cité, on
> l'insère entre crochets [n'oublions pas que ces auteurs
> parlent de thèses de littérature française, où il peut être
> parfois nécessaire d'interpoler un terme qui manque dans
> le manuscrit original mais dont le philologue conjecture
> la présence].
> […] On se souviendra de la nécessité d'éviter les erreurs
> [dans la langue de la citation] et *d'écrire dans un [français]
> correct et clair* [nous soulignons] [1].

Si l'auteur que vous citez, tout en étant fort intéressant, commet une erreur évidente, de style ou
d'information, il vous faut respecter son erreur mais la
signaler au lecteur entre crochets, de cette manière :
[*sic*]. Vous direz donc que Savoy affirme qu'« en 1820

---

1. R. Campagnoli e A. V. Borsari, *Guida alla tesi di laurea in
lingua e letteratura francese*, Bologne, Patron, 1971, p. 32.

[*sic*], après la mort de Bonaparte, l'Europe était dans une situation assez sombre, avec quelques lumières ». Cela dit, si j'étais vous, ce Savoy, je le laisserais tomber.

Règle 10 – Citer, c'est comme apporter des témoignages lors d'un procès. Vous devez toujours être en mesure de retrouver les témoins et de démontrer qu'ils sont fiables. Pour cette raison, la référence doit être *exacte et précise* (on ne cite pas un auteur sans dire dans quel livre et à quelle page se trouve la citation), afin de pouvoir être *contrôlée* par tout le monde.

Comment faire au cas où une information ou une opinion importante nous vient d'une communication personnelle, d'une lettre ou d'un manuscrit ? On peut parfaitement citer une phrase en mettant en note l'une des expressions suivantes :

1. Communication personnelle de l'auteur (6 juin 1975).

2. Lettre personnelle de l'auteur (6 juin 1975).

3. Déclaration enregistrée le 6 juin 1975.

4. C. Smith, *Les Sources de l'Edda de Snorri*, manuscrit.

5. C. Smith, communication au XIIe colloque de physiothérapie, manuscrit (à paraître chez Mouton, La Haye).

Vous remarquerez que pour les sources 2, 4 et 5, il existe des documents que vous pourrez toujours produire. Pour la source 3, nous restons dans le vague parce que le terme « enregistrée » ne permet pas de savoir s'il s'agit d'un enregistrement audio ou de notes manuscrites. Pour ce qui est de la source 1, seul l'auteur pourrait vous démentir (sauf s'il est décédé entretemps). Dans ces cas-limites, il est toujours de bonne méthode, une fois que vous aurez donné sa forme définitive à la citation, de la communiquer à l'auteur par écrit pour obtenir une lettre de réponse dans laquelle il affirme se reconnaître dans les idées que vous lui avez attribuées et vous autorise à utiliser cette citation. S'il s'agissait d'une citation inédite d'une importance *énorme* (une nouvelle formule, le résultat d'un travail de recherche encore secret), vous ferez bien de mettre en appendice à votre thèse la copie de la lettre vous autorisant à la mentionner. À condition évidemment que l'auteur de l'information soit une autorité scientifique reconnue, et non pas un quidam quelconque.

Règles mineures – Par souci de précision, quand vous insérez une marque d'ellipse (les points de suspension entre crochets), faites attention à la ponctuation :

> Si l'on omet une partie peu importante, […] la marque d'ellipse doit suivre le signe de ponctuation de la partie complète. Mais s'il s'agit d'une partie essentielle […], l'ellipse précédera la virgule.

Quand vous citez des vers, respectez les usages de la littérature critique à laquelle vous vous référez. Dans tous les cas, vous pouvez citer un vers isolé en l'insérant dans votre texte entre guillemets : « La donzelletta vien dalla campagna [b] ». Si vous citez deux vers, séparez-les par une barre oblique : « I cipressi che a Bolgheri alti e schietti / van da San Guido in duplice filar [c] ». Mais s'il s'agit d'un extrait poétique plus long, il vaut mieux recourir à un paragraphe en retrait :

> And when we are married,
> How happy we'll be.

I love sweet Rosie O'Grady
And Rosie O'Grady loves me [d].

Vous procéderez de même si vous citez un seul vers
mais qui fera l'objet d'une longue analyse, par exemple
si vous voulez dégager les éléments fondamentaux de
l'art poétique de Verlaine à partir du seul vers :

De la musique avant toute chose

Dans un cas de ce genre, je dirais qu'il n'est pas nécessaire de mettre le vers en italique, même s'il s'agit d'une
phrase en langue étrangère. Surtout si la thèse porte sur
Verlaine – autrement vous auriez des centaines de pages
tout entières en italique. Mais si l'objet de votre analyse
est la notion de *mètre impair*, vous écrirez :

De la musique avant toute chose
Et pour cela préfère l'impair
Plus vague et plus soluble dans l'air,
Sans rien en lui qui pèse et qui pose.

Et vous n'oublierez pas de préciser : (nous
soulignons).

Tableau 18
EXEMPLE D'ANALYSE CONTINUE D'UN MÊME TEXTE

Le texte du *Portrait de l'artiste en jeune homme*[e] est riche en moments d'extase qui avaient déjà été définis dans *Stephen le héros* comme des épiphanies :

> Luisant et tremblant, tremblant et se dépliant, lumière naissante, fleur qui s'ouvre, cela se développait, se succédant sans cesse à soi-même, éclatant en pourpre absolue, se dépliant et se décolorant jusqu'aux extrêmes pâleurs de rose, pétale par pétale, onde de lumière par onde de lumière, noyant les cieux tout entiers de ses flux de couleurs délicates, de plus en plus intenses (p. 700-701).

On remarque aussitôt que même la vision « sous-marine » se transforme immédiatement en une vision de flamme où dominent les tons rouges et les sensations d'éclat lumineux. Le texte original rend peut-être mieux encore cette transformation avec des expressions comme « breaking light » ou « wave of light by wave of light ».

Or on sait que les métaphores du feu reviennent fréquemment dans le *Portrait*. Le terme de « feu » apparaît au moins à 59 reprises et les diverses variantes de « flammes » 35 fois [1]. On peut dire alors que l'expérience de l'épiphanie s'associe à celle du feu, ce qui nous fournit une clef pour étudier les relations entre le jeune Joyce et le D'Annunzio du *Feu*. Prenons par exemple ce passage du *Portrait* :

> Ou bien était-ce que, aussi faible des yeux que timide d'esprit, il retirait moins de plaisir de voir les jeux de l'ardent univers sensible dans le prisme d'un langage multicolore et somptueusement historié […] (p. 695)

Le rappel d'une expression du *Feu* de D'Annunzio est frappant :

> attratta in quell'atmosfera *ardente come il campo d'una fucina* […] (attirée dans cette atmosphère ardente comme le foyer d'une forge)

---

1. L. Hancock, *A Word Index to J. Joyce's Portrait of the Artist*, Carbondale, Southern Illinois University Press, 1976.

V.3.2. *Citation, paraphrase et plagiat*

En rédigeant votre fiche de lecture, vous avez sans doute résumé, en plusieurs points, la pensée de l'auteur qui vous intéresse : c'est-à-dire que vous l'avez *paraphrasée*, vous l'avez reformulée en employant d'autres termes. Dans d'autres cas, vous avez transcrit des passages entiers entre guillemets. Quand vous en venez ensuite à la rédaction de votre thèse, vous n'avez plus le texte original sous les yeux, et il peut vous arriver de recopier tout un paragraphe de votre fiche. Vous devrez alors être tout à fait sûr que l'extrait en question est vraiment une paraphrase et non pas une *citation sans guillemets*. Dans le cas contraire, vous aurez commis un *plagiat*.

Cette forme de plagiat est très courante dans les thèses. L'étudiant a la conscience tranquille parce qu'à un endroit ou à un autre, dans une note de bas de page, il a dit qu'il se référait à l'auteur en question. Mais le lecteur qui, par hasard, se rend compte que ce passage ne paraphrase pas le texte original mais le *recopie* sans le mettre entre guillemets en retire une mauvaise impression. Et cela ne concerne pas seulement le directeur de thèse, mais quiconque lira par la suite votre thèse, ou pour la publier, ou pour juger de vos compétences.

Comment peut-on être sûr qu'une paraphrase n'est pas un plagiat ? D'abord, elle est souvent bien plus brève que l'original, bien sûr. Mais il y a des cas où l'auteur dit des choses très savoureuses dans une phrase ou un paragraphe assez brefs, si bien que la paraphrase sera plus longue que le passage original. Et dans ce cas, il ne faut pas s'inquiéter outre mesure si vous utilisez les mêmes termes parce qu'il est parfois inévitable, voire utile, que certains mots restent inchangés. Le meilleur moyen de vous rassurer est de voir si vous arrivez à paraphraser le texte sans l'avoir sous les yeux. Cela signifiera non seulement que vous ne l'avez pas plagié, mais en plus que vous l'avez compris.

Pour mieux clarifier ce point, je vais vous donner à présent :

1 – un passage d'un livre (Norman Cohn, *Les Fanatiques de l'Apocalypse*) ;

2 – un exemple de paraphrase acceptable ;

3 – un exemple de *pseudo-paraphrase* qui constitue en fait un plagiat ;

4 – un exemple de paraphrase identique à la précédente mais où le plagiat est évité grâce à l'usage honnête des guillemets.

1. Le texte original

La venue de l'Antéchrist était attendue avec une fébrilité croissante. L'une après l'autre, chaque génération vivait dans l'attente perpétuelle du démon universellement destructeur dont le règne livrerait l'univers au chaos : cette ère du vol, de la rapine, de la torture et du massacre qui serait aussi le prélude à la consommation tant espérée, à la Seconde Venue du Christ, à l'instauration du Royaume des Saints. On ne cessait de guetter les signes qui, à en croire les prophètes, devaient annoncer et accompagner les ultimes tribulations. Parmi ces signes figuraient les mauvais princes, la discorde civile, la guerre, la sécheresse, la famine, la peste, les comètes, la mort soudaine de personnages illustres, la masse, de plus en plus considérable, des péchés : on n'avait donc aucun mal à les découvrir [1].

---

1. *Les Fanatiques de l'Apocalypse. Courants millénaristes révolutionnaires du XIᵉ au XVIᵉ siècle (The Pursuit of Millenium)*, traduit

2. Une paraphrase honnête

À ce propos, Cohn est tout à fait explicite[1]. Il aborde la situation de fébrilité caractéristique de cette période où l'attente de l'Antéchrist était en même temps l'attente du règne du démon, suscitant douleurs et désordres, et prélude à ce qu'on appelle la Seconde Venue, la Parousie, le retour du Christ triomphant. Et à une époque dominée par des phénomènes de discordes, de pillages, de rapines, de famines et de peste, les gens ne manquaient pas de relever des signes correspondant à ces symptômes que les textes prophétiques avaient annoncés depuis toujours comme marquant la venue de l'Antéchrist.

3. Une fausse paraphrase

D'après Cohn… [suit une liste d'opinions exprimées par l'auteur dans d'autres chapitres]. D'autre part, il ne faut pas oublier que la venue de l'Antéchrist était attendue avec une fébrilité croissante. L'une après l'autre, chaque génération vivait dans l'attente perpétuelle du démon universellement destructeur dont le règne livrerait l'univers au chaos : cette ère du vol, de la rapine, de la torture et du massacre qui serait aussi le prélude à la consommation tant espérée, à la Seconde Venue, c'est-à-dire au Règne des saints. On ne cessait de guetter les signes qui, selon les prophètes, allaient accompagner et annoncer les ultimes tribulations : et puisque parmi les signes se trouvaient les mauvais princes, les discordes civiles, les guerres, les sécheresses, les famines, la peste et les

---

de l'anglais par Simone Clémendot, Paris, Julliard, 1962, p. 32-33 – traduction légèrement modifiée

1. Norman Cohn, *I fanatici dell'Apocalisse,* Milan, Comunità, 1965, p. 128.

comètes, ainsi que les morts soudaines de personnes
importantes (en plus d'un accroissement général du
péché), on n'avait aucun mal à en découvrir [1].

4. Une paraphrase presque textuelle qui évite le plagiat

Le même Cohn, déjà cité, rappelle par ailleurs que « la
venue de l'Antéchrist était attendue avec une fébrilité
croissante ». Les générations vivaient dans une attente
perpétuelle du démon destructeur qui « livrerait l'univers
au chaos : cette ère du vol, de la rapine, de la torture et
du massacre qui serait aussi le prélude à la consommation
tant espérée, à la Seconde Venue du Christ, à l'instauration du Royaume des Saints. »
On ne cessait de guetter les signes qui, selon les prophètes, allaient accompagner et annoncer les ultimes tribulations. Or, fait remarquer Cohn, comme ces signes
comprenaient « les mauvais princes, la discorde civile, la
guerre, la sécheresse, la famine, la peste, les comètes, la
mort soudaine de personnages illustres, la masse, de plus
en plus considérable, des péchés : on n'avait donc aucun
mal à les découvrir » [2].

Il est clair que si vous vous êtes donné le mal de
faire la paraphrase numéro 4, vous auriez pu tout aussi
bien citer le passage dans son intégralité. Mais pour ce
faire, il fallait que sur votre fiche il y ait déjà ou bien
le passage entièrement recopié, ou bien une paraphrase
insoupçonnable. Étant donné qu'au moment de la

---

1. Norman Cohn, *I fanatici dell'Apocalisse,* Milan, Comunità,
1965, p. 128.
2. Norman Cohn, *I fanatici dell'Apocalisse,* Milan, Comunità,
1965, p. 128.

rédaction de la thèse, vous ne pourrez plus vous souvenir de ce que vous aviez fait en rédigeant cette fiche de lecture, il vous faut procéder dès le début de façon correcte. Vous devez être sûr que, s'il n'y a pas de guillemets sur votre fiche, ce que vous avez écrit est une paraphrase et non un plagiat.

V.4. Les notes de bas de page

V.4.1. *À quoi servent les notes*

Une opinion assez répandue veut que l'abondance de notes dans les thèses ou les livres soit un signe de snobisme érudit voire une façon de jeter de la poudre aux yeux. On ne peut certes pas exclure que beaucoup d'auteurs multiplient les notes pour donner un air d'importance à leur travail, ni que d'autres remplissent leurs notes d'informations superflues – sans doute en pillant impunément les ouvrages critiques qu'ils ont lus. Cela ne change rien au fait que les notes de bas de page, quand on en use avec modération, sont utiles. Il est impossible de dire quelle est la juste mesure parce qu'elle dépend du type de thèse. Mais essayons d'indiquer à quoi servent les notes, et comment il faut les présenter.

a) *Les notes servent à indiquer la source des citations.* S'il fallait mentionner toutes les sources dans le corps du texte, la lecture de la page serait laborieuse. Il y a bien sûr des façons de donner les références essentielles dans le texte en évitant les notes, comme la méthode auteur-date (voir V.4.3.). Mais en général, la note remplit parfaitement cette fonction. Quand c'est une note de référence bibliographique, il est bon qu'elle soit *en bas de page* plutôt qu'*en fin* de livre ou de chapitre, parce que cela permet au lecteur de voir en un coup d'œil quel est l'ouvrage dont on parle.

b) *Les notes servent à ajouter des indications bibliographiques supplémentaires pour étayer un argument développé dans le texte.* « À ce propos, voir aussi tel et tel livres. » Dans ce cas aussi, les notes de bas de page sont plus commodes.

c) *Les notes servent à faire des renvois externes et internes.* Une fois un sujet traité, on peut ajouter en note un « cf. » signifiant « *confer* » et qui renvoie à un autre livre, ou bien à un autre chapitre ou un autre paragraphe de notre propre travail. Les renvois internes peuvent aussi être signalés dans le corps du texte, s'ils sont très importants : vous en trouverez des exemples dans le livre que vous êtes en train de lire, où je renvoie de temps en temps à une autre section.

d) *Les notes servent à donner une citation renforçant votre propos* mais qui, insérée dans le texte, aurait perturbé le fil du discours : vous affirmez quelque chose dans votre texte puis, pour ne pas interrompre le fil de la pensée, vous passez à l'affirmation suivante, mais après avoir énoncé la première idée, vous renvoyez à une note dans laquelle vous citez à l'appui de votre idée une autorité qui la confirme et lui donne plus de poids [1].

---

1. « Toutes les affirmations importantes sur des faits qui ne relèvent pas du savoir commun […] doivent reposer sur une preuve de leur validité. Cela peut se produire dans le texte, dans une note de bas de page ou dans les deux », Campbell et Ballou, *op. cit.,* p. 50.

e) *Les notes servent à donner plus d'ampleur aux affirmations que vous avez faites dans le texte*[1] : en ce sens, elles sont utiles parce qu'elles vous permettent de ne pas alourdir votre texte avec des remarques qui, pour importantes qu'elles soient, sont secondaires par rapport à votre propos et ne font que répéter, d'un point de vue différent, ce que vous avez déjà dit.

f) *Les notes servent à corriger certaines affirmations de votre texte* : vous êtes sûr de ce que vous affirmez mais vous êtes aussi conscient que d'autres auteurs ne sont pas d'accord, ou bien vous considérez que, d'un certain point de vue, on pourrait formuler une objection à ce que vous avancez. Vous donnerez alors une preuve non seulement de rigueur scientifique mais aussi d'esprit critique en insérant une note qui nuance un peu ce que vous avez dit[2].

g) Les notes peuvent servir à indiquer la *traduction* d'une citation qu'il était essentiel de donner en langue

---

1. Les notes *de contenu* peuvent être utilisées pour discuter ou prolonger certains points du texte. Campbell et Ballou (*op. cit.*, p. 50) rappellent par exemple qu'il est utile de placer en note les discussions techniques, les commentaires accessoires, les corollaires et les informations supplémentaires.

2. De fait, après avoir dit qu'il est utile de rédiger des notes, précisons que, comme le rappellent aussi Campbell et Ballou (*op. cit.*, p. 50), « l'usage des notes pour développer des idées requiert une certaine prudence. Il faut prendre garde de ne pas transférer dans les notes des informations importantes et significatives : les idées immédiatement pertinentes et les informations essentielles doivent apparaître dans le corps du texte ». Par ailleurs, comme disent les mêmes auteurs (*ibid.*), « chaque note de bas de page doit justifier sa propre existence par son utilité ». Rien de plus irritant que ces notes qui paraissent n'avoir été insérées que pour faire de l'effet et qui ne disent rien d'important pour le sujet traité.

originale, ou, inversement, la *version originale* d'une citation que, pour des raisons de fluidité du propos, il était plus commode de donner en traduction dans le texte.

h) *Les notes servent à payer ses dettes.* Donner la référence d'un livre dont on a extrait une phrase, c'est payer une dette. Nommer un auteur auquel on a emprunté une idée ou une information, c'est payer une dette. Et parfois, on doit aussi payer des dettes moins clairement assignables, et cela peut être un signe de correction scientifique que de signaler en note, par exemple, que les idées originales que vous êtes en train d'exposer n'auraient pu vous venir sans les intuitions nées de la lecture de tel ou tel ouvrage ou de conversations privées avec tel chercheur.

Alors que les notes des types *a*, *b* et *c* sont plus utiles en bas de page, les notes des types *d* à *h* peuvent aussi être placées en fin de chapitre ou de thèse, surtout si elles sont très longues. Disons cependant qu'*une note ne devrait jamais être vraiment trop longue* : sans quoi ce n'est pas une note, mais un *appendice*, et, en tant que tel, il faut l'insérer à la fin du travail, dûment numéroté. Quoi qu'il en soit, soyez cohérent : mettez ou bien toutes les notes en bas de page, ou bien toutes les notes en fin de chapitre, ou des notes brèves en bas de page et des appendices à la fin de la thèse.

Et rappelez-vous une fois encore que, si vous étudiez une source homogène, l'œuvre d'un unique auteur, les pages d'un journal intime, une collection de manuscrits, des lettres ou des documents, etc., vous pouvez réduire le nombre des notes en fixant au début du travail des abréviations pour vos sources et en insérant entre parenthèses dans le texte, après chaque citation ou chaque renvoi, une abréviation et un numéro de page ou de document. Voyez la section III.2.3. sur les citations des œuvres classiques et tenez-vous-en à ces usages. Dans une thèse sur des auteurs médiévaux publiés dans *La Patrologie latine* de Migne, vous éviterez des centaines de notes en mettant dans le texte des parenthèses de ce genre : (PL, 30, 231). Procédez de la même manière pour les renvois à des tableaux ou à des graphiques, qu'ils soient dans le texte ou en appendice.

V.4.2. *La méthode citation-note*

Considérons à présent l'utilisation des notes pour indiquer des références bibliographiques : si, dans le texte, on parle d'un auteur, ou si on cite des extraits de son œuvre, la note correspondante fournit la référence bibliographique adéquate. Cette méthode est très pratique parce que, si la note est en bas de page, le lecteur voit tout de suite à quelle œuvre on se réfère.

Ce procédé impose cependant une réduplication : on retrouvera en effet les œuvres citées en notes dans la bibliographie finale (sauf dans le cas exceptionnel où la note cite un auteur qui n'a rien à voir avec la bibliographie spécifique de la thèse, comme si, dans une thèse d'astronomie, il m'arrivait de citer le vers de Dante, « l'Amor che muove il sole e l'altre stelle [a] » : la note suffirait).

Que les œuvres citées ou évoquées soient déjà mentionnées en notes ne dispense pas d'établir une bibliographie finale : celle-ci sert en effet à donner une vue d'ensemble des ouvrages consultés et des études critiques sur le sujet. Ce serait manquer de politesse envers le lecteur que de l'obliger à rechercher ces ouvrages dans les notes, page par page… D'autant plus que, dans les notes, l'auteur est en général mentionné par son *prénom puis son nom*, alors qu'il sera aisé de le retrouver dans la bibliographie où il est classé dans l'ordre alphabétique à son nom de famille suivi de son prénom.

La bibliographie finale fournit en outre des informations plus complètes que les notes. Pour citer un auteur étranger, par exemple, on peut se contenter de donner en note le titre en langue originale, alors que la bibliographie devra mentionner aussi l'existence éventuelle d'une traduction. Si un article a été publié d'abord dans une revue puis dans un volume collectif plus facile à trouver, la note pourra ne citer que cette réimpression en recueil, avec la pagination correspondante, alors que la bibliographie devra surtout mentionner la première édition. Une note de bas de page pourra abréger certaines informations, négliger le sous-titre, ne pas indiquer le nombre de pages d'un livre, mais la bibliographie devra donner toutes ces informations.

Dans le tableau 19, nous donnons en exemple une page de thèse avec différentes notes de bas de page, et en face, dans le tableau 20, les mêmes références bibliographiques telles qu'elles apparaîtront dans la bibliographie finale, pour que vous puissiez relever les différences.

Signalons tout de suite que le texte proposé comme exemple a été imaginé *exprès* de façon à présenter des références de différents types. Je ne me porte pas garant de sa fiabilité ni de sa clarté conceptuelles. Précisons

Tableau 19
EXEMPLE D'UNE PAGE AVEC LA MÉTHODE
CITATION-NOTE

Même s'il admet le principe de la sémantique interprétative de Katz et Fodor [1] selon lequel le signifié d'un énoncé
est la somme des signifiés de ses constituants élémentaires,
Chomsky [2] ne renonce cependant pas à revendiquer pour
tous les cas le rôle premier de la structure syntactique profonde dans la détermination du signifié [3].

À partir de ces premières idées, Chomsky en est bien sûr
arrivé à une position plus détaillée, d'ailleurs déjà annoncée
dans ses premières œuvres, par des discussions que résume
son essai « Deep Structure, Surface Structure and Semantic
Interpretation [4] », dans lequel il situe l'interprétation sémantique à mi-chemin entre structure profonde et structure
superficielle. D'autres auteurs, comme Lakoff [5], s'efforcent
d'élaborer une sémantique générative dans laquelle la forme
logico-sémantique engendre la structure syntactique elle-
même [6].

---

1. Jerrold J. Katz et Jerry A. Fodor, « The Structure of a
Semantic Theory », *Language* 39, 1963.

2. Noam Chomsky, *Aspects of a Theory of Syntax,* Cambridge,
M.I.T., 1963, p. 162.

3. Pour avoir une bonne vue d'ensemble de ce courant, voir
Nicolas Ruwet, *Introduction à la grammaire générative,* Paris,
Plon, 1967.

4. Dans le volume collectif *Semantics*, éd. par D. D. Steinberg
et L. A. Jakobovits, Cambridge, Cambridge University Press,
1971.

5. « On Generative Semantics », in *Semantics, op. cit.*

6. Dans une même perspective, voir également James McCawley, « Where do noun phrases come from ? », in *Semantics, op. cit.*

Tableau 20

EXEMPLE DE BIBLIOGRAPHIE STANDARD
CORRESPONDANT À CETTE PAGE

Chomsky, Noam, *Aspects of a Theory of Syntax,* Cambridge, M.I.T. Press, 1965, p. XX-252 (trad. italienne in *Saggi linguistici* 2, Turin, Boringhieri, 1970).

—, « De quelques constantes de la théorie linguistique », *Diogène* 51, 1965 (trad. italienne dans *I problemi attuali della linguistica,* Milan, Bompiani, 1968).

—, « Deep Structure, Surface Structure and Semantic Interpretation », in Jakobson, R. (éd.), *Studies in Oriental and General Linguistics,* Tokyo, TEC Corporation for Language and Educational Research, 1970, p. 52-91 ; repris dans Steinberg, D. D. et Jakobovits, L. A. (éd.), *Semantics,* Cambridge, Cambridge University Press, 1971, p. 183-216.

Katz Jerrold J. et Fodor Jerry A., « The Structure of a Semantic Theory », *Language* 39, 1963 (repris dans Katz, J. J. et Fodor, J. A. (éd.), *The Structure of Language,* Englewood Cliffs, Prentice-Hall, 1964, p. 479-518).

Lakoff, George, « On Generative Semantics », in Steinberg, D. D. et Jakobovits, L. A. (éd.), *Semantics,* Cambridge, Cambridge University Press, 1971, p. 232-296.

McCawley, James, « Where do noun phrases come from ? », in Steinberg, D. D. et Jakobovits, L. A. (éd.), *Semantics,* Cambridge, Cambridge University Press, 1971, p. 217-231.

Ruwet, Nicolas, *Introduction à la grammaire générative,* Paris, Plon, 1967, p. 452.

Steinberg, D. D. et Jakobovits, L. A. (éd.), *Semantics : An Interdisciplinary Reader in Philosophy, Linguistics and Psychology,* Cambridge, Cambridge University Press, 1971, p. X-604.

aussi que, pour simplifier, la bibliographie a été limitée aux données essentielles, négligeant les exigences de perfection et de complétude énumérées en III.2.3. Ce que nous appelons bibliographie standard dans le tableau 20 pourrait prendre des formes différentes : les noms des auteurs pourraient être en petites capitales, les livres collectifs être classés par leur titre, etc.

Comme on l'a déjà signalé, les notes sont plus désinvoltes que la bibliographie : elles ne se soucient pas de citer la première édition et ne servent qu'à identifier le texte dont on parle, réservant à la bibliographie le soin de donner des références complètes ; elles n'indiquent les pages que dans des cas indispensables, ne précisent pas combien de pages a le volume dont on parle, ni s'il a été traduit : on pourra de toute façon se reporter à la bibliographie finale.

Quels sont les défauts de cette méthode ? Prenons par exemple la note 5. Elle nous dit que l'article de Lakoff se trouve dans le volume collectif, *Semantics*, *op. cit.* Où a-t-il été cité ? Dans la note 4, par chance. Mais s'il avait été cité une dizaine de pages auparavant ? Fallait-il répéter la référence par commodité ? Laisser le lecteur aller la chercher en bibliographie ? Dans ce cas, la méthode auteur-date dont nous allons parler maintenant est plus commode.

V.4.3. *La méthode auteur-date*

Dans beaucoup de disciplines (et de plus en plus au cours des dernières années), on utilise une méthode qui permet d'éliminer toutes les notes de références bibliographiques en ne conservant que celles qui contiennent des éléments de discussion et des renvois. Cette méthode présuppose que, dans la bibliographie finale, on mette en évidence le nom de l'auteur et la date de publication de la première édition du livre ou de l'article. La bibliographie prend donc une des formes suivantes, au choix :

Corigliano, Giorgio
1969 *Marketing-Strategie e tecniche,* Milan, Etas Kompas S.p.A. (2ᵉ éd., 1973, Etas Kompass Libri), 304 pages.

CORIGLIANO, Giorgio
1969 *Marketing-Strategie e tecniche,* Milan, Etas Kompas S.p.A. (2ᵉ éd., 1973, Etas Kompass Libri), 304 pages.

Corigliano, Giorgio, 1969, *Marketing-Strategie e tecniche,* Milan, Etas Kompass S.p.A. (2ᵉ éd., 1973, Etas Kompass Libri), 304 pages.

Quel est l'avantage de disposer ainsi la bibliographie ? Cela vous permet, quand vous devez parler de ce livre dans votre texte, de ne pas avoir à employer un appel de note et une note de bas de page pour en donner la référence, et de procéder ainsi :

Dans les recherches sur les produits existants, « les dimensions de l'échantillon sont, elles aussi, fonction des exigences spécifiques de l'expérience » (Corigliano, 1969 : 73). Mais le même Corigliano avait déjà signalé que la définition de l'aire constitue une solution de facilité (1969 : 71).

Que fait le lecteur ? Il va consulter la bibliographie en fin de volume et comprend que l'indication « (Corigliano, 1969 : 73) » signifie « page 73 du livre *Marketing* », etc.

Cette méthode permet d'émonder énormément le texte et d'éliminer environ quatre-vingts pour cent des notes. En outre, au moment de la rédaction, vous n'avez plus qu'à copier *une seule fois* les informations concernant un livre. C'est donc une méthode à recommander tout particulièrement quand on doit fréquemment citer de très nombreux livres, ou très souvent le même livre, évitant ainsi ces petites notes très ennuyeuses qui contiennent uniquement des « *ibid.* », « *op. cit.* », etc. Elle est même indispensable quand il s'agit de passer en revue, de manière synthétique, les études critiques sur un sujet donné. Considérez en effet une phrase comme celle-ci :

Le problème a été largement traité par Stumpf (1945 : 88-100), Rigabue (1956), Azzimonti (1957), Forlimpopoli (1967), Colacicchi (1968), Poggibonsi (1972) et Gzbiniewsky (1975), mais complètement ignoré par Barbapedana (1950), Fugazza (1967) et Ingrassia (1970).

S'il avait fallu mettre une note de bas de page avec la référence complète pour chacun de ces travaux, cela aurait rempli la page de manière insupportable et le lecteur n'aurait pas perçu aussi clairement la succession temporelle, le développement chronologique de l'intérêt pour le problème en question.

Mais cette méthode ne fonctionne qu'à certaines conditions :

a) il faut qu'il s'agisse d'une bibliographie très *homogène* et très *spécialisée*, que les futurs lecteurs de votre travail connaissent déjà en partie. Si l'état des recherches cité précédemment se rapporte, disons, au comportement sexuel des batraciens (sujet pointu s'il en est), on suppose que le lecteur comprend au premier coup d'œil que « Ingrassia, 1970 » désigne le livre intitulé *Le Contrôle des naissances chez les batraciens* (ou qu'au moins il devine qu'il s'agit de l'une des études tardives d'Ingrassia, dont la perspective diffère de celles qu'il avait réalisées dans les années 1950). Mais si vous faites une thèse sur la culture italienne de la première moitié du XXe siècle dans laquelle vous serez amené à citer des romanciers, des poètes, des hommes politiques, des philosophes et des économistes, cette méthode n'est pas à recommander parce que rares sont les gens qui reconnaissent un livre à sa seule date de parution. Et même si le lecteur est en mesure de le faire dans un domaine bien spécifique, cela ne vaut pas pour tous les livres qui sont hors de ce champ.

b) il faut qu'il s'agisse d'une bibliographie *moderne*, ou au moins ne remontant pas au-delà des deux derniers siècles. Dans une étude de philosophie grecque, il n'est pas d'usage de faire référence à un livre d'Aristote en mentionnant l'année de sa publication (pour des raisons bien compréhensibles).

c) il faut qu'il s'agisse d'une bibliographie *scientifique-universitaire :* on n'écrit pas « Moravia, 1929 » pour parler du roman *Les Indifférents*.

La méthode auteur-date est à recommander si votre travail répond à ces conditions et se situe dans ces limites.

Dans le tableau 21, vous trouverez la même page que celle du tableau 19, présentée selon cette nouvelle méthode, avec, comme premier résultat, que la page est devenue *plus brève*, comportant une seule note au lieu de six. La bibliographie correspondante (tableau 22) est un peu plus longue, mais elle est aussi

Tableau 21
LA PAGE DU TABLEAU 19 REFORMULÉE
AVEC LA MÉTHODE AUTEUR-DATE

Même s'il admet le principe de la sémantique interprétative de Katz et Fodor (Katz et Fodor, 1963) selon lequel le signifié d'un énoncé est la somme des signifiés de ses constituants élémentaires, Chomsky (1965a : 162) ne renonce cependant pas à revendiquer pour tous les cas le rôle premier de la structure syntactique profonde dans la détermination du signifié [1].

À partir de ces premières idées, Chomsky en est bien sûr arrivé à une position plus détaillée, d'ailleurs déjà annoncée dans ses premières œuvres (Chomsky, 1965a : 163), par des discussions que résume son essai (Chomsky, 1970), dans lequel il situe l'interprétation sémantique à mi-chemin entre structure profonde et structure superficielle. D'autres auteurs (par ex. Lakoff, 1971) s'efforcent d'élaborer une sémantique générative dans laquelle la forme logico-sémantique engendre la structure syntactique elle-même (voir aussi McCawley, 1971).

---

1. Pour avoir une bonne vue d'ensemble de ce courant, voir Ruwet, 1967.

Tableau 22

EXEMPLE DE BIBLIOGRAPHIE CORRESPONDANT À
CETTE PAGE AVEC LA MÉTHODE AUTEUR-DATE

Chomsky, Noam
1965a *Aspects of a Theory of Syntax,* Cambridge, M.I.T.
Press, p. XX-252 (trad. italienne in Chomsky, N., *Saggi Linguistici* 2, Turin, Boringhieri, 1970).

— 1965b « De quelques constantes de la théorie linguistique », *Diogène* 51 (trad. italienne in *I problemi attuali della linguistica,* Milan, Bompiani, 1968).

— 1970 « Deep Structure, Surface Structure and Semantic Interpretation », in Jakobson, Roman éd., *Studies in Oriental and General Linguistics,* Tokyo, TEC Corporation for Language and Educational Research, p. 52-91 ; repris dans Steinberg et Jakobovits, 1971, p. 183-216.

Katz Jerrold I. et Fodor, Terry A.
1963 « The Structure of a Semantic Theory », *Language* 39 (repris dans Katz, J. J. et Fodor, J. A., *The Structure of Language,* Englewood Cliffs, Prentice-Hall, 1964, p. 479-518).

Lakoff, George
1971 « On Generative Semantics », in Steinberg et Jakobovits, 1971, p. 232-296.

McCawley, James
1971 « Where do noun phrases come from ? », in Steinberg et Jakobovits, 1971, p. 217-231.

Ruwet, Nicolas
1967 *Introduction à la grammaire générative,* Paris, Plon, p. 452.

Steinberg, D. D. et Jakobovits L. A., éd.
1971 *Semantics : An Interdisciplinary Reader in Philosophy, Linguistics and Psychology,* Cambridge, Cambridge University Press, p. X-604.

plus claire. La succession des ouvrages d'un même auteur saute aux yeux (vous aurez remarqué que, quand deux travaux du même auteur ont paru la même année, on a coutume de préciser la référence en ajoutant une lettre de l'alphabet à la date), les renvois internes à la même bibliographie sont plus rapides. Les livres collectifs apparaissent toujours au nom de leur éditeur.

Vous remarquerez aussi qu'on n'y indique pas seulement les articles parus dans un recueil collectif, mais aussi parfois – au nom de l'éditeur – le recueil même d'où ils sont tirés. Mais ce dernier n'est parfois mentionné qu'à l'occasion d'un article cité. La raison en est simple. Un recueil collectif comme Steinberg et Jakobovits, 1971, est cité pour lui-même parce que plusieurs articles y renvoient (Chomsky, 1971 ; Lakoff, 1971 ; McCawley, 1971). Le volume *The Structure of Language*, édité par Katz et Fodor, n'est cité qu'à l'occasion de l'article des mêmes auteurs, « The Structure of a Semantic Theory », parce qu'aucun autre texte n'y renvoie dans cette bibliographie.

Vous remarquerez enfin que la méthode auteur-date permet de voir aussitôt quand un texte a été publié pour la première fois, même si nous sommes habitués à le lire dans des rééditions successives. C'est ce qui la rend utile dans des travaux homogènes relevant d'une discipline spécifique, pour lesquels il est souvent important de savoir qui a été le premier à avancer telle théorie ou à avoir réalisé telle recherche empirique.

Il y a une dernière raison pour laquelle, quand on le peut, il est recommandé d'utiliser la méthode auteur-date. Imaginez que vous ayez terminé et dactylographié une thèse comprenant de très nombreuses notes de bas de page, si bien que, même en les numérotant par chapitres, vous arrivez à la note 125. Vous vous apercevez soudain que vous avez oublié de citer un auteur important que vous ne pouvez pas vous permettre d'ignorer : et vous devriez le citer justement au début du chapitre. Il vous faut donc insérer une nouvelle note et changer tous les numéros jusqu'à 125 ! Avec la méthode auteur-date, ce problème n'existe pas : vous insérez dans le texte une simple parenthèse avec le nom et la date, et vous ajoutez le livre à votre bibliographie générale (au stylo, ou en retapant une seule page). Mais même sans aller jusqu'à la thèse déjà dactylographiée : ajouter des notes pendant la rédaction pose toujours d'ennuyeux problèmes de renumérotation qui n'existent pas avec la méthode auteur-date.

Si vous utilisez cette méthode dans une thèse dont la bibliographie est très homogène, vous pouvez même vous permettre d'employer de nombreuses abréviations pour les revues, les manuels, les actes de colloques. En voici deux exemples tirés de deux bibliographies, l'une de sciences naturelles, l'autre de médecine :

Mesnil, F. 1896. Études de morphologie externe chez les Annélides, *Bull. Sci. France Belg.*, 29 : 110-287.
Adler, P. 1958. Studies on the Eruption of the Permanent Teeth. *Acta Genet. et Statist. Med.*, 8 : 78 : 94.

Ne me demandez pas ce que cela veut dire. On part du principe que le lecteur de ce type de publications le sait déjà.

V.5. Conseils, pièges, usages

Les artifices qu'on utilise dans un travail universitaire sont innombrables, de même que les pièges dans lesquels on peut tomber. Dans les limites de ce bref ouvrage, nous nous contenterons de fournir, dans le désordre, une série de conseils pour éviter ces pièges. Ils n'épuisent pas la « mer des Sargasses » qu'il faut traverser quand on rédige une thèse, mais vous serviront à prendre conscience de l'existence de ces dangers et d'autres encore que vous devrez découvrir par vous-même.

Ne donnez pas de références et de sources pour des notions qui relèvent du savoir commun. Nul n'aurait l'idée d'écrire : « Napoléon, comme l'affirme Ludwig, est mort à Sainte-Hélène », mais on commet souvent des naïvetés de ce genre. On tend aisément à dire : « Les ouvriers tisserands qui, comme l'a dit Marx, ont marqué le début de la révolution industrielle », alors qu'il s'agit d'une notion universellement admise, même avant Marx.

N'attribuez pas à un auteur une idée qu'il signale comme venant de quelqu'un d'autre. Non seulement parce que vous donnerez l'impression de vous être inconsciemment servi d'une source de seconde main, mais parce que cet auteur peut avoir mentionné cette idée sans par ailleurs la faire sienne. Dans un petit ouvrage d'introduction à la notion de signe, j'avais mentionné, parmi les différentes classifications possibles des signes, celle qui les répartit en signes expressifs et signes communicatifs. J'ai lu plus tard dans un

devoir universitaire : « d'après Eco, les signes se répar-
tissent en signes expressifs et signes communicatifs »,
alors que j'ai toujours rejeté cette subdivision comme
trop grossière : je l'avais citée par souci d'objectivité,
sans pour autant l'admettre.

*N'ajoutez et ne retranchez pas de note dans le seul but
d'arrondir leur nombre.* Il peut arriver qu'en dactylogra-
phiant votre thèse (ou même si vous l'avez seulement
écrite lisiblement pour la faire dactylographier), vous
deviez éliminer une note qui était erronée ou en ajouter
impérativement une nouvelle. Toute la numérotation
des notes se trouve alors décalée – tant mieux pour
vous si vous avez numéroté les notes par chapitres et
non de façon continue depuis le début de la thèse (il
vaut mieux avoir à corriger les numéros de un à dix
plutôt que de un à cent cinquante). Pour éviter de
changer tous les appels de notes, vous pouvez être tenté
d'insérer une nouvelle note de remplissage ou d'en supprimer une autre. C'est humain. Mais dans un cas
pareil, il vaut mieux insérer des signes supplémentaires
dans la numérotation, comme °, °°, +, ++, et ainsi de
suite. Bien sûr, c'est du bricolage qui pourrait déplaire
à votre directeur de thèse. Donc, si vous le pouvez,
reprenez toute la numérotation.

*Il y a une méthode pour citer des sources de seconde
main tout en respectant les règles de rigueur scientifique.*
Il est toujours préférable de ne pas citer de seconde
main, mais parfois, on ne peut pas faire autrement. On
conseille deux méthodes. Supposons que Sedanelli cite
l'affirmation de Smith selon laquelle « le langage des

abeilles est traduisible en termes de grammaire trans-
formationnelle ». Premier cas de figure : ce qui nous
intéresse est le fait que Sedanelli assume lui-même la
responsabilité de cette affirmation ; nous dirons alors
en note, avec une formule peu élégante :

C. Sedanelli, *Il linguaggio delle api,* Milan, Gastaldi, 1967,
p. 45 (citant C. Smith, *Chomsky and Bees,* Chattanooga,
Vallechiara Press, 1966, p. 56).

Deuxième cas de figure : ce qui nous intéresse est de
souligner que l'affirmation est de Smith, et nous ne
citons Sedanelli que par acquit de conscience, puisque
nous utilisons une source de seconde main ; nous écrirons alors :

C. Smith, *Chomsky and Bees,* Chattanooga, Vallechiara
Press, 1966, p. 56 (cité par C. Sedanelli, *Il linguaggio delle
api,* Milan, Gastaldi, 1967, p. 45).

*Donnez toujours des informations précises sur les édi-
tions critiques, les éditions revues et corrigées, et les aspects
de ce genre.* Précisez si une édition est une édition critique, et qui l'a réalisée. Précisez si une deuxième ou
une nième édition est revue, augmentée et corrigée,
sans quoi il peut vous arriver d'attribuer à un auteur
des opinions qu'il a exprimées dans l'édition revue
en 1970 d'un ouvrage datant de 1940 comme s'il les
avait exprimées en 1940, à un moment où certaines
découvertes n'avaient peut-être pas encore été faites.

*Soyez attentif quand vous citez un auteur ancien à
partir d'une source étrangère.* Le même personnage porte

parfois des noms différents en fonction des cultures. Les Italiens appellent Scoto Eriugena et Anselmo d'Aosta ceux que les Français nomment Scot Érigène et Anselme de Cantorbéry. Si vous rencontrez en italien Niccolò Cusano, sachez qu'il s'agit de Nicolas de Cues ; en allemand Karl der Große, de Charlemagne ; en anglais Aquinas, de saint Thomas d'Aquin. Sous le nom de Cartesio, vous reconnaîtrez Descartes (et vous apprendrez à identifier Aristoteles, Petrarca ou Leonardo). Ne parlez pas de Rogier Van der Wayden et de Rogier de la Pasture comme s'il s'agissait de deux peintres, parce que c'est la même personne. Et Giove est évidemment Jupiter. Faites aussi attention quand vous transcrivez des noms russes à partir d'une source française un peu vieillie : si vous écriviez en anglais, vous éviteriez sans doute d'écrire Staline ou Lénine, mais en français vous pourriez être tenté de noter Ouspensky le nom qu'on écrit aujourd'hui Uspenskij. La même chose vaut pour les villes : Den Haag, The Hague et L'Aja sont La Haye.

Comment fait-on pour savoir ces choses, qui se comptent par centaines ? En lisant des textes dans des langues variées sur le même sujet – en faisant partie du club. De même que tout amateur de jazz sait que « Bird » est Charlie Parker et que tout amateur de sport sait que « Zizou » est Zinédine Zidane. Celui qui l'ignore passe pour le dernier des provinciaux : dans le cas d'une thèse (comme celle dans laquelle l'étudiant, après avoir feuilleté quelques écrits critiques, dissertait sur les rapports entre Arouet et Voltaire), on ne dit pas « provincial », on dit « ignorant ».

Faites attention quand vous rencontrez des nombres dans des livres en anglais. Si, dans un livre américain, vous lisez 2,625, cela signifie deux mille six cent vingt-cinq, alors que 2.25 signifie deux virgule vingt-cinq.

Prenez garde aux noms d'époques historiques dans les livres étrangers. Ce que les Italiens appellent *Cinquecento*, *Settecento*, *Novecento* correspond aux XVIe siècle, XVIIIe siècle et XXe siècle. Mais si, dans un livre français ou anglais, on parle de « *Quattrocento* », en italien dans le texte, c'est qu'on fait allusion à une période précise de la culture italienne, voire florentine. Il ne faut pas se hâter de trouver des équivalents entre termes de langues diverses. En anglais, la « renaissance » recouvre une période différente de la Renaissance italienne ou française, elle inclut même des auteurs du XVIIe siècle. Des termes comme « *mannerism* » ou « *Manierismus* » sont trompeurs, ils ne renvoient pas à ce que l'histoire de l'art italienne appelle « *manierismo* ».

Remerciements – Si quelqu'un d'autre que votre directeur vous a aidé de ses conseils, prêté des livres rares ou rendu des services en tout genre, il est d'usage d'insérer à la fin ou au début de la thèse une note de remerciements. Cela sert aussi à montrer que vous vous êtes donné du mal en allant consulter différentes personnes. Il est déplacé de remercier son directeur : en vous aidant, il n'a fait que son devoir.

Il pourrait vous arriver de remercier ou de reconnaître votre dette à l'égard d'un universitaire que votre directeur de thèse déteste et méprise. Incident grave.

Mais c'est de votre faute. Ou bien vous faites confiance à votre directeur, et s'il vous avait dit que cet individu est un imbécile, il ne fallait pas aller le consulter. Ou bien votre directeur est quelqu'un d'ouvert et accepte que son étudiant ait eu recours à des sources avec lesquelles il est en désaccord, ce dont il fera éventuellement le sujet d'une discussion courtoise lors de la soutenance. Ou bien votre directeur est un vieux mandarin lunatique, blafard et dogmatique, et il ne fallait pas choisir comme directeur un aussi triste sire. Et si vous vouliez à tout prix faire votre thèse avec lui parce que, malgré ses défauts, il vous semblait un protecteur utile, alors soyez cohérent dans votre malhonnêteté, ne citez pas l'autre parce que vous aurez choisi de prendre modèle sur votre mentor.

V.6. La fierté scientifique

En IV.2.4., nous avons parlé de l'humilité scientifique, qui concerne la méthode de recherche et de lecture des textes. Parlons à présent de la fierté scientifique, qui concerne le courage de la rédaction.

Il n'y a rien de plus irritant que ces thèses (et cela se produit parfois même dans des livres imprimés) dans lesquelles l'auteur énonce continuellement des excuses que personne ne lui a demandées.

> Nous n'avons certes pas les compétences requises pour aborder un tel sujet, mais nous voudrions néanmoins hasarder l'hypothèse que…

Comment ça vous n'êtes pas compétent ? Vous avez consacré des mois, voire des années, à ce sujet, vous avez probablement lu tout ce qu'il fallait lire à ce propos, vous avez pris des notes, vous y avez longuement réfléchi, et à présent vous vous apercevez que vous n'êtes pas compétent ? Mais qu'avez-vous donc fait pendant tout ce temps ? Si vous ne vous sentez pas compétent, ne rendez pas votre thèse. Si vous la rendez, c'est que vous vous sentez prêt et vous n'avez pas à vous excuser. Une fois que vous avez exposé les difficultés du sujet, une fois que vous avez présenté les opinions des autres, une fois que vous avez établi s'il y a d'autres solutions envisageables, *jetez-vous à l'eau*. Dites tranquillement « nous considérons que » ou « on peut considérer que ». Au moment où vous parlez, c'est *vous* qui êtes l'expert. Si on découvre que vous êtes un mauvais expert, tant pis pour vous, mais vous n'avez pas le droit d'hésiter. Vous êtes un fonctionnaire de l'humanité qui parle au nom de la collectivité sur ce sujet donné. Soyez humble et prudent avant d'ouvrir la bouche, mais une fois que vous avez commencé à parler, soyez orgueilleux.

Écrire une thèse sur le sujet X signifie que l'on présume qu'auparavant, personne n'avait dit des choses aussi complètes ou aussi claires à ce sujet. Tout ce livre vous a enseigné que vous devez être prudent dans le choix du sujet, que vous devez être assez avisé pour le choisir soigneusement délimité, éventuellement très facile, voire abominablement pointu. Mais sur ce que vous aurez choisi, fût-ce sur les *Variations dans la vente des quotidiens au kiosque situé à l'angle de la rue Clemenceau et de l'avenue de la République du 24 au 28 août 1976*, là-dessus vous êtes *la plus grande autorité vivante*.

Et même si vous avez choisi une thèse de bilan de la recherche qui résume tout ce qui a été dit sur un sujet sans rien y ajouter de nouveau, vous êtes une autorité sur ce qui a été dit par d'autres autorités. Nul ne doit connaître mieux que vous *tout* ce qui a été dit à ce sujet.

Évidemment, vous devrez avoir travaillé de manière à vous sentir la conscience en repos. Mais ceci est une autre histoire. Ici, nous parlons d'un problème de style. Ne soyez pas geignard ni complexé, c'est pénible.

Attention : le chapitre qui va suivre n'est pas imprimé normalement, mais comme s'il était écrit à la machine. Il sert à vous donner un modèle de rédaction définitive pour la thèse. On y trouve aussi des erreurs et des corrections – ni vous ni moi ne sommes parfaits.

L'élaboration de la version définitive comporte deux moments : la rédaction finale et la dactylographie. À première vue, seul le premier moment vous concerne vraiment : il s'agit de la conception proprement dite de votre texte, ce qui suit étant purement mécanique. Mais il n'en va pas exactement ainsi. Donner une forme dactylographiée à une thèse signifie aussi faire des choix de méthode. Une dactylographe peut les faire à votre place, en suivant ses propres normes, mais cela n'empêchera pas votre thèse d'avoir une certaine présentation typographique et un mode d'exposition qui influent également sur le contenu. Il vaut mieux que vous fassiez vous-même ces choix : quelle que soit la façon dont vous effectuez la rédaction (à la main, à la machine avec un seul doigt, voire – horreur ! – en l'enregistrant au magnétophone), elle contiendra des instructions typographiques pour la dactylographe.

Voilà pourquoi, dans ce chapitre, vous trouverez des instructions typographiques qui concernent aussi bien

l'organisation conceptuelle que le « versant communica-
tionnel » de votre thèse. Il n'est d'ailleurs pas certain que
vous alliez confier votre thèse à une dactylographe. Vous
pouvez la taper vous-même, surtout s'il s'agit d'un travail
qui exige des conventions typographiques particulières. Il
se peut également que vous soyez en mesure de taper vous-
même une première version, ne confiant à la dactylographe
que le soin de retaper de manière plus soignée cette version
déjà mise en page du point de vue dactylographique. La
question est seulement de savoir si vous savez taper à la
machine ou si vous pouvez l'apprendre : une machine à
écrire portable d'occasion vous coûtera moins cher que de
faire taper votre thèse par une dactylographe.

VI. LA RÉDACTION DÉFINITIVE

VI.1. Les aspects typographiques

VI.1.1. Marges et espaces

Ce chapitre commence par un titre, en MAJUS-CULES, aligné à gauche (mais il pourrait aussi être placé au centre de la page). Le chapitre porte un numéro, ici en chiffres romains (nous verrons qu'il y a d'autres options).

Après deux ou trois lignes vides, apparaît ensuite, aligné à gauche et souligné, le titre de la section, qui reprend le numéro du chapitre auquel on ajoute son numéro spécifique. Suit le titre de la subdivision suivante, après un interligne double (ou deux lignes en dessous), pour le distinguer du titre de la section. Le texte commence après un saut de ligne sous le dernier titre, et le premier mot du paragraphe est légèrement en retrait. On peut décider de n'utiliser un retrait qu'au début de la section, ou bien au début de chaque paragraphe (à chaque alinéa), comme dans cette page-ci.

Le retrait après l'alinéa est important : il permet de voir tout de suite que le paragraphe précédent est achevé et que le discours reprend après une pause. Comme on l'a déjà vu, il est bon d'aller souvent à la ligne, mais il ne faut pas le faire au hasard. Un alinéa signifie qu'une période suivie, composée de plusieurs phrases, s'est conclue et que commence une autre partie du discours. C'est comme si, en parlant, on s'interrompait à un moment donné pour demander : « Avez-vous bien compris ? Oui ? Alors, continuons ! » Une fois que tout le monde est d'accord, on reprend le fil du discours, exactement comme nous le faisons ici.

Une fois la section terminée, vous laisserez de nouveau trois lignes (ou un <u>interligne triple</u>) entre la fin du texte et le titre de la nouvelle section ou sous-section.

Cette page est écrite avec un <u>interligne simple</u>. Beaucoup de thèses se présentent avec un <u>interligne d'une ligne et demie</u>, parce que cela les rend plus lisibles, ou parce que cela les fait paraître plus volumineuses, ou parce qu'il est alors plus facile de remplacer une page que l'on a modifiée après coup. Dans ces cas, la distance entre le titre du chapitre, le titre de la section et d'autres subdivisions éventuelles, augmente d'une ligne.

Si la thèse est tapée par une dactylographe, elle saura combien de marge il faut laisser sur les quatre bords. Si c'est vous qui le faites, n'oubliez pas que les pages seront reliées et qu'elles devront rester lisibles du côté de la reliure. Il est également recommandé de laisser une certaine place sur la droite.

Comme vous l'aurez remarqué, ce chapitre consacré aux aspects typographiques n'est pas imprimé : il reproduit, pour autant que c'est compatible avec le format de ce livre, les pages dactylographiées d'une thèse. C'est donc un chapitre qui, tout en parlant de votre thèse, parle aussi de lui-même. On y souligne certains termes pour montrer comment et quand il faut souligner des termes, on y subdivise chapitres et sections pour montrer quels sont les critères de subdivision des chapitres, sections et sous-sections.

VI.1.2. Soulignages et majuscules

La machine à écrire ne peut pas mettre de caractères en italique, elle n'écrit qu'en caractères romains. C'est pourquoi ce qui, dans les livres, est imprimé en italique doit être souligné dans votre thèse. Si celle-ci devait ensuite être imprimée sous forme de livre, le typographe composerait tous les termes soulignés en italique.

Que doit-on souligner ? Tout dépend du type de thèse, mais les critères sont généralement les suivants :

a) les termes étrangers d'usage non commun (on ne souligne pas ceux qui sont désormais francisés ou d'usage courant, comme bar ou sport, mais aussi boom ou email ; dans une thèse de physique, on ne soulignerait pas des termes courants dans ce domaine comme neutrino) ;

b) les termes scientifiques comme Felis catus, Euglena viridis, Clerus apivorus ;

c) les termes techniques sur lesquels on veut attirer l'attention : « la méthode du carottage dans les procédés de prospection pétrolifère... » ;

d) les titres de livres (mais pas les titres de chapitres ni d'articles publiés dans des revues) ;

e) les titres de pièces de théâtre, de tableaux et de sculptures : « Lucia Vainas-Pusca se réfère à Knowledge and Belief de Hintikka pour démontrer, dans son essai "La théorie des mondes possibles dans l'étude des textes : Baudelaire lecteur de Breughel", que le poème de Baudelaire, "Les aveugles", est inspiré par La Parabole des aveugles de Breughel » ;

f) Les titres de quotidiens et d'hebdomadaires : « Voir l'article "Et après les élections ?", paru dans L'Espresso du 24 juin 1976 » ;

g) les titres de films ou d'œuvres lyriques (mais pas les titres de poèmes).

Ne soulignez pas les citations d'autres auteurs, pour lesquelles vous suivrez les règles données en V.3. ; ne soulignez pas non plus des passages plus longs que deux ou trois lignes – trop souligner, c'est comme crier au loup trop souvent : nul n'y prête plus attention. Un soulignage doit toujours correspondre à cette intonation spéciale que vous donneriez à votre voix, en lisant votre texte, afin d'attirer l'attention de votre auditeur si par hasard il était distrait.

Vous pouvez décider d'utiliser (avec parcimonie !) l'italique pour des mots isolés d'une importance particulière (rappelons que l'emploi des italiques est remplacé dans ce chapitre par le soulignement).

Hjelmslev appelle fonction-signe la corrélation qui est établie entre les deux fonctifs relevant des deux plans, par ailleurs indépendants, de l'expression et du contenu. Cette définition remet en cause la notion de signe comme entité autonome.

Il est clair que chaque fois que vous introduirez un terme technique en italique (et cela vaut aussi pour le soulignement), le terme en question devra être défini immédiatement avant ou après. N'utilisez pas les italiques pour mettre un terme en relief (« ce que nous avons découvert nous semble décisif pour notre propos »). De manière générale, ne mettez aucune expression en relief, n'utilisez pas de points d'exclamation ni de points de suspension (sinon pour indiquer une interruption dans un texte cité). Ces procédés sont typiques d'écrivains dilettantes et n'apparaissent que dans les livres imprimés à compte d'auteur.

VI.1.3. Sections

Une section peut comporter des sous-sections, comme dans ce chapitre. Si le titre de la section est souligné, le titre de la sous-section s'en distinguera en ne l'étant pas et cela suffit, même si la distance entre le titre et le texte restait la même. D'autre part, comme vous pouvez le constater, la numérotation intervient pour distinguer la section des sous-sections. Le lecteur comprend très bien que le chiffre romain indique le chapitre, le premier chiffre arabe la section et le deuxième, la sous-section.

IV.1.3. Sections — On a répété ici le titre de la sous-section pour le présenter suivant une autre méthode : le titre fait partie du corps du paragraphe, mais il est souligné. Cette méthode fonctionne très bien, à ceci près qu'elle vous empêche d'employer le même procédé pour une subdivision ultérieure de vos sous-sections, ce qui peut être parfois utile (comme nous le verrons dans ce même chapitre). On peut même utiliser un système de numérotation sans titres. Voici par exemple la manière dont aurait pu être introduite la sous-section que vous êtes en train de lire :

IV.1.3. Le texte aurait commencé aussitôt après les chiffres, et toute la ligne aurait été séparée du paragraphe précédent par un interligne double. Cela étant, la présence de titres non seulement aide le lecteur, mais impose à l'auteur lui-même une exigence de cohérence parce qu'elle l'oblige à définir la section en question avec un titre (et donc à la justifier en y concentrant le propos sur une question essentielle). Le titre démontre que la section avait une raison d'être en tant que section.

Avec ou sans titre, les chiffres qui signalent les chapitres et les sections peuvent être de différents types. Nous vous renvoyons à la section VI.4., « La table des matières », où vous trouverez quelques modèles de numérotation. Et en effet, la table des matières <u>doit</u> refléter exactement l'organisation du texte.

VI.1.4. Guillemets et autres signes

Les guillemets doubles (appelés aussi <u>guillemets typographiques</u>) s'utilisent dans les cas suivants :

a) citations de phrases ou de périodes brèves d'un autre auteur insérées dans le corps du texte, comme nous le faisons à présent en rappelant que, d'après Campbell et Ballou, « les citations directes qui ne dépassent pas trois lignes dactylographiées sont mises entre guillemets doubles et fondues dans le texte [1] » ;

b) citations de simples paroles d'un autre auteur, comme nous le faisons à présent en rappelant que, d'après les mêmes Campbell et Ballou, nos guillemets doubles s'appellent « quotation marks » (que l'on pourrait aussi, puisqu'il s'agit de mots étrangers, écrire « <u>quotation marks</u> »). Si nous acceptons la terminologie de ces auteurs et

---

1. W. G. Campbell et S. V. Ballou, *Form and Style – Theses, Reports, Term Papers*, 4e éd., Boston, Houghton Mifflin, 1974, p. 40.

que nous adoptons ces termes techniques, il va de soi que nous n'écrirons plus « quotation marks » mais <u>quotation marks</u> (parce qu'il s'agit alors de termes techniques qui constituent un des concepts-clefs de notre travail) ;

c) termes d'usage courant ou d'autres auteurs auxquels nous voulons donner la connotation de termes employés « pour ainsi dire ». Nous écrirons ainsi que ce que l'esthétique idéaliste appelait « poésie » ne recouvrait pas les mêmes choses que le terme technique de <u>poésie</u> dans le catalogue d'une maison d'édition, où il s'oppose à <u>romans</u> et <u>essais</u>. Nous dirons de même que la notion de Hjelmslev de <u>fonction-signe</u> remet en question la notion courante de « signe ». Il n'est pas recommandé d'utiliser les guillemets pour mettre un terme en valeur, comme le pratiquent certains : mieux vaut recourir au <u>soulignement</u> ;

d) citations de répliques de pièces de théâtre. Cela dit, on peut écrire qu'Hamlet prononce la réplique « Être ou ne pas être, telle est la question », mais je conseillerais plutôt de transcrire un passage de théâtre de la façon suivante :

Hamlet – Être ou ne pas être, telle est la question.

À moins que les études critiques spécifiques auxquelles vous vous référez n'emploient par tradition une autre méthode.

Mais comment fait-on quand on doit citer, dans un texte de quelqu'un d'autre placé entre guillemets, une autre citation qu'il faut mettre elle aussi entre guillemets ? On utilise les <u>guillemets anglais</u>, comme quand on doit dire que, selon Smith, « la célèbre réplique "Être ou ne pas être" a été le cheval de bataille de tous les interprètes de Shakespeare ».

Et si Smith a dit que Brown a dit que Wolfram a dit une certaine chose ? Certains résolvent le cas en écrivant que, d'après la célèbre remarque de Smith, « tous ceux qui se réfèrent à Brown quand il prétend avoir "réfuté le principe de Wolfram que 'l'être et le non-être coïncident'" commettent une erreur impardonnable ». Mais si vous vous reportez à V.3.1., règle 8, vous verrez qu'en mettant la citation de Smith sous forme d'un <u>nouveau paragraphe en retrait</u>, vous faites l'économie d'un niveau de guillemets et pouvez employer seulement des guillemets typographiques et à l'anglaise.

Certains sujets exigent des signes spécifiques pour l'usage desquels on ne peut pas donner d'instructions générales. Pour certaines thèses de logique, de mathématique ou de langues non européennes, à moins de disposer d'une machine à écrire IBM à sphère dont on peut remplacer la sphère normale par celle de l'alphabet en question, il ne vous reste plus qu'à écrire ces signes à la main, ce qui est un peu laborieux. Mais s'il vous arrive de devoir écrire une seule fois une formule (ou un mot grec ou russe), vous avez une autre possibilité : dans le cas des alphabets grec ou cyrillique, vous pouvez la <u>translittérer</u> en fonction de critères internationaux (voir le tableau 23). Dans le cas des formules logico-mathématiques, il existe parfois des graphies alternatives que l'on peut écrire avec une machine à écrire. Vous devrez bien sûr demander à votre directeur si vous pouvez opérer ces substitutions, et consulter les ouvrages sur le sujet, mais voici, à titre d'exemple, une série d'expressions logiques (à gauche) qui peuvent être transcrites à peu de frais sous la forme notée à droite :

Tableau 23

$p \supset q$	devient	$p \rightarrow q$
$p \wedge q$	devient	$p \cdot q$
$p \vee q$	devient	$p \underline{v} q$
$\square p$	devient	Lp
$\Diamond p$	devient	Mp
$\sim p$	devient	$- p$
$(\forall x)$	devient	(Ax)
$(\exists x)$	devient	(Ex)

Les cinq premières substitutions seraient acceptables même dans un texte imprimé ; les trois dernières le sont seulement dans le cadre d'une thèse dactylographiée, avec éventuellement une note liminaire qui explicite et justifie votre décision de procéder ainsi.

Vous pourriez avoir des problèmes analogues avec une thèse de linguistique, où un phonème peut être représenté [b] mais aussi /b/. Dans d'autres types d'écriture formalisée, les systèmes de parenthèses peuvent être ramenés à des séquences de parenthèses normales. L'expression :

$\{[(p \supset q) \wedge (q \supset r)] \supset (p \supset r)\}$

peut être écrite :

$(((p \rightarrow q) \cdot (q \rightarrow r)) \rightarrow (p \rightarrow r))$

De même, dans une thèse de linguistique trans-
formationnelle, les disjonctions en arbres peuvent
être représentées par des parenthèses. Mais si
vous vous lancez dans une thèse de ce genre, ce
sont des choses que vous savez déjà.

VI.1.5. Signes diacritiques et translittérations

Translittérer signifie transcrire un texte en utilisant un système alphabétique différent de l'original. La translittération n'a pas pour but de donner
une interprétation phonétique d'un texte mais de
reproduire l'original lettre par lettre de manière à
ce que tout lecteur puisse reconstruire le texte
dans la graphie originale s'il connaît les deux
alphabets. On recourt à la translittération pour la
plupart des noms historiques ou géographiques, et
pour les termes qui n'ont pas d'équivalent en
français.

Les signes diacritiques sont des signes qu'on
ajoute aux lettres normales de l'alphabet dans le
but de leur donner une valeur phonétique particulière. Nos simples accents sont donc également des
signes diacritiques (par exemple l'accent grave « ` »
qui modifie la prononciation du « e »), mais aussi la
cédille du « ç », le tilde espagnol « ñ », l'umlaut allemand « ü » ainsi que d'autres signes moins connus
d'autres alphabets, le « č » russe, le « ø » danois, le
« ł » polonais, etc.

Dans une thèse qui ne porte pas sur la littérature polonaise, on peut par exemple omettre la

barre oblique du « l » : au lieu d'écrire « Łodz », vous écrirez « Lodz », comme le font les journaux. Mais pour les langues latines, on est d'ordinaire plus exigeant. Voyons quelques cas.

On respecte toujours, <u>pour les minuscules et pour les majuscules,</u> l'utilisation des trois signes particuliers de l'alphabet allemand : ü, ä, ö. On écrit toujours ü, jamais ue (Führer, et <u>non</u> Fuehrer). De même pour les signes particuliers de l'alphabet espagnol : les voyelles avec des accents aigus et le n avec tilde : ñ. De même pour les signes particuliers de l'alphabet portugais : les voyelles avec le tilde et le ç.

En français, l'usage accepte que l'on accentue ou non les majuscules, mais on considère qu'il est plus élégant de le faire.

Pour les autres langues, il faut décider au cas par cas. Comme toujours, la solution sera différente selon que vous citez un mot isolé ou que vous faites une thèse portant sur cette langue précise. Pour des cas isolés, on peut adopter les conventions des journaux ou des livres non universitaires. La lettre danoise « å » est parfois rendue par « aa », le « ý » tchèque devient « <u>y</u> », le « ł » polonais devient « <u>l</u> », etc.

Le tableau 24 indique les règles de transcription diacritique de l'alphabet grec (que l'on peut devoir utiliser dans des thèses de philosophie) et de l'alphabet cyrillique (qui sert pour le russe et d'autres langues slaves, évidemment dans des thèses qui ne sont pas en slavistique).

Tableau 24

COMMENT TRANSLITTÉRER LES ALPHABETS

NON LATINS

ALPHABET RUSSE

А а	a		П п	p
Б б	b		Р р	r
В в	v		С с	s
Г г	g		Т т	t
Д д	d		У у	u
Е е	e		Ф ф	f
Ё ё	ë		Х х	kh
Ж ж	j		Ц ц	ts
З з	z		Ч ч	tch
И и	i		Ш ш	ch
Й й	ï		Щ щ	chtch
К к	k		Ъ ъ	''
Л л	l		Ы ы	y
М м	m		Ь ь	'
Н н	n		Э э	è
О о	o		Ю ю	û
			R я	â

ALPHABET GREC ANTIQUE

A α	a		N ν	n
B β	b		Ξ ξ	x
Γ γ	g		O o	o
Δ δ	d		Π π	p
E ε	e		P ρ	r
Z ζ	z		Σ σ	s
H η	ê		T τ	t
Θ θ	th		Υ υ	u
I ι	i		Φ φ	ph
K κ	k		X χ	kh
Λ λ	l		Ψ ψ	ps
M μ	m		Ω ω	ô

VI.1.6. Ponctuation, accents, abréviations

Même entre les grandes maisons d'édition, il y a des différences dans l'utilisation des signes de ponctuation et dans la façon d'employer les guillemets, les notes, les accents. En tout cas, même si l'on exige d'une thèse une précision moindre que pour un texte dactylographié prêt à être imprimé, il n'est pas mauvais d'être informé de ces critères et de les appliquer dans la mesure du possible. À titre de repère, nous indiquons ici les normes en vigueur chez l'éditeur qui a publié ce livre, tout en signalant que d'autres éditeurs appliquent des normes différentes. Mais ce qui compte, ce ne sont pas tant les normes en elles-mêmes que la cohérence dans leur application.

Points et virgules. À la fin d'une citation entre guillemets, on place le point après la fermeture des guillemets sauf si l'extrait cité est une phrase entière. Nous dirons donc que Smith, à propos de la théorie de Wolfram, se demande si l'on doit accepter son opinion que « l'être est identique au non-être, quel que soit le point de vue sous lequel on le considère ». Comme vous le voyez, le point final est à l'extérieur des guillemets même si la citation de Wolfram se terminait par un point, dès lors qu'elle ne commence pas par une majuscule et ne se termine pas par un point. Nous dirons de la même façon que Smith n'est pas d'accord avec Wolfram quand il affirme que « l'être est identique au non-être ». On met ici le point après la citation parce qu'elle n'est qu'un extrait de la phrase citée. Même chose pour les virgules : nous dirons que Smith, après avoir cité l'opinion de Wolfram pour qui « l'être est identique au non-être », la réfute excellemment. Rappelons en outre qu'on ne met pas de virgule au moment d'ouvrir une parenthèse. Aussi n'écrivez pas : « il aimait les termes bigarrés, les sons parfumés, (idée symboliste), les frémissements veloutés », mais : « il aimait les termes bigarrés, les sons parfumés (idée symboliste), les frémissements veloutés ».

<u>Appels de notes.</u> L'appel de note se place avant le signe de ponctuation et il est séparé du texte par une espace insécable. On écrit donc :

La synthèse la plus remarquable sur le sujet, après celle de Vulpius [1], est celle de Krahehenbuel [2]. Ce dernier ne remplit pas toutes les exigences de ce que Papper appelle la « limpidité [3] », mais il est qualifié de « modèle de complétude [4] » par Grumpz.

<u>Les accents en italien.</u> Les voyelles a, i, o, u, quand elles sont accentuées en fin de mot, prennent un accent grave (par ex. <u>accadrà</u>, <u>così</u>, <u>però</u>, <u>gioventù</u>). La voyelle e par contre, toujours en fin de mot, prend presque toujours un accent aigu (par ex. <u>perché</u>, <u>poiché</u>, <u>trentatré</u>, <u>affinché</u>, <u>né</u>, <u>poté</u>) à quelques exceptions près : <u>è</u>, <u>cioè</u>,

---

1. Pour plus de précision dans la présentation, nous faisons correspondre la note à l'appel de note. Mais il s'agit d'un auteur imaginaire.

2. Auteur inventé.

3. *Idem.*

4. *Idem.*

caffè, ahimè, ohimè, piè, diè, stiè, scimpanzè ; il
faut noter que tous les termes dérivés du français
prennent aussi un accent grave : gilè, canapè,
lacchè, bebè, bignè, ainsi que des noms comme
Giosuè, Mosè, Noè et autres. En cas de doute,
consultez un bon dictionnaire d'italien.

On n'écrit pas les accents toniques (subìto, princìpi, mèta, èra, dèi, sètta, dài, dànno, follìa, tintin-
nìo), sauf pour subìto et princìpi dans des phrases
vraiment ambiguës :

> Tra prìncipi e princìpi incerti fallirono i moti del
> 1821. (« Entre l'incertitude des princes et celle des
> principes, les révoltes de 1821 échouèrent. »)

Souvenez-vous que les mots espagnols ont uniquement des accents aigus : Hernández, García
Lorca, Verón.

Tableau 25

ABRÉVIATIONS D'USAGE COURANT À UTILISER
DANS LES NOTES ET LE TEXTE

après Jésus-Christ	apr. J.-C.
avant Jésus-Christ	av. J.-C.
chapitre	chap.
collection	coll.
édition	éd. Ne pas oublier l'accent.
et cætera	etc. Jamais en italique. Toujours suivi d'un point abréviatif, qui se substitue au point final si l'abréviation termine la phrase, et non de points de suspension.
fascicule	fasc.

figure	fig.
ibidem	*ibid.*
idem	*id.*
id est	*i. e.*
loco citato	*loc. cit.*
manuscrit	ms.
opere citato	*op. cit.*
page	p. Ne pas abréger le pluriel en redoublant le p.
paragraphe	paragr. ou §
sans date	s. d.
sans lieu	s. l.
sans lieu ni date	s. l. n. d.
scène	sc.
sequiturque	*sq.*
sequuunturque	*sqq.*
supplément	suppl.
tome	t.
vers	v.
volume	vol.

N. B. Cette liste présente les abréviations les plus couramment utilisées. Des sujets particuliers (en paléographie, en philologie classique et moderne, en logique, en mathématique, etc.) ont une série d'abréviations propres que vous apprendrez en lisant les ouvrages sur le sujet.

VI.1.7. Quelques conseils variés

N'abusez pas des majuscules. Vous pouvez bien sûr écrire l'Amour et la Haine si vous êtes en train d'étudier deux notions philosophiques bien précises chez un auteur antique, mais de nos jours, un auteur qui parle du Culte de la Famille n'emploie les majuscules que de manière ironique. Dans un texte d'anthropologie structurale, si vous voulez vous distancer d'un concept que vous attribuez à d'autres, vous écrirez plutôt le « culte de la famille » (entre guillemets). Vous pouvez écrire le secteur Tertiaire, mais je ne vois pas pourquoi on n'écrirait pas le tertiaire. Vous écrirez la Banque du travail, et non la Banque du Travail, le Marché commun plutôt que le Marché Commun.

Voici quelques exemples de majuscules généralement acceptées, et d'autres à éviter : l'Amérique du Nord, le nord de l'Amérique, la mer Noire, le mont Blanc, la chapelle Sixtine, la gare de l'Est, la Magna carta, la Bulle d'or, saint Benoît mais l'ordre de Saint-Benoît, Monsieur Teste, Madame Verdurin. Il existe en français des règles claires pour chaque cas : ces exemples sont seulement là pour attirer votre attention sur cette question. Les Italiens disent « piazza Garibaldi » et « via Roma », mais dans certaines langues on dit « Downing Street » ou « Trafalgar Square ». Mettez toujours une majuscule aux noms communs allemands, comme il est d'usage dans cette langue (« Ostpolitik », « Kulturgeschichte »).

Mettez en minuscule tout ce que vous pourrez sans compromettre l'intelligence du texte : le prix

Goncourt, le traité de Versailles. Pour les usages spécifiques, reportez-vous aux ouvrages de référence de la discipline que vous étudiez, en prenant pour modèle les publications les plus récentes.

Quand vous ouvrez des guillemets, n'oubliez jamais de les fermer. Ce conseil semble stupide, mais il s'agit d'une des négligences les plus courantes dans un travail dactylographié. La citation commence, et on ne sait plus où elle se termine.

N'abusez pas des nombres en chiffres arabes. Ce conseil ne vaut évidemment pas si vous faites une thèse de mathématique ou de statistique, ni si vous indiquez des données chiffrées et des pourcentages précis. Mais dans le fil de votre propos, dites que cette armée comptait cinquante mille hommes (et non 50 000), que cette œuvre est en trois volumes (et non en 3), sauf dans une référence bibliographique précise du type « 3 vol. ». Dites que les pertes ont augmenté de dix pour cent, que tel personnage est mort à soixante ans, que la ville était à trente kilomètres de distance.

Mais utilisez les chiffres pour les dates, de préférence toujours complètes : 17 mai 1973 (et non 17/5/73). Vous emploierez évidemment des dates abrégées quand vous devrez indiquer toute une série de documents, des pages de journal intime, etc.

Vous direz que tel événement « s'est produit à onze heures et demie », mais que, « au cours de cette expérience, l'eau avait monté de 25 cm à

11 h 30 ». Vous direz : le matricule 7535, la
maison au numéro 30 de la rue Fiori Chiari, la
page 144 de tel livre.

Mais utilisez les chiffres romains quand il le
faut : le XVIe siècle, Pie XII, la VIIe armée. N'écrivez pas le « XIIème siècle », un « e » en exposant
suffit.

Soyez cohérent avec les sigles. Vous pouvez
écrire aussi bien U.S.A. que USA, mais si vous commencez en écrivant USA, alors écrivez aussi PCF,
ainsi que RAF, SOS, FBI.

Attention quand vous citez dans le texte des
titres de livres et de journaux. Si l'on veut dire que
telle idée ou telle remarque se trouve dans le livre
intitulé Le Père Goriot, vous avez deux solutions :

a) Comme il l'écrit dans Le Père Goriot...

b) Comme il l'écrit dans le Père Goriot...

Dans un discours suivi de type journalistique,
on préfère la forme b), mais la forme a) est plus
correcte. Disons que vous pouvez utiliser la
forme b) pour parler d'un livre que vous avez déjà
cité longuement et la forme a) quand le titre apparaît pour la première fois et qu'il est important de
savoir si l'article défini en fait partie ou non. En
tout cas, une fois que vous aurez choisi une forme,
tenez-vous-y. Si vous citez des journaux, notez
bien si l'article fait partie du titre ou non : on dit
Le Figaro mais le Corriere della sera.

N'abusez pas des soulignages inutiles. Soulignez
les termes étrangers qui ne sont pas passés dans

l'usage courant, comme <u>staccato</u> ou <u>Empfindsamkeit</u>, mais pas les termes comme spaghettis, western, maestro. Ne soulignez pas les noms de marques ou de monuments célèbres : « les Spitfire voltigeaient au-dessus du Golden Gate Bridge ». En général, les termes philosophiques étrangers ne se mettent pas au pluriel, même quand ils sont soulignés, et encore moins déclinés : « les <u>Erlebnis</u> dont parle Husserl », « l'univers des différentes <u>Gestalt</u> ». Mais cela n'est pas très élégant, de même que citer des termes latins en les déclinant : « nous nous intéresserons donc à tous les <u>subiecta,</u> et non pas à cet unique <u>subiectum</u> sur lequel porte l'expérience perceptive ». Il vaut mieux éviter de se trouver dans ces situations délicates en utilisant le terme français correspondant (on utilise souvent le terme étranger pour faire étalage de culture) ou en tournant la phrase de manière différente.

<u>Utilisez avec prudence l'alternance des nombres cardinaux et ordinaux, des chiffres romains et arabes.</u> Il y a des conventions selon lesquelles le chiffre romain indique la subdivision supérieure. Une indication comme « XIII.3 » indique la troisième partie du volume treize, le vers trois du treizième chant, le numéro trois de la treizième année. Vous pouvez aussi écrire « 13.3 », on vous comprendra le plus souvent, mais il serait étrange d'écrire « 13.III ». Écrivez <u>Hamlet</u>, III, ii, 28 (ou bien <u>Hamlet</u>, III, 2, 28, ou encore <u>Hamlet</u>, III.2.28), on comprendra que vous parlez du vers vingt-huit de la deuxième scène du troisième acte,

mais n'écrivez pas <u>Hamlet</u>, 3, II, XXVIII. Pour
désigner les illustrations, les tableaux statistiques
ou les cartes, écrivez ou bien « fig. 1 » et
« tableau 4 », ou bien « fig. I » et « tableau IV »,
l'essentiel étant que, dans la table des illustrations
et des hors-textes, vous conserviez le même critère. Et si vous utilisez des chiffres romains pour
les tableaux, utilisez des chiffres arabes pour les
illustrations, afin que l'on comprenne au premier
coup d'œil à quoi vous faites référence.

<u>Relisez votre texte dactylographié</u> ! Non seule-
ment pour corriger les fautes de frappe (en particulier dans les mots étrangers et les noms
propres), mais aussi pour contrôler les numéros
des notes de bas de page et les pages des livres
cités. Voici quelques-unes des choses que vous
devez vérifier absolument :

<u>Les pages</u> : sont-elles correctement numéro-
tées ?

<u>Les renvois internes</u> : correspondent-ils au bon
chapitre ou à la bonne page ?

<u>Les citations</u> : sont-elles toujours entre guille-
mets, au début et à la fin ? L'emploi des ellipses,
des crochets droits, des retraits, est-il toujours
cohérent ? Chaque citation a-t-elle sa propre
référence ?

Les notes de bas de page : sont-elles correctement numérotées ? N'y a-t-il pas d'omissions ? Les notes sont-elles clairement séparées du texte ?

Bibliographie : Les noms sont-ils bien dans l'ordre alphabétique ? N'avez-vous pas interverti parfois le prénom et le nom ? Avez-vous donné pour chaque livre toutes les informations nécessaires ? N'avez-vous pas utilisé pour certains titres un système de références plus détaillé que pour d'autres (comprenant par exemple le nombre de pages ou le titre de la collection) ? Distingue-t-on bien les livres des articles de revues et des chapitres d'œuvres majeures ? Toutes les références se terminent-elles bien par un point ?

VI.2. La bibliographie finale

Le chapitre sur la bibliographie finale devrait être un chapitre très long, très précis, très exigeant. Mais nous avons déjà abordé ce sujet à deux reprises au moins. En III.2.3., nous avons expliqué comment on note toutes les informations relatives à un ouvrage, et en V.4.2. et V.4.3., nous avons exposé comment on cite une œuvre dans les notes de bas de page et comment on établit les rapports entre la référence donnée en note (ou dans le texte) et la bibliographie finale. Si vous vous reportez à ces trois sections, vous trouverez tout ce qui est utile pour élaborer une bonne bibliographie finale.

Quoi qu'il en soit, une thèse <u>doit</u> avoir une bibliographie finale, même si les références bibliographiques ont déjà été données en notes avec toute
la précision et tous les détails souhaitables. On ne
peut obliger le lecteur à feuilleter toute la thèse,
page par page, pour trouver l'information qui
l'intéresse.

Pour certaines thèses, la bibliographie est un
ajout utile mais non essentiel, pour d'autres, elle
peut constituer la partie la plus intéressante du
travail : c'est le cas de thèses qui consistent en
recherches sur tout ce qui a été publié sur un sujet
donné ou bien sur toutes les œuvres, éditées et
inédites, d'un auteur donné, voire des thèses
exclusivement bibliographiques portant, par
exemple, sur <u>Les Études sur le fascisme de 1945</u>
<u>à 1950</u>, où la bibliographie finale n'est évidem-
ment pas un ajout annexe mais l'objectif proprement dit du travail.

Il ne nous reste plus qu'à ajouter quelques
instructions sur la façon dont on peut structurer
une bibliographie. Prenons l'exemple d'une thèse
sur Bertrand Russell. La bibliographie sera divisée
en <u>Œuvres de Bertrand Russell</u> et <u>Ouvrages sur</u>
<u>Bertrand Russell</u> (il pourra évidemment y avoir
aussi une section plus générale d'<u>Ouvrages sur</u>
<u>l'histoire de la philosophie au XXe siècle</u>). Les
œuvres de Bertrand Russell seront énumérées par
ordre <u>chronologique</u> tandis que les ouvrages écrits
sur lui seront présentés par ordre alphabétique.
À moins que la thèse ne porte sur <u>Les Études sur</u>
<u>Russell en Angleterre de 1950 à 1960</u>, auquel cas

même la bibliographie <u>sur</u> Russell pourrait être
classée par ordre chronologique.

Si vous faisiez une thèse sur <u>Les Catholiques et la</u>
<u>sécession de l'Aventin (1924)</u>, la bibliographie
pourrait être subdivisée de la façon suivante : documents et dossiers parlementaires, articles de journaux et de revues de la presse catholique, articles
et revues de la presse fasciste, articles et revues
d'autres partis politiques, ouvrages sur l'événement (et éventuellement une section d'ouvrages
généraux sur l'histoire italienne de la période).

Comme vous le voyez, le problème change en
fonction du type de thèse, et l'essentiel est d'organiser une bibliographie qui permette d'identifier et
de distinguer les sources primaires et les études
critiques, les travaux rigoureux et les documents
accessoires, etc.

En fin de compte, et à la lumière de ce qu'on a dit
dans les chapitres précédents, les objectifs d'une
bibliographie sont : (a) permettre d'identifier
l'œuvre à laquelle on se réfère et de la trouver
facilement ; (b) montrer que l'auteur est familier
des usages de la discipline dans laquelle il fait sa
thèse. Ce dernier objectif réunit deux aspects :
montrer que l'on connaît la littérature sur son
sujet et que l'on respecte les usages bibliographiques de la discipline en question. En ce qui
concerne le deuxième aspect, il se peut que les
normes indiquées dans le présent livre ne soient
pas les meilleures, et pour cela, il convient de
prendre comme modèle les ouvrages critiques de
son domaine. En ce qui concerne le premier

aspect, on peut légitimement se demander s'il convient de ne mettre en bibliographie que les ouvrages que l'on a consultés ou tous ceux dont on a eu connaissance. À l'évidence, la seule réponse acceptable est que la bibliographie d'une thèse doit contenir uniquement la liste des ouvrages consultés, toute autre solution serait malhonnête. Mais ici aussi, tout dépend du type de thèse. Il peut y avoir des travaux dont le but est de rassembler tous les textes écrits sur un sujet donné sans qu'il soit humainement possible de les lire tous. Il suffit alors que l'étudiant signale clairement qu'il n'a pas consulté toutes les œuvres contenues dans sa bibliographie et qu'il indique celles qu'il a lues, par exemple avec un astérisque.

Ce critère ne vaut cependant que pour un sujet sur lequel il n'existe pas encore de bibliographie complète, et où le travail de l'étudiant a donc consisté à rassembler des références éparses. Si d'aventure il existe déjà une bibliographie complète, il vaut mieux y renvoyer et ne noter que les ouvrages effectivement consultés.

Bien des fois, la qualité d'une bibliographie dépend du titre qu'elle porte. On peut en effet l'intituler de manières diverses : Références bibliographiques, Ouvrages consultés, Bibliographie générale sur le sujet X, et vous comprenez bien que, selon son titre, on l'abordera avec des attentes qu'elle devra être en mesure de satisfaire ou qu'elle sera autorisée à ne pas satisfaire. Vous ne pouvez pas intituler Bibliographie sur la Deuxième Guerre mondiale une maigre liste d'une trentaine de titres,

tous en italien. Appelez-la <u>Ouvrages consultés</u> et
priez pour que tout se passe bien.

Même si votre bibliographie est très pauvre,
essayez au moins de la présenter dans le bon ordre
alphabétique. Il y a quelques règles à suivre : on
part du nom de famille, évidemment, les titres
nobiliaires comme « de » ou « von » ne font pas
partie du nom, alors que les prépositions qui
prennent une majuscule en font partie. Vous mettrez donc D'Annunzio à la lettre D, mais Ferdinand
de Saussure sera classé comme « Saussure, Ferdinand de ». Vous écrirez De Amicis, Du Bellay,
La Fontaine, mais « Beethoven, Ludwig van ». Ici
aussi néanmoins, soyez attentifs aux écrits critiques et respectez-en les usages. Pour les auteurs
antiques, par exemple, et jusqu'au XIVe siècle, on
indique le prénom, et non pas ce qui semble être
le nom de famille et qui est en fait le patronyme
ou l'indication du lieu de naissance.

Pour conclure, voici quelle pourrait être une
division standard pour la bibliographie d'une
thèse générale :

Sources

Répertoires bibliographiques et outils de travail

Ouvrages sur le sujet ou sur l'auteur (éventuellement divisés en livres et articles)

Matériaux supplémentaires (entretiens, documents, déclarations).

VI.3. Les appendices

Il y a des thèses qui doivent impérativement comporter un ou plusieurs appendices. Une thèse de philologie qui analyse un texte rare que vous avez trouvé et transcrit pourra publier ce texte en appendice et cela constituera peut-être la contribution la plus originale du travail. Une thèse d'histoire dans laquelle vous aurez souvent fait référence à un document donné, même s'il a déjà été publié, pourra reproduire ce document en appendice. Une thèse de droit qui discute une loi ou un corps de lois devra les présenter en appendice (si elles ne font pas partie des codes d'usage courant à la disposition de tous). La publication d'un document en appendice vous évite de longues et ennuyeuses citations dans le texte et vous permet d'y faire des renvois rapides.

Vous placerez également en appendice les tableaux, les diagrammes, les données statistiques, à moins qu'il ne s'agisse de brefs exemples qui peuvent être insérés dans le texte. En général, vous mettrez en appendice toutes les données et les documents qui alourdiraient votre texte et en rendraient la lecture pénible. Cela dit, rien n'est parfois plus pénible que de continuels renvois en appendice, qui obligent le lecteur à passer à tout instant de la page qu'il est en train de lire aux dernières pages de la thèse. Il vous faut procéder avec un peu de bon sens, en faisant tout pour ne pas rendre votre texte hermétique : insérez par exemple de brèves citations et résumez le contenu du texte mis en appendice auquel vous renverrez pour plus de détails.

Si vous considérez qu'il est bon de développer un point théorique, mais qu'en même temps vous vous aperceviez qu'il perturbe le fil de votre discours dont il ne constitue qu'un aspect accessoire, vous pouvez reléguer ce développement en appendice. Supposons que vous fassiez une thèse sur l'influence de la <u>Poétique</u> et la <u>Rhétorique</u> d'Aristote sur la pensée de la Renaissance, et que vous découvriez qu'à notre époque, l'école de Chicago a donné une réinterprétation moderne de ces textes. Si ces réflexions peuvent vous servir à clarifier les rapports de la pensée de la Renaissance avec Aristote, citez-les dans le corps de votre texte. Mais il se peut qu'il soit intéressant d'en parler plus longuement en appendice, pour montrer comment non seulement la Renaissance mais aussi notre époque se sont efforcées de redonner vie aux textes aristotéliciens. Faisant une thèse de philologie romane sur le personnage de Tristan, vous pourrez consacrer un appendice à l'utilisation que le mouvement Fin de siècle a faite de ce mythe, de Wagner à Thomas Mann. Ce développement n'aurait pas de pertinence directe pour le sujet philologique de votre thèse, mais vous pourriez vouloir montrer que l'interprétation wagnérienne peut inspirer même un philologue, ou bien – au contraire – qu'elle représente un modèle de mauvaise approche philologique, tout en suggérant éventuellement des réflexions et des études ultérieures. Ce type d'appendice n'est pas vraiment à conseiller pour un

étudiant : il convient plutôt au travail d'un chercheur mûr qui peut se permettre des digressions
érudites et critiques de différents genres. Je le
signale pour des raisons psychologiques : parfois,
dans l'enthousiasme de la recherche, on voit
s'ouvrir des voies complémentaires ou alternatives
et on ne résiste pas à la tentation de parler de ces
intuitions. En les plaçant en appendice, vous réussirez à satisfaire votre besoin de vous exprimer sans
compromettre la cohérence de votre thèse.

VI.4. La table des matières

La table des matières doit mentionner tous les
chapitres, les sous-chapitres, les sections du texte,
avec la même numérotation, les mêmes pages et
les mêmes titres. Cela paraît un conseil évident,
mais avant de remettre la thèse, contrôlez attentivement que ces exigences soient bien remplies.

La table des matières est un service indispensable que l'on rend au lecteur et à soi-même. Elle
sert à retrouver rapidement un sujet donné. Elle
peut être située au début ou à la fin de la thèse.
Les livres italiens et français la placent à la fin, les
livres anglais et allemands (en général) au début.
Depuis peu, certains éditeurs italiens ont adopté
cette deuxième méthode.

À mon avis, il est plus commode de la placer au
début. On la trouve après avoir feuilleté quelques
pages, tandis que pour la consulter à la fin, il faut
exercer un effort physique supérieur. Mais si elle

doit être au début, qu'elle soit vraiment au début.
Certains livres anglo-saxons la mettent après la
préface, voire après la préface, l'introduction à la
première édition et l'introduction à la deuxième
édition. Quelle idée barbare. Tant qu'à être stupide, autant la mettre au milieu du livre.

Une autre possibilité est de mettre au début une
simple table des matières au sens propre (mentionnant seulement les titres de chapitres) et, à la
fin, un sommaire très détaillé, comme on le fait
dans certains livres où les subdivisions sont très
analytiques. De même que parfois, on met au
début du livre la table des chapitres et à la fin un
index analytique des sujets, d'ordinaire accompagné d'un index des noms. Dans une thèse, ce n'est
pas nécessaire. Il suffit d'une belle table des
matières-sommaire très analytique, de préférence
en ouverture de la thèse, juste après le frontispice.

L'organisation de la table des matières doit
refléter celle du texte, même dans un sens spatial.
Cela veut dire que si, dans le texte, la section 1.2.
est une subdivision mineure du chapitre 1, cela
devra ressortir avec évidence aussi en termes
d'alignement. Pour que vous le compreniez mieux,
voici, dans le tableau 26, deux modèles de table
des matières. La numérotation des chapitres et
des sections pourrait cependant être différente,
utilisant des chiffres romains et arabes, des
lettres, etc.

TABLEAU 26

MODÈLES DE TABLE DES MATIÈRES : PREMIER EXEMPLE

L'UNIVERS DE CHARLIE BROWN

MODÈLES DE TABLE DES MATIÈRES :
DEUXIÈME EXEMPLE

L'UNIVERS DE CHARLIE BROWN

Introduction

I. De Yellow Kid à Charlie Brown

II. Strips quotidiens et pages du dimanche

III. Les contenus idéologiques

IV. Évolution du signe graphique

Conclusion

Cette même table des matières aurait pu être numérotée de la façon suivante :

A. PREMIER CHAPITRE
    A.I. Première section
    A.II. Deuxième section
        A.II.1. Première sous-section
        A.II.2. Deuxième sous-section

etc.

Ou bien encore de la manière suivante :

I. PREMIER CHAPITRE
    I.1. Première section
    I.2. Deuxième section
        I.2.1. Première sous-section de la deuxième section

etc.

Vous pouvez choisir d'autres méthodes encore, à condition qu'elles produisent la même impression de clarté et d'évidence immédiate.

Comme vous l'avez vu, <u>on ne met pas de point à la fin d'un titre</u>. De même, il est de bonne norme d'aligner les numéros de section à droite et non à gauche, ainsi :

7.
8.
9.
10.

Et non pas :
7.
8.
9.
10.

La même chose vaut pour les chiffres romains. Détails ? Non, correction. Si vous avez la cravate de travers, vous la redressez, et même un hippie n'aime pas avoir des crottes de pigeon sur l'épaule.

VII. Conclusions

Je voudrais conclure par deux remarques : faire une thèse est un travail divertissant, et « dans une thèse comme dans l'cochon, tout est bon » – il n'y a rien à jeter.

Le lecteur qui a parcouru ce livre sans avoir aucune expérience de la recherche, rempli de crainte à l'égard d'une thèse qu'il ne sait comment aborder, peut à bon droit se sentir terrorisé. Que de règles, d'instructions à n'en plus finir… En fait, les choses ne se passent pas ainsi. Par exigence d'exhaustivité, j'ai dû supposer un lecteur entièrement ignorant, mais chacun de vous, en lisant des ouvrages universitaires, avait déjà acquis un certain nombre des techniques dont on a parlé. Mon livre aura servi à les rappeler, à vous faire prendre conscience de ce que beaucoup d'entre vous avaient déjà assimilé sans s'en rendre compte. Il en va de même pour un automobiliste : dès qu'il commence à réfléchir sur ses propres gestes, il s'aperçoit qu'il est une machine prodigieuse qui, en une fraction de seconde, prend des décisions d'importance vitale sans pouvoir se permettre d'erreurs. Et pourtant, presque tout le monde sait conduire une voiture et le nombre modéré de personnes qui meurent dans des accidents de la route prouve que la grande majorité s'en sort vivante.

L'important est de faire les choses avec passion. Si vous avez choisi un sujet qui vous intéresse, si vous avez décidé de consacrer vraiment à la thèse la période, même brève, que vous vous êtes donnée (nous avons posé une durée minimale de six mois), vous vous rendrez compte que la thèse peut être vécue comme un jeu, comme un pari, comme une chasse au trésor. Il y a une satisfaction sportive à donner la chasse à un texte introuvable, une satisfaction de déchiffreur d'énigmes à trouver, après y avoir réfléchi longtemps, la solution d'un problème qui semblait insoluble.

Vivez votre thèse comme un défi. Vous vous mettez vous-même au défi : au début de votre travail, vous vous êtes posé une question à laquelle vous ne saviez pas encore répondre. Il s'agit de trouver la solution en un nombre fini de coups. Parfois, la thèse peut être vécue comme une partie à deux joueurs : votre auteur ne veut pas vous confier son secret, vous devez le circonvenir, l'interroger avec adresse, lui faire dire ce qu'il n'a pas voulu dire mais qu'il aurait dû dire. Parfois, la thèse est une partie de solitaire : vous avez toutes les pièces, il s'agit de les faire aller à la bonne place.

Si vous jouez la partie avec la passion du lutteur, vous ferez une bonne thèse. Si vous partez d'emblée avec l'idée qu'il s'agit d'un rituel sans importance et qui ne vous intéresse pas, vous êtes battu d'avance. Si vous en êtes là, je vous l'ai dit au début (et ne m'obligez pas à le répéter, parce qu'il s'agit de quelque chose d'illégal), faites-la faire par quelqu'un d'autre, copiez-la, ne vous rendez pas la vie impossible, à vous ni à ceux qui devront vous aider et vous lire.

Si vous avez fait votre thèse avec passion, vous aurez envie de continuer. En général, pendant qu'on travaille à sa thèse, on ne pense qu'au moment où on l'aura enfin terminée : on rêve des vacances qui suivront. Mais si vous avez fait un bon travail, il est normal, après la thèse, de sentir monter en vous une grande frénésie de travail. On veut approfondir tous les points négligés, développer les idées qui nous étaient venues à l'esprit mais que l'on a dû écarter, lire d'autres livres, écrire des essais. C'est le signe que la thèse a activé votre métabolisme intellectuel, qu'elle a été une expérience positive. C'est aussi le signe que vous êtes alors victime d'un élan compulsif pour la recherche, un peu comme le Chaplin des *Temps modernes* qui continue à serrer des boulons même une fois son travail fini : vous devrez faire un effort pour vous freiner.

Mais une fois que vous vous êtes freiné, vous vous apercevrez peut-être que vous avez une vocation pour la recherche, que la thèse n'était pas seulement le moyen d'obtenir la *laurea*, et celle-ci le moyen d'avancer dans la carrière ou de satisfaire vos parents. Et il n'est pas dit non plus que se proposer de continuer à faire de la recherche signifie se consacrer à une carrière universitaire, espérer obtenir un poste, renoncer à d'autres emplois plus immédiats. On peut consacrer un temps raisonnable à la recherche même en exerçant une autre profession, sans enseigner à l'université. Dans bien des domaines, un bon professionnel doit aussi continuer à étudier.

Si vous vous consacrez d'une manière ou d'une autre
à la recherche, vous découvrirez qu'une thèse bien faite
est un produit dont on ne jette rien. En premier lieu,
vous pourrez en tirer un ou plusieurs articles scientifiques, éventuellement un livre (en la retravaillant
quelque peu). Mais au fil du temps, vous vous rendrez
compte que vous reviendrez à votre thèse pour y puiser
du matériau à citer, vous réutiliserez vos fiches de lecture en vous servant peut-être de parties qui n'étaient
pas entrées dans la rédaction finale de votre premier
travail ; les parties accessoires de votre thèse devien-
dront des points de départ pour de nouvelles
recherches… Il pourra vous arriver de retourner à votre
thèse, même des dizaines d'années plus tard. Elle aura
été comme un premier amour : il vous sera difficile de
l'oublier. Au fond, c'était la première fois que vous faisiez un travail scientifique sérieux et rigoureux, et c'est
une expérience qui compte.

NOTES

Introduction à l'édition italienne de 1985

a. Pour bien comprendre les propos d'Umberto Eco, il faut garder à l'esprit que son livre porte sur la thèse italienne dite de « laurea » (voir Postface, p. 323-324) et qu'il a été écrit en 1977.

I.1. Pourquoi doit-on faire une thèse et qu'est-ce que c'est ?

a. C'est le cas du mémoire de maîtrise ou de master, bac + 4 ou bac + 5 en France, réalisé en un an ou en deux ans selon les disciplines (N.d.É.).

I.3. En quoi une thèse est-elle utile au-delà des études ?

a. Alessandro Manzoni (1785-1873), poète, dramaturge et romancier italien ; son roman le plus célèbre est sans doute *Les Fiancés* (*I promessi sposi*), qu'il écrivit à partir de 1821 sous le titre *Fermo et Lucia* avant de le retravailler entre 1827 et 1842 dans le sens d'une langue plus littéraire. Cette réélaboration a joué un grand rôle dans la naissance d'une langue italienne unifiée (N.d.T.).

II.4. Combien de temps faut-il pour faire une thèse ?

a. Un étudiant français pourra, quant à lui, choisir son sujet de maîtrise à la fin de la troisième année, sans attendre le début de la quatrième année, afin de disposer lui aussi d'un été supplémentaire. Ce choix est de toute façon très fortement encouragé, et il est très souvent nécessaire pour s'inscrire en M1 qu'un directeur de mémoire accepte de suivre le travail de l'étudiant (N.d.É.).

II.6. Thèse « scientifique » ou thèse politique ?

a. Danilo Dolci (1924-1997). Sociologue et écrivain italien, célèbre militant de la non-violence, à tel point qu'on l'a parfois surnommé le « Gandhi de Sicile » (N.d.T.).

b. Formation politique maoïste, communiste et révolutionnaire fondée en 1969 à partir d'un mouvement d'étudiants ouvriers dans la région de Turin (N.d.T.).

III.1. Le repérage des sources

a. Adolphe Appia (1862-1928), décorateur et metteur en scène suisse (N.d.T.).

b. Palmiro Togliatti, 1893-1964, fut l'un des fondateurs du PCI. *L'Unità*, fondé par Gramsci en 1924, en fut longtemps le journal officiel (N.d.T.).

c. En France, on tolère plus facilement ce genre de citation pour un mémoire de maîtrise que pour une thèse (N.d.É).

III.2. Les recherches bibliographiques

a. Avec la numérisation progressive des catalogues, cette distinction est devenue le plus souvent obsolète (N.d.T.).

b. Ces outils sont devenus courants en 2016 (N.d.T.).

c. Philosophe, écrivain et homme politique, fondateur du Parti libéral (1866-1952) (N.d.T.).

IV.1 *La table des matières comme hypothèse de travail*

a. Lors du mouvement de libération de l'Italie à la fin de la Deuxième Guerre mondiale, les brigades Garibaldi étaient généralement alliées au Parti communiste italien tandis que les partisans du maréchal Badoglio étaient plutôt modérés et fidèles au roi Victor-Emmanuel III. Les formations dirigées par Franchi et par Mauri en faisaient partie (N.d.É.).

IV.2. *Fiches et notes*

a. *Échange standard* (*Mindswap*) in *La Dimension des miracles*, trad. Guy Abadia, Paris, Robert Laffont, « Ailleurs et demain », 1973 (N.d.T.).

V.3. *Les citations*

a. L'usage pour le traitement de texte informatique est de saisir la citation longue dans un corps légèrement plus petit avec un interligne simple. On peut isoler le texte par un saut de ligne, et/ou le mettre en retrait. Il convient dans tous les cas de s'en tenir à l'usage de votre discipline, aux recommandations de votre directeur, et d'adopter un système cohérent au cours de l'ensemble de la thèse. (N.d.É.)

b. « La petite jeune fille vient de la campagne », Leopardi, « Le samedi du village », *Canti* (nous traduisons) (N.d.T.).

c. « Les cyprès hauts et simples, qui, à Bolgheri, / viennent de San Guido en deux files… », Carducci, « Davanti a San Guido » (nous traduisons) (N.d.T.).

d. « Et quand nous serons mariés / Comme nous serons heureux. / J'aime ma douce Rosie O'Grady / Et Rosie O'Grady m'aime », Maude Nugent, « Sweet Rosie O'Grady » (nous traduisons) (N.d.T.).

e. La traduction française utilisée est celle de L. Savitsky et J. Aubert publiée dans James Joyce, *Œuvres*, « Bibliothèque de La Pléiade », Paris, Gallimard, vol. I, 1982 (N.d.T.).

V.4. *Les notes de bas de page*

a. « L'Amour qui meut le soleil et les autres étoiles », Dante, *Paradis*, XXXIII, 145 (nous traduisons) (N.d.T.).

POSTFACE DU TRADUCTEUR

Il y a quelque chose de paradoxal à publier aujourd'hui la traduction d'un manuel destiné aux étudiants italiens de la fin des années 1970. Tant de choses ont changé depuis lors dans les conditions pratiques du travail de recherche – sans oublier que le contexte italien de l'époque différait lui-même, à bien des égards, de celui d'autres pays. Cela n'a pas empêché le livre d'être rapidement traduit en plusieurs langues, et Eco put se féliciter, dans l'introduction à la réédition de 1985, de ce que son propos était donc « exportable » – bien conscient lui-même de ce que cela n'allait pas de soi.

Le premier doute qu'il avait formulé à cet égard tient au fait que l'objet de son livre et de ses conseils est la thèse dite de « *laurea* », qu'il savait être une spécificité italienne. Plus que le mémoire de maîtrise ou de master, mais moins que la thèse de doctorat, elle constitue en Italie le couronnement des études universitaires : le terme vient du latin, version abrégée de la « *corona laurea* », la couronne de laurier qui orne le front du général victorieux ou du poète officiellement distingué – et qui attend l'étudiant au terme de son

cursus. Cette thèse est donc l'occasion pour celui-ci
d'apporter la preuve qu'il maîtrise des compétences et
des savoirs acquis durant les années passées à l'université. Mais elle est aussi son premier travail de recherche
personnel de quelque ampleur – et, bien souvent, son
dernier. Son enjeu et sa signification font ainsi de la
laurea un moment décisif pour l'étudiant et un travail
universitaire unique en son genre – mais aussi, *mutatis
mutandis*, un type exemplaire de thèse. On se gardera
donc d'appliquer tels quels les conseils donnés par
Umberto Eco à d'autres types de travaux de recherche
– mais si on en comprend bien l'esprit et la logique,
ils sont, à peu de chose près, aisément transposables.

Une autre limitation du propos d'Eco concerne les
disciplines concernées. Le sous-titre signale cette res-
triction : « Le materie umanistiche », les disciplines
humanistes, c'est-à-dire relevant des sciences humaines
et sociales mais entendues en un sens souvent plus vaste
que ce que recouvrent ces termes en France – incluant
notamment littérature, philosophie, histoire, religion,
droit, langues, linguistique, arts, sociologie, anthropologie, etc. Dans les autres disciplines, Eco le rappelle à
plusieurs reprises, existent des normes et des méthodes
spécifiques, que les étudiants concernés auront déjà
appris à maîtriser au cours de leurs études.

Ces questions de transposition ne sont bien sûr pas
les seules que soulève la lecture de ce livre. La générali-
sation de l'informatique et d'Internet a modifié en profondeur les modes de travail des étudiants et des
chercheurs, donnant à bien des conseils d'Eco une
allure passablement obsolète. Mais il ne faut pas en
rester à cette impression. Eco est certes un homme du

livre, un passionné de bibliographies et de bibliothèques (c'est son côté Borges – n'oublions pas que
Le Nom de la rose, roman policier dont le protagoniste
est une bibliothèque, paraît trois ans après ce manuel
universitaire) : le travail de recherche a quelque chose
pour lui d'un voyage d'aventure menant de bibliothèque en bibliothèque, une exploration dans les tré-
fonds des rayonnages, des catalogues et des
bibliographies. Par un hasard biographique heureux, il
situe dans sa ville natale d'Alexandrie le récit de l'expérience exemplaire d'un étudiant isolé faisant ses premières recherches bibliographiques (section III.2.4.) –
cette exploration livresque laisse ainsi deviner en fili-
grane, derrière la modeste bibliothèque municipale de
province, l'immense bibliothèque mythique d'Alexandrie… Eco justifie sa prédilection pour les recherches
sur les livres et à l'aide de livres, partout sensible dans
son manuel, en rappelant que les autres formes de
recherche, plus concrètes, plus expérimentales, néces-
sitent tout autant d'être situées dans leur contexte
scientifique et qu'elles ne sauraient ainsi dispenser du
travail bibliographique.

Mais n'est-ce pas précisément pour les recherches
bibliographiques, dira-t-on, que l'informatique a le
plus radicalement modifié la donne ? Est-ce si sûr ? Nul
doute que les moteurs de recherche n'aient énormément facilité la consultation des catalogues : les distinctions faites par Eco entre catalogues par matières ou
par auteurs, entre catalogue ancien ou moderne, n'ont
plus guère de pertinence. Mais c'est à peu près tout.
Afin de faire face à l'accroissement exponentiel des
informations bibliographiques auquel est exposé le

chercheur, une méthode rigoureuse pour organiser les étapes de son travail, trier, sélectionner et hiérarchiser le matériau, le rattacher aux différents moments de son propre discours est plus que jamais nécessaire. Il en va de même pour le système des fiches de lecture, qui est au cœur de la méthode d'Eco : plus les informations et les références sont nombreuses et variées, plus on y accède rapidement, et plus il est nécessaire de les enregistrer correctement. On aurait tort de sourire trop vite de tout l'attirail artisanal déployé par Eco – ses fiches cartonnées réunies par un élastique, son stylo-bille qui doit écrire sur le bristol sans faire de bavures, ses symboles notés avec des crayons de différentes couleurs. Traduisons en termes plus modernes : une banque de données organisée selon des critères bien pensés et dont les champs sont tous soigneusement remplis, permettant de retrouver facilement les références de ses lectures passées en fonction de ses intérêts présents, constitue aujourd'hui comme alors une partie essentielle du travail de thèse, à quelque niveau que ce soit. En bristol ou sur ordinateur, la fiche de lecture est ce qui permet de transformer le flux de données en informations, en matériau pouvant servir à élaborer un discours suivi.

Quant aux recommandations d'Eco sur les aspects typographiques, sur la présentation matérielle du travail, elles sont évidemment elles aussi quelque peu dépassées à une époque où chacun écrit directement sur son ordinateur personnel, à l'aide de programmes qui offrent des possibilités de présentation bien plus variées et automatisent nombre de procédures. Mais ici encore, si les conditions de travail ont changé, l'esprit des règles reste le même. Qu'il existe des normes de présentation auxquelles l'étudiant doit se conformer n'a rien d'étonnant. Mais Eco s'y attarde à plusieurs reprises, et avec un luxe de détails qui peut surprendre, en particulier à propos des références bibliographiques – à tel point qu'il se sent obligé de justifier cette apparence de formalisme. En incitant à toujours se conformer, en dernier recours, aux usages en vigueur dans la discipline de la thèse, Eco nous fait comprendre que la recherche se situe toujours dans le contexte d'une communauté scientifique ou universitaire. Ce qu'il appelle montrer qu'on « fait partie du club » n'est pas une question de snobisme, d'appartenance à une élite : cela renvoie plutôt au fait que le discours du chercheur, mais aussi de l'étudiant qui écrit une thèse, fût-elle de *laurea*, s'inscrit toujours déjà dans celui d'un ensemble assez vaste d'autres chercheurs, qui ont commencé à chercher avant lui et continueront après lui – et en partie grâce à lui. On ne cherche jamais seul, même dans la solitude d'une bibliothèque, même en lisant un livre ou en rédigeant son propre texte. L'analyse et l'interprétation sont le produit d'un dialogue entre chercheurs au moins autant qu'entre l'interprète et son objet. Pour l'étudiant-chercheur, cela se traduit par deux impératifs : en amont, bien connaître la bibliographie sur son sujet (ce que les autres en ont déjà dit) et, en aval, savoir présenter son propre discours, ses concepts-clefs, ses citations, ses références. Écrire une thèse implique aussi de maîtriser des techniques de communication – « Ne jouez pas les génies solitaires », recommande Eco.

Et ce n'est pas seulement une question de diffusion des résultats ou de circulation du savoir : si l'on accepte de se prendre au jeu, faire une thèse, semble dire Eco, c'est se plonger dans un monde d'échanges incessants et parfois insensibles d'idées, de questions, de concepts, en faire partie, y contribuer, discuter, contester, se laisser guider, provoquer, influencer, surprendre. C'est la leçon de la fameuse trouvaille du vieux livre insignifiant de l'abbé Vallet qui livre à Eco la « clef magique » lui permettant de finir sa propre thèse de *laurea* (en 1954) : une idée neuve naît de rencontres imprévues, mais non pas improbables, entre personnes préoccupées par les mêmes questions, de stimulations réciproques, de fécondations mutuelles – et qu'importe alors à qui revient précisément la paternité de telle ou telle idée. Le chercheur est une des voix d'une communauté dont Eco convie l'étudiant à faire partie.

C'est sans doute ce qui relie deux aspects du discours d'Eco à première vue peu compatibles et qui lui donnent une tonalité si personnelle : d'un côté une sensibilité aux situations et aux difficultés sociales, matérielles et géographiques les plus concrètes de ses étudiants, souvent perdus dans une université de masse alors nouvelle – l'étudiant sans le sou, l'étudiant qui travaille parallèlement à ses études, l'étudiant isolé dans une petite ville, loin des universités, des bibliothèques, des librairies – et une intuition des sujets qui leur tiennent à cœur ; de l'autre, une tendance à choisir ses exemples dans des domaines très pointus du savoir universitaire (qui témoignent d'ailleurs de l'ampleur de ses propres centres d'intérêt) – sémiotique, logique pure, esthétique médiévale, théorie de la métaphore à l'époque baroque... Eco veut prendre l'étudiant là où il est pour l'introduire, autant que faire se peut, dans le monde des livres et d'une communauté universitaire où il pourra acquérir des méthodes et des modes de pensée lui permettant de réfléchir sur sa propre expérience et qui lui seront utiles quel que soit son parcours professionnel.

On voit bien à ce propos qu'Eco a en tête un type d'étudiants particulier. En Italie, les années 1970 sont des années de très grands troubles politiques, idéologiques et sociaux, « années de plomb » marquées par d'innombrables grèves, manifestations et attentats – le livre paraît quelques mois avant l'enlèvement d'Aldo Moro par les Brigades rouges, lors d'une année qui connaît six mois de protestations étudiantes d'une extrême violence, avec de longues occupations d'universités dont celle de Bologne où Eco est professeur de sémiotique depuis 1975. Le public des « matières humanistes » de l'université de Bologne comptait alors certainement une bonne proportion d'étudiants d'extrême gauche, très politisés, affectionnant l'action directe et les débats interminables sur des questions universelles (on pense aux dialogues des premiers films de Nanni Moretti, *Ecce Bombo* ou *Sogni d'oro*, qui datent des mêmes années). Eco évoque ces étudiants qui prétendent résoudre dans leur thèse de *laurea* le problème de la liberté ou de l'existence de Dieu, et qui, face au peu de succès de leurs tentatives, se drapent dans le rôle de l'incompris, victime d'une injustice. Il faut convaincre ces étudiants rebelles de l'utilité de se soumettre aux règles rigoureuses que requiert la *laurea*, leur montrer comment, même pour faire une thèse sur les radios libres, sur quelques groupuscules gauchistes ou sur des expériences vécues d'engagement social concret, il importe de ne pas négliger les principes méthodologiques universitaires.

Avec son humour habituel en demi-teinte, Eco ne manque pas de rappeler que Marx a fait sa thèse sur des philosophes grecs et que *Le Capital* est écrit dans une langue philosophique peu accessible aux masses. Et le paragraphe intitulé « Vous n'êtes pas e. e. cummings » (dans la section V.2., « Comment écrire ? ») se lit tout entier comme le portrait en négatif de ces revendications étudiantes paradoxales : Eco y montre l'inanité qu'il y a à vouloir écrire une thèse « d'avant-garde », « en rupture », dans sa forme comme dans son objet. Le discours de la thèse est un métalangage : même si l'on entend faire l'éloge du langage des fous (exemple emblématique de la rupture avec la raison scientifique), la thèse est là pour expliciter ce choix et pour l'expliquer de façon compréhensible pour tous. Vouloir faire une thèse de *laurea* sans se plier à ces règles est une demi-mesure : mieux vaut rejeter le principe même de la *laurea*, abandonner l'idée de faire une thèse et se mettre à « jouer de la guitare »…

DU MÊME AUTEUR

L'Œuvre ouverte, Le Seuil, 1965.

La Structure absente, Mercure de France, 1972.

La Guerre du faux, traduction de Myriam Tanant avec la collaboration de Piero Caracciolo, Grasset, 1985 ; « Les Cahiers Rouges », 2008.

Lector in fabula, traduction de Myriem Bouzaher, Grasset, 1985.

Pastiches et postiches, traduction de Bernard Guyader, Messidor, 1988 ; « 10/18 »,1996.

Sémiotique et philosophie du langage, traduction de Myriem Bouzaher, PUF, 1988.

Le Signe : histoire et analyse d'un concept, adaptation de Jean-Marie Klinkenberg, Labor, 1988.

Les Limites de l'interprétation, traduction de Myriem Bouzaher, Grasset, 1992.

De Superman au surhomme, traduction de Myriem Bouzaher, Grasset, 1993.

La Recherche de la langue parfaite dans la culture européenne, traduction de Jean-Paul Manganaro ; préface de Jacques Le Goff, Le Seuil, 1994.

Six promenades dans les bois du roman et d'ailleurs, traduction de Myriem Bouzaher, Grasset, 1996.

Art et beauté dans l'esthétique médiévale, traduction de Maurice Javion, Grasset, 1997.

Comment voyager avec un saumon, traduction de Myriem Bouzaher, Grasset, 1998.

Kant et l'ornithorynque, traduction de Julien Gayrard, Grasset, 1999.

Cinq questions de morale, traduction de Myriem Bouzaher, Grasset, 2000.

De la littérature, traduction de Myriem Bouzaher, Grasset, 2003.

À reculons comme une écrevisse. Guerres chaudes et populisme médiatique, Grasset, 2006.

Dire presque la même chose. Expériences de traduction, traduction de Myriem Bouzaher, Grasset, 2007.

De l'arbre au labyrinthe. Études historiques sur le signe et l'interprétation, traduction d'Hélène Sauvage, Grasset, 2010.

Construire l'ennemi et autres écrits occasionnels, traduction de Myriem Bouzaher, Grasset, 2014.

Écrits sur la pensée au Moyen Âge, traduction de Myriem Bouzaher, Maurice Javion, François Rosso et Hélène Sauvage, Grasset, 2016.

De bibliotheca, traduction d'Éliane Deschamps-Pria, L'Échoppe, 2016.

Reconnaître le fascisme, traduction de Myriem Bouzaher, Grasset, 2017.

Chroniques d'une société liquide, traduction de Myriem Bouzaher, Grasset, 2017.

Romans

Le Nom de la rose, traduction de Jean-Noël Schifano, Grasset, 1982 ; édition augmentée d'une apostille traduite par Myriem Bouzaher, Grasset, 1985. Édition revue et augmentée par l'auteur, Grasset, 2012.

Le Pendule de Foucault, traduction de Jean-Noël Schifano, Grasset, 1990.

L'Île du jour d'avant, traduction de Jean-Noël Schifano, Grasset, 2002.

Baudolino, traduction de Jean-Noël Schifano, Grasset, 2002.

La Mystérieuse Flamme de la reine Loana, traduction de Jean-Noël Schifano, Grasset, 2005.

Le Cimetière de Prague, traduction de Jean-Noël Schifano, Grasset, 2011.

Confessions d'un jeune romancier, traduction de François Rosso, Grasset, 2013.

Numéro zéro, traduction de Jean-Noël Schifano, Grasset, 2015.

Cet ouvrage a été mise en pages par

Nº d'édition : L.01EHQN000993.A002
Dépôt légal : août 2018
Imprimé en Espagne par Novoprint (Barcelone)